핀란드

데보라 스왈로우 지음

정해영 옮김

가지
KINDS
BOOK

일러두기

1. 원서의 최신 버전은 2011년에 출간된 개정 4판이지만 저자 및 원저작사의 도움으로 그 후 핀란드 사회에서 달라진 부분들을 수정, 편집해서 수록했습니다. 이에 원저작사의 의견에 따라 영문 판권을 2015년도로 명시했습니다.

2. 핀란드의 역사, 문화, 사회에 대해 정보가 더 필요하다고 생각되는 부분은 역주를 통해 보강했으며, 한국 독자에게 맞춤해 고쳐져야 할 실용 정보들(입국절차 등)은 한국 출판사에서 찾아 고쳤습니다.

3. 이 책에 실린 핀란드어의 한국어 표기는 위키백과에 수록된 'Iceager 표기법'을 따르되, 일반적으로 굳어진 표현은 그대로 썼습니다. 예: 무민(moomin, 핀란드어 발음은 '모민'), 카렐리야인(핀란드어로 표기하면 '카리알라(Karjala)인'이 되지만 널리 알려진 러시아 명칭을 사용), 라플란드(핀란드어로는 라피(Rappi)이지만 일반적으로 통용하는 스웨덴어를 사용)

한국에 본격적인 세계여행 안내서가 만들어진 것은 1980년대 후반, 해외여행 자유화 조치 바람을 타고 일본 책을 번역 출간한 《세계를 간다》(당시 중앙일보사 펴냄) 시리즈가 원조 격이었다. 그 후로 30년 가까이 된 지금, 매우 다양한 세계여행 안내서가 출간되고 있지만 더 세련되고 세분화된 정보서로 거듭났을 뿐 유명 여행지 중심의 관광 정보가 주를 이룬다는 점에서 큰 차별은 없다.

그에 반해 이 시리즈 《세계를 읽다》는 장소보다는 사람 그리고 그들의 삶에 초점을 맞춘 본격적인 세계문화 안내서로서, 이방인의 눈에 낯설게 느껴질 수밖에 없는 현지인의 생활문화, 관습과 예법들을 역사적 배경지식과 함께 쉽고 친절하게 알려준다. 전 세계에 400만 카피 이상이 팔려나가며 명성과 권위를 누려온 《컬처쇼크 CultureShock》 시리즈를 번역한 책이라는 점에서 콘텐츠에 대한 신뢰성도 높다.

컬처쇼크, 즉 '문화충격'이란 익숙한 장소를 떠나 낯선 환경에 던져진 사람이라면 누구나 겪을 수 있는 혼란스러운 상태를 말한다. 이 시리즈는 해외에 거주하거나 일정 기간 머무는 사람들이 새로운 환경에서 겪는 문화충격을 완화하는 데 도움을 주어왔다. 실제로 그 나라에서 살아보며 문화적으로 적응하는 기쁨과 위험을 몸소 체험한 저자들이 그런 혼란스러운 감정에 좀 더 효과적으로 대처하기 위해 필요한 모든 정보를 알려준다. 글은 읽기 쉬운 문체로 씌어졌으며, 독자들을 충분한 조언과 암시, 정보로 무장시켜 낯선 곳에서 최대한 정상적이고 즐거운 생활을 영위할 수 있도록 돕는다. 책 안에는 현지 문화와 전통에 관한 통찰력 있는 해설, 적응에 필요한 모든 조언들, 현지인들과 소통할 수 있는 언어 정보, 여행 경험을 더욱 깊숙하게 연마해줄 방법 등이 포함돼 있다.

목차

내가 처음 핀란드라는 나라에 푹 빠지게 된 것은 1997년 여름이었다. 그때 나는 핀란드 출신의 새로운 직장 상사인 세포와 함께 핀란드로의 첫 여행이자 출장을 떠났다. 런던 히드로 공항에서 헬싱키까지 비행기를 타고 가는 내내 세포는 자신의 조국에 대해 열변을 토하며 그곳의 사람들과 지형에 대해 알려주었다. 그가 자신의 나라에 대해 크나큰 애정과 자부심을 가진 것은 분명했다. 그 후로 나는 적어도 한 달에 한두 번씩은 핀란드에 출장을 갔고 그 과정에서 그의 조국에 대한 열정과 애정이 어느새 내게도 스며드는 것을 느꼈다. 그리고 그런 자부심을 세포만이 아니라 핀란드 민족 전체가 공유하고 있다는 사실도 깨달았다.

물론 충분히 그럴 만하다. 핀란드는 국토의 크기와 인구수에 비해 세계 문명에 크나큰 기여를 해왔다. 하지만 서방의 주요 강대국이 아닌 데다 어느 곳으로나 통하는 사통팔달 요충지에 위치한 것도 아니어서 이 나라에 대해 제대로 알고 있는 사람은 많지 않다.

1990년까지만 해도 핀란드는 세계에서 물가가 가장 비싼 나라로 인식되었지만 오늘날에는 한결 싸졌다. 이웃한 스칸디나비아 국가들과 비교하면 특히 그렇다. 오늘날 핀란드인은 소수의 산업 국가를 제외하면 어느 나라 사람들보다도 잘살지만 여전히 평화로운 생활 양식을 유지하며 '유순한' 사회에서 살고 있다.

핀란드는 모순과 대조로 가득한 나라이다. 핀란드 사람들은 대개 냉담하거나 절제되어 보이지만 알고 보면 유머 감각이 무척 풍부하다(사실 아주 시끄러울 때도 있다). 날씨도 마찬가지다. 겨울 날씨는 극도로 춥지만 여름에는 덥다. 내가 핀란드에서 보낸 첫 번째 여름에는 기온이 30도까지 올라갔다. 기나긴 겨울밤은 화창한 여름날의 낮

길이와 대조를 이룬다. 그런가 하면 핀란드는 오랜 세월에 거쳐 동양과 서양 모두로부터 영향을 받았으며, 따라서 핀란드의 문화는 두 문화권의 놀라운 혼합물을 보여준다. 오늘날 핀란드라는 첨단 세계 속에는 동양의 오랜 전통이 조화를 이루며 살아남아 있다. 핀란드 사람들은 새롭고 현대적인 것을 좋아하며 항상 최신 기기를 휴대하고 다니지만, 그와 대조적으로 지나간 시절에 뿌리를 둔 몇몇 관습들을 여전히 유지하고 있다.

핀란드는 당신이 일상의 모든 것에서 떠나 잠시 쉴 수 있는 곳이다. 소나무와 전나무, 자작나무가 우거진 청정한 숲! 누구의 방해도 받지 않는 이 평화로운 숲 속에서 당신은 수정처럼 투명한 호수와 광활하고 조용한 하늘을 마주하게 될 것이다. 이곳에서 영적인 풍요로움과 등산이나 낚시 같은 풍부한 여가활동을 즐길 수 있다. 평화와 고요함을 충분히 누렸다고 생각된다면, 언제든지 시내로 나가 사시사철 펼쳐지는 축제와 공연들, 그리고 매주 빠지지 않고 열리는 댄스 파티 등에 열정적으로 참여하면 된다.

나는 이 책이 독자 여러분에게 핀란드에 관한 유익한 길잡이가 되기를 바라지만, 무엇보다 큰 바람은 이 나라에서 나를 사로잡았고 나를 즐겁게 했으며 때로는 당혹감에 빠뜨렸던 많은 것들을 여러분도 이해하게 되는 것이다. 핀란드인은 스스로 외부 세계에 대해 극도로 개인주의적이라고 주장하지만, 사실 그들은 독특한 집단 심리를 공유하며 군중 속에서 눈에 띄는 것을 싫어한다. 이 나라에서 경험한 핀란드 사람들의 가치관은 내게도 지대한 영향을 끼쳤다. 그들은 나의 삶과 특히 사업에 대한 태도를 바꿔놓았고, 그곳에 가기 전에는 꿈도 꾸지 못한 방식으로 내 삶에 풍요로움을 더해주었다.

헬싱키 부둣가에서 페리
를 기다리며 쉬고 있는
사람들.

© Telia

이 책은 완벽한 여행안내서가 아니다. 그런 책은 이미 시중에 많이 나와 있다. 내가 애정과 존경심을 가지고 쓴 이 책은, 그보다는 다른 곳에 초점을 맞추고 있다. 바로 내 눈으로 보고 내 귀로 들은 핀란드 사람들의 진솔한 모습을 그려내고, 핀란드 역사를 바탕으로 그 나라의 문화와 전통과 행동, 문학과 음악과 사고방식을 설명하려는 것이다. 핀란드 사람들의 특성을 꿰뚫어봄으로써 그들이 어떻게 그 어느 나라보다도 많은 올림픽 메달을 땄고, 어떻게 경쟁력 면에서 세계를 선도하고 있으며, 환경지속성지수에서 세계 1위를 차지하게 되었는지를 이해하고자 하는 사람들이 바로 이 책의 독자 대상이라 하겠다.

한편으로 이 책은 잉글랜드 남동부 인구밀집 지역에 사는 영국인 부모 밑에서 태어나 영국의 문화적 배경 속에서 성장한 한 영국인 여자의 눈과 귀를 통해 해석된 것임을 강조하고 싶다. 핀란드인의 삶에 대한 해석 역시 나 자신의 배경, 또는 '색안경'에 의해 채색된 것일 수 있다. 나는 다만 그동안 만난 외국인 동료와 친구, 여행자들의 다양한 경험과 많은 이야기를 나 자신의 생각과 적절하게 엮어내려고 노력했다. 이 책은 또한 초판이 출간된 이후 수년에 걸쳐 내게 편지를 보내준 전 세계의 많은 핀란드 사람들에 의해 내용이 더욱 풍성해졌다. 그들은 "단지 우리 얘기를 알리고 싶어서"라며 새로운 정보와 짧은 일화를 알려주거나 가끔은 책에서 잘못된 점을 지적해주기도 했다.

핀란드는 시간을 중시하는 가치관이 깊이 뿌리 내린, 고도의 산업화된 기술주도형 국가다. 또한 많은 면에서 개인적 탐욕을 막아내고 공익을 지키기 위해 노력해온 국가다. 책을 읽다보면 알게 되겠지만 그것은 '탁월함을 추구하는' 핀란드 문화의 일면이다.

물질적 복지에 대한 사람들의 평가 기준은 거의 10년 주기로 바뀌고 있다. 얼마 전까지만 해도 많은 나라들에서 그 중심 원칙에 지속적인 성장을 두었지만 요즘 사람들에게 '좋은 삶'이란 정신적 조화와 건강한 환경을 뜻한다. 기업들은 직원들의 업무만족도와 동기부여, 일과 여가의 관계, 환경문제에 점점 더 큰 관심을 기울이고 있다. 전통적이고 대안적인 생산 방법에 대한 관심도 새롭게 되살아나고 있다. 이 모든 방면에서 핀란드는 좋은 모범을 보여준다.

1999년에 나는 이렇게 썼다. '나는 전쟁으로 얼룩진 폭력적인 20세기의 끝자락에 순한 사회를 경험할 특권을 갖게 되었다고 믿는다. 이제 새로운 밀레니엄의 시작을 맞이하며 핀란드가 응당 세계 무대에서 중요한 위치를 차지함에 따라 이 나라가 앞으로 얼마나 많은 변화를 겪게 될지가 정말로 궁금하다.' 그로부터 10년이 훌쩍 지난 지금, 여러분이 이 책을 읽으면서 그것을 발견하기 바란다. 그러나 뭐니 뭐니 해도 가장 좋은 것은 핀란드로 직접 가서, 아주 다른 각도에서 사물을 보고 감상함으로써 인식의 지평을 넓히는 것이리라.

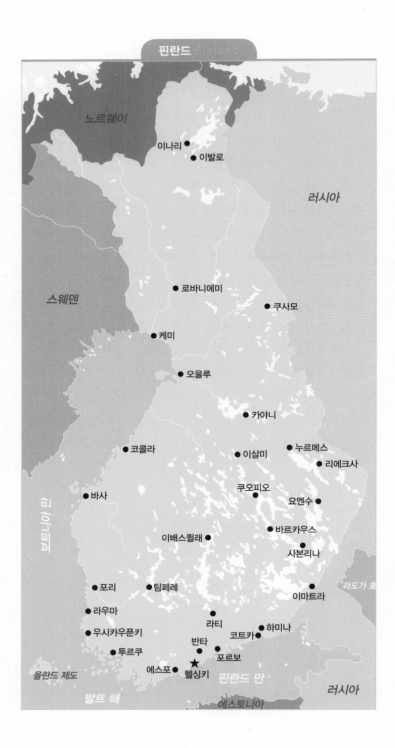

핀란드 Finland

노르웨이

러시아

스웨덴

이나리 ●
이발로 ●

로바니에미 ●

쿠사모 ●

케미 ●

오울루 ●

카야니 ●

코콜라 ●

이살미 ●

누르메스 ●
리에크사 ●

쿠오피오 ●

요엔수 ●

바사 ●

바르카우스 ●

이배스퀼래 ●

사본리나 ●

포리 ●

팀페레 ●

이마트라 ●

라도가 호

라우마 ●

라티 ●

우시카우푼키 ●

반타 ●

하미나 ●
코트카 ●

투르쿠 ●

에스포 ●

★
헬싱키

포르보 ●

보트니아 만

올란드 제도

발트 해

핀란드 만

에스토니아

러시아

1
첫인상

뭔가를 발견하는 여행은 새로운 풍경을 찾는 것이 아니라
새로운 눈을 갖는 데 있다.

― 마르셀 프루스트

한 나라에 대한 첫인상은 평생 남는 법이다. 핀란드에 대한 나의 첫인상과 경험도 그렇다. 핀란드에 첫발을 디뎠을 때는 내가 이 나라와 이곳 사람들과 가치관을 이토록 좋아하게 될 것이라고 미처 깨닫지 못했다. 핀란드는 인생과 세상에 대한 나의 시각과, 우리가 어떻게 비즈니스를 해야 하는지에 대한 시각을 완전히 바꿔놓았다. 이 책을 읽다보면 어쩌면 여러분도 이해하게 될 것이다. 그렇다면 내 취지는 달성되었다. 그러나 여러분을 목적지로 곧바로 데려감으로써 미리 흥을 깨는 짓은 하지 않겠다. 여러분은 내가 그랬던 것처럼, 우선 이 여행을 즐기고 첫인상을 경험해야 한다.

평온함과 순응성

어쩌면 여러분은 탑승객으로 헬싱키 공항에 도착하는 순간 핀란드에 대한 첫인상을 갖게 될 것이다. 그 평온함이란, 말하자면 핀란드를 여행하는 관광객이 앞으로 만나게 될 모든 장면의 맛보기 같은 것이다. 헬싱키 공항은 경험해보지 않고서는 믿기 힘들게 조용한 곳이다. 대부분의 국제공항에서 흔히 접하게 되는 소란과 혼잡함, 목청껏 소리를 지르며 뛰어다니는 사람도 없다. 만일 여행으로 인해 잔뜩 스트레스를 받은 채 도착한다면 헬싱키 공항은 '열을 식히기'에 정말 좋은 장소다. 곧 마음이 차분하고 평온해질 것이다.

비행기 안에서 나는 모의비행 훈련을 위해 핀란드로 가고 있다는 아르메니아인 파일럿 두 명을 만났다. 그들은 이번이 네 번째 방문이라고 했다. 그들에게 핀란드에서 어떤 점이 가장 마음에 드는지 물었더니 '평온함'과 '교양'을 꼽았다.

실제로 그런 평화로움이 나라 전체를 지배한다. 아마도 외부에서 온 사람들은 그 평온함 뒤에 과연 무엇이 숨어 있는지 궁금할 것이다. 핀란드 사람들은 세계에서 가장 '순응적인' 사람들이라고 이야기된다. 수많은 법과 규칙이 이들의 삶을 통제하고 있다. 그러나 방문자들은 그런 법과 규칙들까지 인식하기는 어려우며, 그저 이곳 사람들이 모두 사회에 잘 순응하는 편이라는 느낌만 받을 것이다. 핀란드인의 순응성은 이들이 집을 꾸미는 방식과 복장, 휴가를 가는 달, 신문과 잡지, 그리고 선거에서 투표하는 인물에서도 드러난다. 이들은 제 입으로 자신들이 유럽연합(EU)의 규칙을 120퍼센트 지키고 있다고 농담한다. 이들은 서로가 어떻게 행동할지 예상할 수 있

헬싱키는 핀란드에서 가장 많은 인구가 살고 있는 대도시이지만 거리는 믿을 수 없을 만큼 조용하고 깨끗하다. 사진은 원로원 광장.

는 사회에서 살고 있으며 모두들 대체로 예상대로 행동한다. 예를 들어 핀란드에서 큰소리로 떠드는 것은 분명 눈살을 찌푸릴 만한 행동이다.

휴대전화

다음으로 관광객들에게 인상적인 것은 거의 모든 핀란드인이 언제 어디서나 휴대전화를 이용한다는 점이다. 핀란드가 세상에서 가장 조용하고 과묵한 나라라는 사실을 믿을 수 없을 정도다. 그들은 전화기를 손에 들고 몇 시간씩 통화하곤 한다. 그들 스스로도 이토록 상반된 특성을 무척 재미있게 여겨 이렇게 농담하곤 한다. "핀란드인이 말하게 만드는 방법을 아세요? 그냥 손에 전화기를 쥐어주면 된답니다."

1991년에 핀란드는 세계 최초의 세계이동통신시스템(GSM) 네트워크를 개시했다. 1999년에는 인구의 60퍼센트가 휴대전화를 사용했고, 2006년에 휴대전화 가입자 수는 인구의 125퍼센트에 도달했다(당연히 휴대전화를 두 대 이상 가진 사람들이 있었다). 지금도 1인당 휴대전화 사용량이 세계에서 가장 많다. 흥미로운 점은 핀란드가 일반 전화도 세계 어느 나라보다 일찍 도입했다는 것이다. 핀란드 사람들은 현대적인 기술을 대단히 좋아하고 늘 일상생활에서 그것을 이용할 방법을 찾는다. 휴대전화로 자판기를 작동해 초코바를 뽑을 수도 있으며 그 비용은 전화요금 청구서에 추가된다. 또한 아무리 작은 기업도 최신 기술 장비를 완비하고 있다.

한번은 조용한 호텔 조찬실에서 같은 테이블에 앉아 식사하는 신사 세 명을 보았다. 그들은 모두 통화하느라 바빠서 서로를 별로 의식하지 못하고 있었다. 핀란드 레스토랑에서는 사람들이 전화를 받으며 테이블에서 일어나 통화를 계속하기 위해 한적한 곳으로 걸어가는 장면을 흔히 볼 수 있다. 이들에게 휴대전화는 너무나 중요한 존재여서, 핀란드에 도착하자마자 나는 '커피타임'을 '전화시간'으로 바꿔야 한다고 결론지었다.

기술

핀란드는 첨단 기술 환경을 보유한 나라다. 첨단 통신 인프라와 세계 최고의 휴대전화 보급률과 초고속 인터넷 연결망까지 갖춘 세계적인 정보화 사회로 유명하다. 핀란드 사람들이 몇몇 부문에서 세계 최고 위치에 서게 된 것은 많은 산업들과, 특히 금융기관들이 발 빠르게 신기술을 채택한 덕분이다. 그러니 핀란드 사람들이 항상 인터넷 상거래와 모바일 뱅킹 같은 전자 서비스에 빠르게 적응하는 것은 별로 놀랍지도 않다.

핀란드에서는 아무것도 '옛날식'으로 하지 않는다. 신기술로 할 수 있는 일이라면 무조건 신기술로 하며, 심지어 초코바

하나를 살 때도 휴대전화나 신용카드로 계산한다. 이 나라는 거의 현금이 없는 사회다. 어디서나 첨단 기기를 찾을 수 있고 사람들은 항상 기술을 이용한다. 생각만 해도 흥분되는 일이다. 핀란드에 가는 것은 미래로 발을 내딛는 것과 같다. 적어도 나처럼 영국에서 온 사람에게는 그렇다(영국은 기술 흡수에 있어서 핀란드보다 7년가량 뒤처져 있다).

청결함

다음으로 관광객이 느끼게 될 것은 청결한 주변 환경이다. 헬싱키 공항을 다시 언급하자면, 바닥은 반짝반짝하고 화장실과 모든 시설은 티끌 하나 없이 깨끗하다. 환경에 자부심을 갖고 있는 핀란드에서 여기저기에 쓰레기가 널려 있는 모습일랑 찾아볼 수 없다. 핀란드인은 천성적으로 환경을 더럽히지 않으며, 공공장소에서 쓰레기를 버리는 사람을 보면 눈살을 찌

핀란드의 첫인상은 주변 환경이 매우 평온하고 청결하다는 것이다.
그것은 여행자가 처음 도착해서 보게 되는 헬싱키 공항의 풍경에서도 여실히 느껴진다.

비행기에서 내려다본 헬싱키 군도의 전경.
내륙에는 높은 산이나 언덕이 거의 없어 이런 광경을 보기 어렵다.

푸린다. 외국인의 눈에는 호텔 객실과 레스토랑, 상점, 심지어 대중교통까지 모두 깨끗하고 깔끔해 보인다. 청결함을 강조하는 것은 핀란드의 국민적 자긍심이기도 하다. 대중 편의시설도 잘 갖춰져 있다. 화장실 안에는 샤워기와 세면대, 거울 그리고 몸을 움직이기에 충분한 공간이 있다. 유아용 부스라면 여분의 기저귀와 기저귀 교환 매트, 유아 전용 변기까지 갖추고 있을 것이다.

고객 서비스

관광객들이 조금 의외라고 느낄 만한 것도 있다. 바로 고객 서비스에 대한 핀란드인의 태도다. 이들에게는 고객 서비스라는 개념 자체가 없어 보인다. 핀란드인에게는 좀 불쾌하게 들릴지도 모르겠지만 사실 핀란드 사람들은 영국이나 아시아,

미국인들이 익숙한 것과는 전혀 다른 방식으로 고객 서비스를 한다. 핀란드를 방문하는 사람들이 맨 처음 경험하는 진정한 문화충격은 바로 여기에 있다.

어느 날 저녁에 나는 동료 한 명과 호텔 레스토랑에 앉아 있었다. 나는 메뉴에 있는 저녁식사를 선택했고 동료는 플레인 햄 샌드위치를 주문했다. 그녀는 자신이 원하는 것은 빵 두 조각과 가운데에 그냥 햄만 끼운 것이라고 종업원에게 자세히 설명했다. 일체의 채소도, 과일 조각도 원치 않으며 그냥 햄만 들어간 샌드위치를 원한다고 똑똑히 말했다. 내 식사는 나왔는데 동료의 식사는 빨리 나오지 않았다. 내가 식사를 거의 마쳐갈 무렵 마침내 그녀의 샌드위치가 나왔는데, 예의 '플레인' 햄 샌드위치는 갖가지 색깔의 채소와 과일 조각이 잔뜩 채워진 화려한 모습으로 등장했다. 동료가 종업원에게 영문을 물으니, 이 매장에서는 원래 샌드위치가 이렇게 나오며 자신들은 상관하지 않을 테니 먹기 싫은 재료는 빼고 먹으라는 대답이 돌아왔다.

그리고 핀란드 레스토랑에서는 일단 주문을 하고 나면 무언가를 추가로 부탁하기가 힘들다. 종업원과 눈을 마주칠 수가 없어서 온갖 몸짓을 동원해야 하기 때문이다. 대개의 경우, 그렇게 해도 종업원은 도도하게 고개를 살짝 끄덕이고는 반대 방향으로 걸어가 버리기 일쑤다. 한번은 내가 종업원을 불러서 수프가 차갑다고 불평한 적이 있다. 그녀는 내게 공감을 표하며 "안타깝다"고 말하더니 아무런 조처도 없이 자리를 피해버렸다. 그뿐만이 아니다. 레스토랑에서 나가려고 자리에서 일어나서야 계산서를 받은 경우도 한두 번이 아니었다.

이런 말을 들으면 독자들은 핀란드인에게 고객은 안중에도 없다고 생각하겠지만 그것은 사실과 더없이 거리가 먼 이야기다. 이들의 심리를 이해하고 나면 나름대로는 고객을 배려하는 행동이었음을 이해할 수 있는데, 예를 들어 햄 샌드위치 사례는 핀란드 사람들은 고객이 마땅히 받아야 할 것을(고객이 주문한 것이 아니라) 다 줘야 한다고 생각한다는 점을 보여준다. 비슷한 예로 내가 처음 부츠를 사러 상점에 갔을 때도 점원이 내가 요구한 모델만이 아니라 갖가지 다른 제품들을 가져와서 보여주었다.

두 번째는 핀란드 사람들이 타인과 눈 마주치는 것을 사생활 침해라고 여기기 때문에 빚어진 상황이다. 그들은 고객이 조용히 식사를 즐길 수 있도록 어떤 접촉도 하지 않으려 한다. 핀란드 사람들은 보통 불평불만에도 익숙하지 않아서 상대의 불평을 처리하는 방법을 잘 모른다. 그래서 내가 차가워진 수프에 대해 언급했을 때 종업원은 난감해만 할 뿐 어찌 대응하지를 못한 것이다. 그날 이후 나는 레스토랑에서 식은 수프를 받게 되면 "실례하지만 제 수프가 미지근하네요. 도로 가져가서 데워주시겠어요?"라고 구체적으로 요청한다.

핀란드 사람들은 남 앞에 나서는 데 익숙하지 않은 데다 오랫동안 평등주의 사회에서 살았기 때문에 굴종하는 자세도 모른다. 그러므로 레스토랑 직원에게 원하는 것을 요청하고 분명히 이해시키는 것은 전적으로 고객의 몫이다. 보통은 디저트에 대해 묻는 것을 제외하면 웨이트리스가 먼저 다가와서 추가로 주문할 것이 있는지 묻는 경우도 없다. 이는 좋게 보면, 관광객들이 레스토랑에서 '강매를 당할' 일이 없다는 뜻이기도 하다. 핀란드에서 그런 행동은 사생활 침해이자 개인적인 고요함을 방해하는 무례한 일로 여겨진다.

반대 논리

처음 부츠를 구입하려 했을 때, 나는 발볼이 너무 넓어서 볼이 좁은 핀란드 신발들이 잘 맞지 않았다. 점원은 내게 많은 외국인들이 똑같은 문제를 겪고 있다고 말하면서 어째서 발볼을 좁히는 수술이 개발되지 않는지 모르겠다고 했다. 우리가 고통스러운 수술을 하는 것보다 신발 볼을 넓게 만드는 편이 훨씬 쉬울 텐데, 그녀에게 그런 생각은 들지 않은 모양이었다. 나는 핀란드 사람들이 나와 정반대로 생각하는 경우를 종종 본다. 어떤 외국인들은 이런 태도를 오만하다고 여기겠지만 나는 그것을 반대 논리라고 생각하는 편이며 가끔은 그런 것이 재미있게 느껴질 때가 있다.

핀란드 사람들은 상대를 실망시키는 것을 좋아하지 않는다. 그래서 좀처럼 시간표 '초안'을 만들거나 날짜를 '임시로 예정해두는' 일이 없다. 만남이 성사될 수 있다는 확신이 들면 그

자리에서 약속을 못 박아 상대를 당황시키기도 한다. 다이어리가 '임시로 예정해둔' 약속들로 빼곡한 영국인들이 가장 껄끄러워 하는 특징이다.

교통

다음으로 관광객들에게 인상적인 것은 통행량의 부족이다. 특히 번잡한 나라에서 온 관광객이라면 더욱 그렇게 느낄 것이다. 핀란드 도로를 달리는 차들을 보면 '통행량'을 논하기도 적절치 않아 보인다. 특정 시간에는 시내 도로가 워낙 한산해서 자동차를 발견하기도 힘들다. 핀란드에서는 대부분 한 집에 자동차가 한 대씩만 있고 아이들은 혼자서 걷거나 스쿨버스를 타고 학교에 간다. 그러니 영국에서처럼 통학시간과 러시아워가 없고, 교차로에서 신호등이 바뀔 때까지 도로가 텅 비어 있는 경우도 비일비재하다.

나의 핀란드인 동료 티모는 얼마 전 탐페레 시내에서 처음으로 교차로마다 차가 늘어서 있는 것을 보고 대체 무슨 일인지 어리둥절했다고 한다. 알고 보니 그날 버스 파업이 벌어진 것이었다. 그와 반대로 마르세유에 사는 내 프랑스인 친구 크리스틴은 처음 핀란드에 왔을 때 "텅 빈 도로를 보고 어리둥절했다"고 말했다.

일조 시간

여름에 핀란드를 찾은 관광객에게 가장 큰 영향을 주는 것은 낮 시간의 길이다. 날씨가 유난히 무더웠던 1997년 여름,

나의 첫 핀란드 여행에서 매우 인상적인 장면은 아침 7시 30분에 양산을 쓰고 마켓 광장에 앉아 커피를 마시며 출근하는 사람들을 지켜보고 있었던 것이다. 이미 하늘 높이 솟은 태양이 양산을 관통해 살갗에 뜨겁게 와 닿았다. 아직 이른 시간임에도 제법 더웠다. 밤에도 늦은 시간까지 밖에 나와 자연 채광 아래에서 책을 읽곤 했다. 밤 11시 30분 무렵에야 비로소 날씨가 어둑어둑해졌다. 물론 핀란드 사람들은 환한 밤 풍경에 익숙하지만 나로서는 심야에 호숫가나 강둑, 시내 광장으로 나가 산책하고 싶은 유혹을 뿌리치기 힘들었다.

아마도 평생 나를 따라다닐 가장 멋진 기억은 쿠오피오 공항에 첫 발을 내딛었을 때다. 자정을 조금 넘긴 시간에 해가 막 지고 있었다. 하늘은 자줏빛 구름이 군데군데 펼쳐진 아름다운 다크핑크 빛으로 물들었고, 새들이 무리지어 둥지로 돌아가고 있었다. 정말이지 믿을 수 없는 광경이었다. 그리고 겨우 반시간 뒤에 태양이 다시 떠올라서 새벽이 되었다.

나를 놀라게 한 또 한 가지는, 여름이건 겨울이건 핀란드 사람들은 해가 뜨자마자 창문의 블라인드를 닫는다는 점이다. 그래서 방 안이 아주 밝은 경우가 없다.

2
핀란드라는 나라

기후를 비롯한 지리적 조건의 중요성과
그것이 핀란드인의 사고방식에 미치는 영향은
아무리 강조해도 지나치지 않다.
우리가 종종 묻게 되는 한 가지 질문은,
핀란드 사람들은 겨울에 밤이 42일 동안이나 계속되고
기온이 영하 40도까지 떨어지는 이 광활한 땅을
애초에 왜 선택했으며 왜 그곳에 계속 머물렀느냐이다.
– 리처드 D. 루이스, 《핀란드, 고독한 늑대의 문화》

모든 계절을 위한 땅

핀란드가 실제로 어디에 있는지 아는 사람은 많지 않다. 모두들 얘기는 들어봤지만 지도에서 손가락으로 콕 짚어 가리킬 수 있는 이는 드물다. 대부분은 핀란드를 스칸디나비아 반도와 연관 지

● 핀란드와 북유럽

북위 60도(헬싱키 기준) 북쪽에 사는 세계 인구의 절반은 핀란드에 산다! 이는 핀란드의 남방 한계선 위쪽에 속하는 노르웨이와 스웨덴, 러시아, 캐나다, 아이슬란드, 그린란드, 알라스카 지역의 인구를 모두 합쳐도 그 수가 무척 작다는 뜻이다. 그러니 핀란드는 정말 북쪽에 있는 것이다!

으며 "이 위쪽 어디쯤인데"라고 말한다. 나 역시 그런 사람 중 하나였다. 그러나 핀란드는 스칸디나비아 반도에 속하지 않는다. 스칸디나비아 반도는 노르웨이와 스웨덴, 덴마크, 이렇게 3국을 포함한다고 정의되어 있다. 핀란드는 간혹 발트 3국 중 하나로 오해받기도 하는데, 발트 3국은 에스토니아와 라트비아, 리투아니아를 지칭한다. 핀란드는 발트 해에 면하기는 했지만 국토 전체가 북위 60도 위쪽에 있으며 다른 이웃 국가들과도 독립적으로 떨어져 있다.

그리고 이런 고립이 핀란드라는 나라를 특징지었다. 핀란드인은 독특하다. 그들은 스칸디나비아 사람도 아니고 슬라브민족도 아니다. 그들의 언어는 다른 유럽 언어들처럼 인도유럽 어족에 뿌리를 두고 있지 않다. 또한 기후는 음산하고 지리적으로 고립되어 있다.

사람들은 핀란드에 갈 때 뚜렷한 이유를 가지고 간다. 그곳

이 여행 중 잠시 머물기에 편안한 장소는 아니기 때문이다. 핀란드는 결코 어딘가로 통하는 주요 길목이 아니었다. 그러나 최근에 일본 사람들이 핀란드의 수도 헬싱키가 다른 유럽 국가로 가는 도중에 잠시 쉬어가기 좋은 장소라는 것을 발견하면서 상황이 달라졌다.[1] 또한 요즘 유럽에서 러시아 내륙으로 가는 가장 빠른 운송로는 철도나 도로로 핀란드 남부를 통과하는 것이다. 국경을 한 번만 넘으면 갈 수 있기 때문이다.

핀란드는 대단히 아름다운 경관을 지녔지만 이 나라를 오래 기억하게 만드는 것은 바로 그곳에 사는 사람들이다. 그들의 전통이 핀란드를 흥미롭게 만든다. 현대적인 모든 것에 대한 그들의 사랑은 핀란드를 놀라운 곳으로 변모시키고 있다. 그리고 그들의 언어는 핀란드를 감당하기 힘든 곳으로 만든다. 또한 동서양에서 받은 영향이 헬싱키를 '북유럽의 이스탄불'로 만든다고도 말할 수 있다. 발트 해에 자리 잡은 수도 헬싱키는 유럽과 스칸디나비아와 러시아 문화가 흥미롭게 혼합되어 있다. 핀란드는 기본적으로 핀란드어와 스웨덴어, 2개의 공식 언어를 사용한다. 그와 달리 핀란드 북쪽 라플란드 지역에

얼마나 북쪽에 있나?

첫 핀란드 여행을 앞두고, 나는 잔뜩 흥분해서 대형 세계 지도를 꺼냈다. 북유럽 국가가 나오는 페이지로 가서 내가 가려는 도시를 열심히 찾았다. 그러다가 깜짝 놀랐다. 핀란드가 모스크바보다 한참 북쪽에 있었던 것이다. 나는 모스크바 북쪽으로는 사람 사는 곳이 별로 없을 거라고 생각했었다. 목적지인 쿠오피오가 워낙 북쪽에 있어서 지도에서 그 위쪽으로는 아이슬란드의 수도 레이캬비크, 러시아의 최북단 도시들인 아르항겔스크와 무르만스크, 이렇게 세 곳밖에 찾을 수 없었다. 나는 생각했다. 나는 북극으로 가는 것이구나. 내가 그동안 얼마나 착각을 했었는가……

는 독자적인 언어와 문화를 가진 6500명의 사미^{Sami}족(라프족)이 살고 있다.

핀란드를 묘사할 때 내가 항상 사용하는 두 단어는 모순과 대조다. 바로 다음과 같은 상반된 이미지들이 떠오른다.

- 6월과 7월에 여름 숲의 고요함을 방해하는 모기와 그 밖의 성가신 해충들
- 시골의 절대적인 고요와 정적과 대조되는 도시의 밤 문화
- 한겨울 눈 덮인 숲의 경이로운 고요함과 대조를 이루는 한여름 긴 '백야'의 발광
- 현대 문물과 오랜 전통
- 겨울의 완전한 '화이트아웃'과 대비되는 파랗고 파란 봄 하늘
- 라플란드의 전통 대 대도시 헬싱키
- 특별한 개입 없이 잘 관리되고 있는 광대한 숲
- 철저히 자연적인 것처럼 보이지만 질서 있게 관리되고 있는 나라

지리

핀란드는 유럽의 동쪽 끝에 위치하며 그리니치 표준시보다 두 시간 앞선다. 국토 면적은 33만 8000평방킬로미터로, 유럽에서 일곱 번째로 큰 나라다. 국토의 약 70퍼센트는 숲으로 덮여 있고 10퍼센트는 해수면 밑에 있다. 국토 전체의 약 6퍼센트만이 농업용으로 이용되는데 보리와 귀리가 주된 농작물이다. 핀란드는 황야가 무척 많다. 끝없이 펼쳐진 광활한 숲과 삼림지대가 있고 사람의 손길이 닿지 않은 수만 평방킬로미터

의 땅이 있다.

핀란드는 세계 어느 나라보다도 호수가 많다. 호수 지역은 호수와 작은 만, 섬과 반도가 얽혀 있는 거대한 땅이다. 무려 18만 7888개의 호수와 5100개의 급류, 17만 9584개의 섬이 있다. 비록 그 많은 호수의 이름을 전부 대지는 못한다 해도, 핀란드 사람들은 그토록 많은 호수를 가진 것을 자랑스럽게 여긴다. 그중 가장 큰 호수인 사이마^{Saimaa} 호는 면적이 4400평방킬로미터에 이르고 1만 3710개의 섬을 품고 있다. 거의 모든 자치시마다 호수가 하나씩은 있으며 땅보다 물이 더 많은 곳도 있다.

이런 자연 환경이 선사하는 독특한 아름다움을 즐기려면 한동안은 핀란드 스타일로 살아봐야 한다. 핀란드 사람들은 주기적으로 숲속을 산책하며 야생 버섯이나 열매들은 채집한다. 이것은 그들 삶의 방식의 일부다. 이들은 어린 시절부터 풍부한 자연 환경을 가까이 두고 조화롭게 사는 데 익숙했다. 이 소중하고도 대체 불가능한 선물을 있는 그대로 존중하는 것이야말로 인간과 자연의 진정한 관계를 즐기는 유일한 길이라고 믿는다. 핀란드인은 낚시도 무척 좋아한다. 여름에는 호숫가에서 낚시를 하고, 한겨울에는 2피트 두께로 얼어붙은 호수에 구멍을 뚫고 얼음낚시를 즐긴다. 이 모든 행동은 깊은 정적 속에서 이루어지며, 이따금 지나가는 새들의 지저귐만이 잠시 그 정적을 깰 뿐이다.

핀란드에서 훼손되지 않은 자연 환경과 고요한 아름다움을

● 핀란드는 종종 '1000개 호수의 땅'이라고 불린다. 이 호수들은 대부분 토이보 비르칼라(Toivo Virkala)라는 엔지니어가 작성한 목록에 수록되어 있다. 그는 1930년대 중반부터 휴일마다 호숫가를 돌아다니며 호수 이름을 기록해 1956년까지 1500개의 목록을 작성했다. 핀란드에는 3만 명이 넘는 사람이 야르비넨(Jarvinen)이라는 성을 가지고 있는데 바로 '호수의 사람'이라는 뜻이다.

발견하기 위한 가장 좋은 방법은 도보나 자전거로 이곳저곳을 돌아보는 것이다. 그러나 핀란드의 풍광을 한눈에 볼 수 있는 최선의 방법은 비행기에서 보는 것이라고들 이야기한다. 이 경이로운 풍경을 지그시 내려다볼 수 있는 높은 산이나 언덕이 내륙에는 많지 않기 때문이다. 한편 시야를 가로막는 언덕이 없기 때문에 핀란드의 하늘은 유달리 광활해 보이고, 날씨가 좋은 날이면 하늘의 푸른빛이 끝도 없이 이어질 것만 같다. 남부의 완만하게 경사진 농경지는 중부의 광활한 숲과 호수로 이어지고, 북부로 가면서 점차 라플란드의 토탄지와 툰드라로 변한다.

핀란드 사람들이 열심히 오지를 개발한 덕분에 사실상 나라 구석구석 모든 땅으로의 접근이 가능하다. 그들의 견고한 공학 기술이 구현해낸 우수한 철도와 도로 시스템이 숲과 호수를 가로질러 전국 방방곡곡으로 뻗어 있다. 키 큰 소나무와 전나무, 자작나무들 사이로 끝없이 펼쳐진 도로는 세계에서 가장 큰 내륙담수 지역을 이루는 수천 개 호수가 만들어낸 자연 장벽마저도 극복했다.

핀란드 땅의 약 1/3은 북극권에 속해 있으며 여기에서 라플란드의 진정한 아름다움을 찾을 수 있다. 반쯤 가축화된 순록 떼가 들판을 자유롭게 어슬렁거리고, 서로 멀찌감치 떨어진 농장들이 그 땅을 더욱 광활해 보이게 한다. 여름이면 이곳은 백야의 땅이 된다. 반대로 눈 덮인 겨울의 경이로운 고요함 속에서는 오로라를 볼 수 있다. 라플란드에서는 52일 연속으로 낮이 지속되고 60일 연속으로 밤이 지속되는 신비한 자연현상을 경험할 수 있다. 또한 이 지역에는 핀란드에서 가장 높은 구릉 지대인 툰투리tunturi가 있는데, 그 최고봉은 핀란드 북서

방목 중인 순록이 라플란드의 광대한 툰드라 지역을 자유롭게 돌아다닌다.
순록 방목은 여전히 이곳 사람들(사미족)에게 중요한 생계 수단이다.

부 모퉁이에 위치한 할티 산이다. 그러나 가장 높다는 할티 산
마저도 해발높이가 1328미터에 불과하니 핀란드에 얼마나 고
지대가 없는지를 알 수 있다.

핀란드는 3개 나라와 국경을 접하고 있다. 동쪽의 러시아와

오로라

북쪽의 빛이라는 뜻을 가진 오로라(aurora borealis)는 추운 겨울 북극 주
변의 밤하늘에 형형색색의 빛이 나타나서 띠나 커튼 또는 물결 모양을 이
루는 천체현상을 말한다. 라플란드에서 오로라가 나타나는 횟수는 1년에
200회 정도나 된다. 핀란드 남쪽에서는 그 횟수가 20회 미만이다. 조건
만 맞으면 1년 중 어느 때건 그 아름답고 찬란한 빛을 볼 수 있지만 불행
히도 여름에는 길고 환한 밤 때문에 볼 수가 없다. 이 매혹적인 천체의 빛
의 기원을 설명하는 많은 민간전승 신화가 있다. 핀란드에서는 오로라를
'여우 불'이라는 뜻의 레본툴렛(revontulet)이라고 부르는데, 붓처럼 생긴
꼬리로 불을 붙이거나 눈을 뿌린다는 북극여우에 관한 고대 설화에서 유
래한 이름이다.

면한 국경은 길이 1269킬로미터에 달한다. 북쪽으로는 라플란드가 노르웨이와 727킬로미터의 국경을 이루고 서쪽으로는 스웨덴과 586킬로미터

핀란드 북서부 도시인 오울루 근처에는 유럽에서 가장 풍부한 야생동물의 보고로 알려진 리밍간라흐티(Liminganlahti)가 있다. 2000년 여름 한 주 동안에만 약 300종의 새들이 그곳을 찾은 것으로 기록되었다.

가 맞닿아 있다. 핀란드 만은 핀란드 남부를 에스토니아와 갈라놓는다. 핀란드 남단에 위치한 한코Hanko는 노르웨이의 오슬로, 알라스카의 앵커리지와 같은 위도에 있고, 동쪽의 요엔수Joensuu는 이스탄불과 거의 같은 경도에 있다.

핀란드는 풍부한 야생동물도 품고 있다. 전국적으로 약 12만 마리의 엘크가 서식하며 동부 카렐리야 지역에는 곰 240마리가 살고 있다. 라플란드에는 20만 마리의 순록이 자유로이 돌아다닌다. 그뿐 아니라 이 동물의 왕국에는 여우와 늑대, 족제비와 오소리, 스라소니와 산토끼를 비롯한 많은 동물종이 서식하고 있다. 포유류는 65종에 이른다. 멧닭과 큰고니, 물수리와 까막딱따구리, 되새와 제비, 독수리와 올빼미를 비롯한 400여 종의 새들도 있다. 또한 핀란드 해안과 호수에는 농어와 대구, 가자미와 흰연어류, 민물농어와 강꼬치고기, 각종 송어류와 연어류를 비롯한 다양한 어종이 풍부하게 서식한다.

기후

핀란드는 뚜렷한 사계절이 있다. 봄을 알리는 3월이 오면 낮이 길어진다. 3월 중순 무렵 핀란드의 낮 길이는 영국보다 더 길다. 3월 21일 이후부터는 한 주, 두 주 지나면서 일조 시간이 점점 더 길어져 다른 유럽 국가들을 앞지르는데, 3월 말에

이르면 해가 떠서 지기까지 14시간이 걸린다. 이것이 핀란드의 초봄 날씨다. 낮이 길어지고 햇살이 가득한데도 여전히 무릎 깊이까지 눈이 쌓여 있기도 하다. 그러나 햇살이 모든 것을 더 환하고 하얗게 보이게 만들며 다가올 여름을 약속한다.

4월에는 낮이 오전 5시 30분부터 오후 10시까지 이어진다. 5월에는 비로소 눈이 사라진다. 낮 시간이 길지만 사방은 여전히 갈색이다. 나뭇잎도 아직 없고 잔디도 여전히 죽어 있지만 그 해의 첫 꽃이 숲속을 가득 메운다. 스노드롭과 비슷한 작고 하얀 꽃이다. 땅 위의 모든 것들이 그 달 말이면 시작될 새로운 여름의 성장을 기다리고 있다. 낮 길이는 19시간까지 늘어난다.

핀란드의 북쪽 끝은 5월 중순부터 7월 하순까지 항상 일광이 비춘다. 이곳은 백야의 땅이다. 북극권에 속한 로바니에미 Rovaniemi 의 경우 5월 20일부터 7월 20일

핀란드는 밀이 자라는 환경으로는 가장 북쪽에 있는 나라이며, 전국 연평균 기온이 1.5도로 세계에서 두 번째로 추운 나라다(가장 추운 나라는 평균 기온이 −5도인 러시아다). 그러나 전반적으로는 극북에 위치한 다른 지역들에 비해 기후가 덜 극단적이고 온화한 편이다.

까지 백야가 지속된다. 백야란 태양이 항상 지평선 위에 떠 있어서 24시간 지속적으로 햇빛이 비추는 상태를 뜻한다. 핀란드 중부와 남부는 태양이 지평선 바로 밑까지 내려가기 때문에 '공식적으로'는 백야가 없다. 그러나 한밤에도 완전히 캄캄해지지는 않고 그저 한두 시간쯤 어둑어둑해지는 게 고작이다. 이 순간 하늘은 가장 아름다운 색조를 띤다. 우리가 보기에는 이것도 백야이며 그 현상은 일종의 경외심을 자아낸다. 숨을 멎게 하는, 믿을 수 없이 멋진 광경이다.

6월에는 나무들이 이파리를 틔우고 잔디도 푸릇푸릇 돋아

난다. 진달래가 순식간에 피었다 지고, 이어서 다양한 꽃들이 연달아 빠르게 피고 진다. 창가 화단에는 제라늄이며 봉선화며 온갖 알록달록한 꽃들이 가득하다. 낮이 더 길어지면서 잠자고 있던 핀란드의 아름다움이 풍요롭고 생생하게 풍경 속으로 터져 나온다. 하지만 이따금 내가 어린 시절에 잉글랜드에서 경험한 변덕스러운 날씨가 이어지기도 한다.

핀란드에서 보낸 첫 해 여름, 나는 화분과 정원에서 꽃을 피우는 다양한 식물들을 보고 깜짝 놀랐다. 잉글랜드에서는 모든 식물이 그렇게 동시다발적으로 꽃을 피우는 것을 본 적이 없기 때문이다. 그래서 이 즈음의 발코니와 시장은 마치 작은 꽃 축제장이 열린 것처럼 보인다.

날씨가 극단적인 시베리아와 그린란드, 알라스카와 비교할 때 핀란드의 기후는 상대적으로 따뜻한 편이다. 이는 발트 해의 온난화 영향과 멕시코 만류 덕분이다. 여름에는 28~30도에 이르는 폭염을 경험할 수 있지만 때로는 온도가 10도까지

핀란드의 따스한 날씨

처음 핀란드에 왔을 때 가장 놀라웠던 것은 기후다. 내가 상상했던 날씨가 전혀 아니었다. 우리는 핀란드의 겨울이 무척 길고 어둡고 너무너무 춥다고 알고 있다. 사실이 그렇다. 그러나 놀라운 것은 핀란드가 너무너무 더울 수도 있다는 점이다. 나는 한낮의 열기가 잦아들면 따사롭고 상쾌한 저녁이 찾아오는 지중해 날씨에 익숙하다. 그런데 핀란드에서는 이런 경우가 전혀 없다. 앞서 말한 것처럼, 내가 처음 핀란드에 왔을 때 사람들은 무더위를 겪고 있었다. 아침에 눈을 뜰 때부터 이미 날씨가 후텁지근했다. 당연히 저녁에는 온도가 상당히 내려가겠거니 기대했지만 그렇지 않았다. 오후 8시에도 기온이 한낮과 거의 비슷했다. 밤사이에 떨어지는 기온은 2~3도에 불과했다. 이유는 해가 지지 않기 때문이다. 그러나 날씨가 굳으면 여름밤이 시원할 때도 가끔 있다.

내려가기도 한다. 더운 날은 당연히 습도도 높다. 핀란드의 여름 날씨는 매우 불안정하고, 말하자면 미국처럼 내일 날씨를 예측하기도 힘들기 때문에 항상 비옷과 카디건을 가지고 다녀야 한다.

8월 중순부터는 이미 낮이 눈에 띄게 짧아진다. 더 이상 저녁의 황혼이 곧바로 새벽녘의 여명으로 이어지지 않는다. 9월 초에는 벌써 나뭇잎이 물

● 핀란드에서 가을은 숲속을 걸으며 자연의 열매들을 따는 계절이다. 특히 핀란드 음식에도 많이 들어가는 클라우드베리[2]와 버섯을 많이 채취한다. 누구나 자유롭게 숲속의 열매를 따서 세금을 내지 않고 팔 수 있다.

들기 시작한다. 핀란드는 가을이 일찍 찾아온다. 내가 처음으로 가을에 핀란드를 찾았을 때는 광대한 숲속의 나무들이 자아내는 고운 빛깔에 저절로 입이 떡 벌어졌다. 물론 이때도 최고의 광경은 비행기에서 내려다보는 것이다. 그 풍광을 목도하기 전까지, 나는 핀란드가 소나무로만 가득한 게 아니라 다양한 자작나무들이 합세해 붉고 노랗고 주홍빛이고 금빛마저도는 다채롭고 아름다운 가을색을 빚어낸다는 사실을 미처 깨닫지 못했다. 이 특별한 기간을 루스카Ruska라고 부른다. 추분은 9월 23일이며 그때부터 낮이 계속 짧아진다.

밤이 길고 어두워지면서 낮 또한 어둑하고 칙칙해진다. 10월에 내리는 첫눈은 반가운 손님으로 모두들 즐겁게 맞이한다. 하얀 눈이 칙칙했던 주변을 환하게 밝히면서 정말 겨울이왔음을 알린다. 이때부터 3월 말까지는 계속 눈이 올 것이다. 새로 내린 눈이 먼저 내렸던 눈 위에 겹겹이 쌓이면서 측정할 수 없을 만큼 겨울이 깊어진다. 북부의 라플란드 지역에는 9월부터 내린 눈이 다음해 6월 말까지 남아 있기도 한다. 비교적 남쪽인 헬싱키는 새로운 눈이 내리기 전에 이전에 내린 눈

의 일부가 녹아 없어진다. 어쨌거나 핀란드의 겨울은 춥고 하루 사이에도 기온이 급격히 오르락내리락한다.

한번은 크리스마스 직전에 로바니에미에 갔다. 운 좋게도 도착한 날의 날씨가 영하 7도 정도였는데 밤사이 기온이 뚝 떨어져서 다음날은 영하 32도까지 내려갔다. 어느 모로 보나 기온은 무척 낮지만 건조한 날씨여서 몸을 따뜻하게 감싸기만 하면 영국에서처럼 으슬으슬하게 냉기가 뼛속까지 파고드는 느낌은 없다. 하지만 공기가 무척 건조하기 때문에 손과 입술과 얼굴에 계속 보습크림을 발라줘야 한다. 정전기도 엄청나게 발생한다. 머리 감을 때 린스를 충분히 해도 머리칼이 치솟기 일쑤이며 수시로 작은 감전을 경험한다. 두어 주 동안 그런 겨울을 겪고 나면 엘리베이터 버튼을 누르거나 문손잡이를 잡기가 두려워지기 시작한다.

그러나 핀란드의 겨울은 마법과도 같은 시간을 선사한다. 핀란드의 눈 풍경은 말할 수 없이 아름답다. 기온이 영하 10도 밑으로 떨어지면 눈송이 하나하나가 눈꽃처럼 얼어붙어 빛을 발한다. 가로등 불빛 아래에 있으면 마치 반짝이는 다이아몬드가 가득 뿌려진 길을 걷는 듯하다. 눈송이 하나하나가 저마다의 빛깔과 방식으로 반짝이고, 발밑에서는 연신 뽀드득 소리가 난다. 처음 경험하는 사람은 마치 유리 수정 위를 걸으며 발로 부수고 있는 것처럼 느낄 것이다.

핀란드의 최북단은 11월 22일부터 1월 20일까지 새벽의 여명이 곧바로 저녁의 황혼으로 스며든다. 여름날의 백야와 정반대인 극야polar night라고 알려진 현상이다. 북극권에 속한 로바니에미에서는 해가 두 시간 정도 뜬다. 오후 1시 30분 무렵이면 그나마 흐릿하던 일광마저도 '블루 타임'이라고 부르는

꽁꽁 얼었던 호수는 5월이면 해빙되기
시작하고 호수 시설들은 활동의 중심
이 된다. 작은 페리와 보트는 여름철에
가장 인기 있는 교통수단이다.

황혼으로 슬그머니 흡수된다. 남부의 경우, 12월에는 오전 9시 30분쯤에 해가 나와서 오후 3시쯤에 진다. 그러나 1월 말부터는 눈에 띄게 해가 길어진다.

지금까지 알려진 핀란드의 최저기온은 1985년에 라플란드 살라Salla에서 관측된 영하 50도이고, 최고기온은 1914년에 투르쿠Turku에서 관측된 36도다.

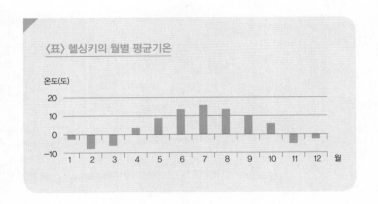

〈표〉 헬싱키의 월별 평균기온

역사

많은 사람들은 오늘날 핀란드라는 나라가 생긴 지 겨우 98년밖에 되지 않은 신생국가라는 것을 알면 깜짝 놀란다(2015년 기준). 거의 700년 동안 핀란드 사람들은 스웨덴의 통치 하에 있었고 이후에도 100년이 넘도록 러시아의 지배를 받았다. 핀란드인의 애국심이 남달라 보이는 것은 바로 이런 역사 때문일 것이다. 또한 많은 외국인들이 핀란드에 대해 들어는 봤지만 그 나라의 역사와 문화에 대해 잘 알지 못하는 이유도 여기에 있다.

기원

12세기 이전의 핀란드 역사는 대부분 민간설화를 통해 전승된 것이며 핀족(Finns)과 그들의 나라에 관한 문헌 기록은 별로 많지 않다. 서기 98년 로마의 역사가 타키투스는 게르마니아 지역에 있는 '페니fenni족'에 대해 언급했는데, 이들이 핀란드 남서부에 정착한 주민들의 뿌리였다고 전해진다. 당시 내륙 지방에 거주하던 사람들은 하메Hamme족이라 불렸으며 이는 '내륙 거주자'를 뜻하는 발트 고어에서 나온 이름이다.

핀란드 최초의 정착민은 기원 전 9000년 무렵에 이 땅에 도착했다고 전해진다. 이 지역에 거주한 인류에 대한 최초의 기록을 보여주는 사슴뿔 조각이 발견되었기 때문이다. 이들은 핀란드 남부 해안가 저지대를 차지하고 엘크를 사냥하거나 당시 담수호였던 발트 해에서 낚시를 하며 살았다. 당시 그곳은 오늘날과 같은 특징이 없는 그저 툰드라와 유사한 황량한 땅에 지나지 않았다. 그리고 지금으로부터 약 6000년 전에 동쪽에서 사미Sami족이 왔다.

핀족의 기원과 관련해 여러 가지 설이 있지만, 핀란드 남서부 지역은 서유럽에서 배를 타고 건너온 사람들이 정착했고, 동부 지역은 러시아에서 온 유목민들이 터를 잡은 것으로 보인다. 주로 우랄 산맥과 볼가 강 주변 지역에서 이주해온 이 사람들이 정착해 오늘의 핀란드인, 에스토니아인, 카렐리야인[3]이 되었다. 이들에게서 핀-우그리아 어족이 발전했다. 이들은 사미족을 몰아냈고, 쫓겨난 사미족은 좀 더 북쪽인 라플란드로 이주해 오늘날 라프족(핀란드 말로 사미를 뜻함)이 되었다.

각기 동쪽과 서쪽의 영향을 받아 뚜렷이 구별되는 두 가지 문화가 발전했다. 핀란드의 두 부족(서쪽의 하메니타[Hamenite], 동쪽의 카렐리야[Karelians])은 끊임없이 싸웠다. 에스토니아족과 스웨덴 바이킹족 사이에는 교역 관계가 형성된다. 서기 800년 무렵부터 바이킹족은 동쪽으로 올란드 제도와 핀란드, 러시아까지 세력을 확장해 노브고로드를 통치하고 마침내 서기 862년에 키예프에 이른다. 카렐리야족은 노브고로드와 교역하며 그들에게 모피와 가죽을 공급했다. 이런 접촉은 카렐리야 문화에 지대한 영향을 미쳤다. 카렐리야 장인들은 비잔틴의 디자인을 도입해 미술과 보석 세공에 이용했다. 이런 디자인들은 오늘날에도 여전히 '핀란드 전통' 디자인으로 간주된다. 카렐리야족은 동방과의 접촉을 통해 동방정교를 받아들였고, 러시아 사제들은 북쪽으로 진출해 라프족을 개종시켰다. 한편 스웨덴은 핀란드 서쪽에 사는 부족에게 가톨릭교를 전파했다.

영국 출신인 웁살라[4]의 헨리 주교는 이 지역에 기독교를 전파하는 임무를 맡았다. 하지만 그의 가르침에 반대하는 랄리라는 자에게 살해당했고 그때부터 헨리 주교는 핀란드의 수호성인이 되었다.

피지배 시절

11세기와 12세기에 핀란드는 세력을 다투는 열강들 사이에 낀 완충지대와 같았다. 스웨덴은 이미 강력한 전제국가를 구축해 중세의 강국이 되었고, 노브고로드는 강력한 군사 기지가 되었다. 한편 팽창하던 덴마크 왕국은 스웨덴의 기세에 저항해 1219년 에스토니아에 탈린 시를 건설했다. 동쪽으로는 튜턴의 기사들이 핀란드 만 남쪽 땅을 잠식하고 있었으며 발트 해 연안을 차지하기 위해 덴마크와 싸웠다. 핀란드인은 하나의 민족국가로 뭉치지 못해 이 모든 세력의 영향을 받았다. 사실 그들은 수오말라이셋 Suomalaiset(오늘날 핀란드인은 자신들을 이렇게 부른다)과 하말라이셋 Hamalaiset(하메니티족), 카리알라이셋 Karjalaiset(카렐리야족), 이렇게 세 주요 그룹으로 나뉘어 있었다.

12세기 중반에 에리크 9세가 스웨덴 왕좌를 차지했다. 교황은 스칸디나비아 반도에서 교회의 위치를 강화할 필요가 있다는 교시를 발표했다. 가톨릭 신자인 에리크 9세는 십자군을 이끌고 침략해 핀란드 사람들을 개종시켰다. 당시 헨리 주교가 동행했으며, 에리크가 스웨덴으로 돌아간 뒤에도 주교는 핀란드에 남아 십자군 원정의 성과를 공고히 했다. 처음부터 그런 것은 아니지만 핀란드 교회의 초석을 놓은 것은 바로 이 십자군 원정이었다. 1229년 투르쿠에 세워진 최초의 대성당은 성 에리크와 성 헨리에게 바쳐졌다. 그리고 1290년에는 성 헨리의 유골이 그곳에 묻혔다.

핀란드 교회가 덴마크 주교 관구의 감독을 받았음에도 핀란드 남부와 서부를 궁극적으로 지배한 것은 스웨덴이었다. 한편 핀란드 동부는 키예프와 노브고로드를 통해 여전히 비잔틴 제국으로부터 많은 영향을 받았다. 핀란드 남서부의 투르쿠는 핀란드의 종교적 권한과 시민적 권한의 중심이 되었다. 스웨덴의 지배는 1249년에 본격화되어 스웨덴 사람들을 핀란드 땅으로 이주, 정착시키기 위한 많은 유인책이 고안되었다. 거대 사유지가 조성되었고 세금 감면 혜택도 주어졌다. 곧 핀란드 사회의 상류층은 가톨릭 주교들과 스웨덴 귀족들로 채워졌다. 스웨덴 육군 병사들을 정착시키기 위해 특히 많은 특혜가

주어졌다. 스웨덴 정착민들은
핀란드 남서부와 핀란드 만
의 해안 지역을 식민지화 하
기 시작해 곧 그들의 언어(스
웨덴어)를 핀란드의 주요 언어
로 만들었다.

이후 100년 동안 스웨덴과 노브고로드 간에 영토를 빼앗기
위한 충돌과 접전이 이어졌다. 1323년에 마침내 평화조약이 체
결되어 오늘날 러시아의 상트페테르부르크 근처부터 핀란드
북서부 오울루까지 북서 방향으로 뻗은 양국 간 국경이 정해졌
다. 이로써 상대적으로 조용한 시기가 찾아왔고 그 결과 핀란
드 남서부에서 스웨덴의 영향력이 강해졌다. 이와 함께 서유
럽과 로마 가톨릭교와의 접촉도 이루어졌다. 이후 300년에 걸
쳐서 핀란드는 스웨덴 왕국의 확고한 일부가 되어 스웨덴의
법률과 행정 방식을 채택했다. 스웨덴인은 해안 지역에 정착
한 반면 핀족은 대부분 내륙에서 살았다. 그들은 종교적, 사법
적, 행정적 방식을 공유하며 평화롭게 공존했다. 한편 핀란드
북서부는 동방정교회와의 문화적 연계에 큰 영향을 받았다.

1527년 스웨덴의 국왕 구스타브 바사(구스타브 1세)가 루터
교를 채택함에 따라 스웨덴과 핀란드는 루터교를 공식적인 국
교로 확립하는 길에 들어선다. 영토를 확장하고 싶었던 그는
핀란드 백성들을 부추겨 러시아와의 조약으로 정한 국경을 넘
어 사보와 카이누 지역을 공격했다. 투르쿠는 당시 총독이 통
치하는 공국인 핀란드의 수도로 확고하게 자리매김했다.

17세기 스웨덴의 '황금기'에 핀란드는 스웨덴에 통합된 일
부로 간주되었고, 핀란드인은 스웨덴 군주의 충성스러운 백성

핀란드의 옛 수도 투르쿠에는 중세의 모습을 그대로 간직한 투르쿠 성이 남아 있다.
스칸디나비아 지역에 현존하는 중세 성들 중에서도 최대 규모에 속한다.

으로 여겨졌다. 공식 언어는 스웨덴어였고 수도는 스톡홀름이
었으며(투르쿠는 '공국'의 수도였다) 스웨덴 법령에 의해 성장하
고 번영하기 시작했다. 학교와 교회를 세우고, 철공소를 건설
하고, 교통 체계를 구축했으며, 러시아의 공격을 막아내기 위
해 일련의 성들을 지었다. 1640년에는 핀란드 최초의 대학인
투르쿠 아카데미가 설립되어 투르쿠는 유럽 대륙의 유서 깊은
대학 도시에 속하게 된다. 무역이 증가했지만 상업에 종사하
는 핀란드인이 별로 없었기 때문에 '시민(burgher)' 계급은 주
로 스웨덴 사람들이었다. 핀란드 민족은 대부분 농민이었다.
대저택을 위해 일하는 소작농도 있었지만 대다수는 평등과 자
유를 중시하는 바이킹의 전통을 따르는 자유민 형식의 자영농
이었다. 중세 스웨덴 사회에는 다른 서유럽 국가들처럼 봉건
제도가 없었다. 핀란드 농민들은 귀족과 성직자, 시민 그리고

(자영) 농민 계급으로 구성된 입법기관인 '4계급 의회'에 자신들의 대표자를 보냄으로써 스웨덴의 여느 농민들과 마찬가지로 스톡홀름에서 정치 활동에 참여했다.

1700년대에 핀란드는 수차례 전쟁과 점령을 겪었다. 표트르 대제 치하의 러시아가 핀란드의 상당 부분을 점령했고, 심지어 서해안까지 정복했다. 잃어버린 영토를 되찾기 위해 스웨덴은 거의 100년간 러시아와 전쟁을 벌였다. 대북방 전쟁으로 스웨덴은 평화조약을 통해 영토를 되찾았지만 훗날 다시 러시아에 이양할 수밖에 없었다. 그리고 나폴레옹 전쟁이 발발해 핀란드에 지속적인 영향을 미치게 된다. 러시아 황제 알렉산드르 1세와 나폴레옹이 틸지트 조약을 체결한 후 러시아는 1808년에 핀란드를 공격했다. 결국 스웨덴은 핀란드를 러시아에 이양했고, 스웨덴 국왕 구스타브 4세(아돌프)는 나폴레옹에게 왕위를 잃었다. 나폴레옹 휘하의 원수 중 한 명인 베르나도트가 곧 새로운 통치자로 임명되었으며 그의 후손들이 오늘날도 통치를 계속하며 스웨덴인과 핀란드인 모두의 지지를 받고 있다.

핀란드는 러시아 제국의 자치 대공국이 되었고 러시아 황제는 핀란드 대공을 겸했다. 러시아의 통치는 108년간 지속되었다. 자유주의자인 알렉산드르 1세는 핀란드인과 그들의 제도를 존중했다. 핀란드에서 스웨덴 법은 여전히 효력을 발휘했고, 루터교회 역시 그대로 보존되었으며, 황제는 핀란드 의회를 소집해(50년의 공백 이후) 권력을 부여하고 중요한 결정만 황제의 승인을 받도록 했다. 러시아는 핀란드가 국가로서 발전하도록 도왔으며, 모두에게 기본 교육을 무상으로 제공하고, 대학을 설립하고, 1812년에는 수도를 투르쿠에서 헬싱키로 옮겼다. 1800년대 중반에 핀란드는 자체적인 우표를 발행하고, 관세청을 두어 자체적 통화 마르카를 갖게 되었다. 스웨덴어와 더불어 핀란드어에도 동등한 공식 언어의 지위가 주어졌다. 철도가 건설되고 제도가 마련되었다. 핀란드는 러시아와의 합병으로 얻은 것이 많았고 러시아 또한 핀란드를 자국과 스웨덴 사이의 완충지대로 이용함으로써 이득을 보았다.

제도 정비와 스웨덴에서 더 먼 곳으로의 수도 이전, 고유한 언어 인정, 독자적인 통화와 우표 발행, 핀란드 육군의 징병 등 일련의 사건들은 핀란드인이 스스로 국가적 정체성을 찾아가도록 만들었다. 그리하여 핀란드 독립 운동에 가속이 붙었다. 처음에 독립 의식을 고취한 사람은 아돌프 이바르 아르비드손Adolf Ivar Arvidsson이었다. 그는 이렇게 외쳤다. "우리는 더 이상 스웨덴인이 아니다. 러시아 사람이 되기를 바라지도 않는다. 그러니 이제 핀란드 사람이 되자."

이 무렵 엘리아스 뢴로트Elias Lönnrot가 전국의 여러 핀란드 '부족'들의 민간전승을 토대로 한 서사시 《칼레발라The Kalevala》를 출판한다. 핀란드 사람들이 자신들의 국가적 정체성에 대해 생각하기 시작한 시점에 나온 이 서사시는 결정적으로 핀란드의 독립 운동을 촉발시켰다. 처음으로 그들의 역사와 문화가 글로 쓰였고, 핀란드인이라는 것이 진정 무엇을 의미하는지 모두 알 수 있었다.

1860년대는 '굶주림의 시절'이라고 불렸다. 당시 인구의 1/3 가까이가 기아로 죽었다. 이 일을 겪은 뒤 농부들이 농장을 좀 더 효율적이며 효과적으로 관리해 식량 생산을 증대할 수 있도록 돕는 농촌자문센터가 많이 세워졌다. 농민조합이 시작되었고 학교에서 '지식의 씨앗'이 전해졌다.

1906년에는 새로운 단원제 핀란드 의회인 에두스쿤타 Eduskunta가 세워졌다. 사회 각계각층의 남성과 여성 모두에게 완전한 투표권이 주어졌다. 핀란드는 하루아침에 근대 국가로 탈바꿈했다. 핀란드는 여성에게 완전한 정치적 권한, 즉 보편적이고 동등한 참정권을 제공한 최초의 유럽 국가였다. 이는 만인에게 선거권과 아울러 의회 선거에 입후보할 권한이 있음을 뜻했다. 실제로 1907년 초대 핀란드 총선에서 19명의 여성이 선출되었다. 여성들이 진정으로 자신의 권한을 행사한 것이다.

러시아 치하에서 핀란드 사회가 많은 진전을 이루었음에도, 핀란드 사람들은 여전히 억압받고 있다고 느꼈다. 그들은 백 년 동안 대공국으로 자치를 해왔고 격동의 19세기에 러시아에 충성했다. 그런데 니콜라스 2세가 핀란드를 러시아의 일개 주로 만

핀란드 독자들로부터: 사람들은 니콜라스 2세의 러시아화 정책에 분개해 헬싱키 원로원 광장 알렉산드르 2세 동상 앞에서 평화 시위를 벌였습니다. 이 날 시위대는 알렉산드르 2세의 생일을 기리며 수천 송이의 꽃을 가져왔고, 니콜라스 2세는 본인의 할아버지에게 존경을 표하는 시위대를 체포할 수 없었습니다. 그전에는 핀란드 도시마다 알렉산드르 또는 니콜라스 거리가 있었는데 독립 후에는 알렉산드르 거리만 남았습니다.

들려 시도했고, 그의 이런 '러시아화' 방침이 원성을 자아냈다. 핀란드 지식인과 예술인들은 이런 억압에 자극받아 민족주의 물결에 기여했다. 작곡가 장 시벨리우스는 걸작 〈핀란디아〉를 작곡했고, 화가인 악셀리 갈렌칼렐라 Akseli Gallen-Kallela는 《칼레발라》의 장면들을 화폭으로 옮겼다. 이런 예술적 움직임들은 신생국이 단결할 수 있는 핵심을 제공했다. 핀란드인들 사이에 독립에 대한 정서가 무르익었다. 그 와중에 1917년 러

시아 혁명으로 공산당이 집권하고 황제가 축출된다. 이에 핀란드 의회는 특유의 민첩성과 효율성을 발휘해 1917년 12월 6일에 독립을 선언했다. 황제에게는 계속 '충성'할 준비가 되어 있지만 모스크바와 레닌그라드의 폭도들에게 충성할 생각은 없었던 것이다. 불과 한 달 만에 핀란드는 러시아로부터 독립 국가로 인정을 받았다.

독립

이 신생국에게 가장 난처한 질문 중 하나는 '공화국이 될 것이냐, 아니면 군주국이 될 것이냐'였다. 노동 계급으로 구성된 핀란드 좌파 적위군은 러시아 스타일의 사회주의 독립 국가를 원했고, 새로 세운 정부가 속했던 백위군은 독일 모델에 기초한 군주제를 선호했다. 이 와중에 제1차 세계대전에서 지원이 필요할 것을 미리 인식한 블라디미르 레닌은 핀란드 적위군에게 총 1만 자루와 함께 군대를 빌려줬고, 적위군이 백위군을 공격함으로써 내전이 발발했다.

1917년 흉작으로 핀란드 사람들은 또 다시 기아에 직면한다. 러시아가 대대적으로 황폐화된 탓에 그곳에서의 식량 공급을 기대할 수 없었다. 스웨덴과 영국, 미국에 원조위원회가 구성되어 배급 식량을 보내주기로 했지만 과연 누구에게 보낼 것이냐가 딜레마로 떠올랐다. 백위군 정부는 당시 유럽의 적인 독일과 동맹을 맺고 있었고, 적위군은 방금 유혈 혁명을 일으킨 러시아의 지원을 받고 있었기 때문이다.

1918년 1월 28일, 본격적으로 내전이 시작되었다. 양 진영 간의 싸움이었다. 러시아의 지원을 받는 적위군은 헬싱키에서 혁명을 원한 반면에, 바사 인근에서 러시아군과 싸우던 정부

군(백위군)은 러시아 제국 육군에서 군사 경력 대부분을 보낸 만네르헤임 Mannerheim이 지휘하며 독일의 지원을 받고 있었다. 신생국은 분열되었다. 적위군은 남부에 대한 권리를 주장했고 백위군은 북부에 자리 잡았다. 108일간 지속된 내전으로 3만 명의 핀란드인이 목숨을 잃었고, 만네르헤임의 활약에 힘입어 결국 백위군이 승리했다.

1918년 5월 16일에 내전은 종식되었다. 그리고 같은 해 10월 9일, 핀란드 의회의 요청으로 독일 헤센의 프리드리히 카를 공이 핀란드 국왕이 되었다. 그러나 불과 한 달 만에 독일이 1차 세계대전에서 패배하면서 카를 공은 왕위를 사임했고, 핀란드가 채택하려던 정치 모델(군주제)은 불신을 받게 되었다. 결국 핀란드는 공화국 모델을 선택했고, 자유주의 성향의 헌법학자 스타흘베르그 Stahlberg 교수가 초대 대통령이 되었다 (1919~1925).

백위군은 패배한 적들에게 가혹한 복수를 퍼부었다. 적위군과 그 가족들은 체포되어 수용소에서 기아와 방치 속에 죽어갔다. 이 수용소에서 사망한 총인원이 약 1만 명에 이르렀다. 1924년에 이르러 정치 수감자의 문제는 사라졌지만 쓰라림은 다음 세대까지 남았다.

스타흘베르그가 주된 설계자로 참여한 1919년 헌법은 1905년에 세워진 단원제 의회를 유지했다. 또한 핀란드어와 스웨덴어를 새로운 공화국의 공식 언어로 규정하고, 시민들이 법정과 행정 당국에서 모국어를 사용할 권리가 있음을 명시했다. 앞으로 모든 기록과 문서는 모국어로 쓰도록 법으로 보장했다. 소수민족이 인구의 10퍼센트를 넘어서지 않는 지역은 1개 국어 사용 지역이 될 것이며 이를 위해 10년마다 통계조사를 실시하기로 했다. 헬싱키와 투르쿠는 2개 국어 사용 지역이 되었다. 당시 스웨덴계 핀란드인은 전체 인구의 11퍼센트에 불과했지만 정부는 이들을 관용하고 수용하는 것이 국가 전체의 이익에 부합한다고 인식했다. 핀란드는 곧 유엔의 전신인 국제연맹에 받아들여져서 신생 독립 국가로서 모두에게 인정받았다.

1930년대에 신생국 핀란드는 침체기를 맞았다. 좌파와 우파 극단주의자들 사이에 충돌이 계속되면서 정치적으로 큰 타격과 상처를 입었다. 마르크스주의를 금지하려는 시도가 있었고 이는 파시즘이 불법화되는 결과를 낳았다. 핀란드어와 스웨덴어를 사용하는 대학생들 간에 싸움이 터졌고 행정부와 대학, 문화계를 뒤흔든 신랄한 언어 전쟁이 뒤따랐다. 핀란드는 고압적인 거대 이웃 소련의 위협에 대한 반응으로 독일과 어느 정도의 긴밀한 관계를 구축했다.

제1차 세계대전 이전에 핀란드인은 유럽에서 가장 술을 절제하는 사람들이라는 평판을 얻었다. 핀란드의 주류 소비량은 매년 감소하고 있었다. 게다가 1919년 6월 정부는 금주법을 도입했고 국민 대다수가 이를 건전한 전략적 정책으로 받아들였다. 하지만 1931년에 이르러 금주법은 검은돈을 만들어낸 경제적 재앙이라는 평가를 받고 철회되었다. 이후 독주를 판매할 수 있는 국가 알코올 법인을 설립해 주류 수입과 유통을 국유화했다.

제1차 세계대전과 제2차 세계대전 사이에 이 신생국은 용감성과 정직성, 청렴, 근면함으로 국제적 명성을 얻었다. 경제가 여전히 농업 위주이고 인구의 2/3가 농장에서 일하고 있었음에도 핀란드는 미국에 진 채무를 변제한 유일한 나라가 되었다. 1920년대 말로 향하면서 국가의 산업 생산이 증가하고 임업 관련 제품 수출이 호황을 누림에 따라 필요한 외화를 확보할 수 있었다. 동시에 핀란드는 올림픽에 세 차례나 참가해 금메달 7개를 딴 파보 누르미 같은 영웅을 배출하는 등 스포츠에서도 두각을 나타내기 시작했다. 지속적인 성공으로 헬싱키가 1940년의 올림픽 개최지로 선택되었으나 제2차 세계대전이 일어나는 바람에 이 올림픽은 1952년에야 열리게 된다.

1939년 유럽에 짙은 전운이 감도는 가운데, 소련과 독일의 외무부 장관이 불가침조약을 체결했다. 이 조약으로 독일은 리투아니아에 대한 재량권을 얻었고, 그 반면에 소련은 핀란드와 에스토니아, 라트비아로 진격할 수 있게 되었다. 폴란드는 두 강대국이 분할하기로 했다. 핀란드는 정치적 중립을 선언함으로써 이 분쟁에서 벗어나보려 했지만 같은 해 11월 30일, 마침내 유럽에서 전쟁이 발발하자 어쩔 수 없이 휘말리게 되었다. 소련군이 국가 안보를 위해 카렐리야 남동부와 해안의 다른 군사 지역이 필요하다며 핀란드를 침공한 것이다. 안 그래도 소련은 서방과 관계를 구축하고 있는 핀란드를 불안과 의심의 눈초리로 바라보던 참이었다.

소위 '겨울 전쟁'은 특히 비극적이었다. 기온이 영하 40도까지 내려간 극한의 겨울 동안에 양측에서 수천 명의 군인이 죽었다. 러시아 군대에 막대한 손실을 입혔음에도 100일 뒤 핀란드는 강화를 제안해야 했다. 그 결과로 카렐리야 남동부 지역(국토의 10퍼센트)이 러시아에 이양되었고, 핀란드는 피난민 45만 명을 위한 거처를 마련해야 했다. 이 사건은 핀란드인에게 그들은 거대 이웃 소련으로부터 절대 안전할 수 없으며 소련을 물리칠 가능성도 희박하니 앞으로는 행동을 조심해야 한

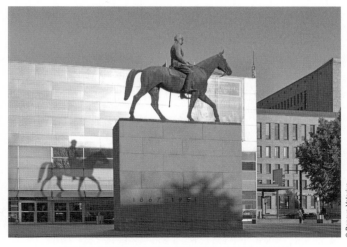

헬싱키 만네르헤임 거리의 중앙우체국 앞에 그 이름의 주인공인
칼 구스타프 만네르헤임의 기마상이 있다.
그는 1917년 핀란드의 독립 전후로 군을 지휘하며 큰 공을 세웠고,
독립 후 새 공화국이 들어서기 전에 잠시 섭정을 맡기도 했다.

다는 것을 일깨워주었다. 또한 다른 어떤 나라도 자신들을 구
해주지 못한다는 것도 배웠다.

소련이 핀란드로부터 더 많은 영토를 차지하기 위해 공격의
수위를 높여가자 핀란드는 절박한 마음에 독일에 도움을 요청
했다. 양국 간에 정식 협약은 없었지만 이 도움의 대가로 독일
은 핀란드를 통과해 노르웨이로 진격할 수 있는 권리를 얻었
다. 1941년 독일과 러시아 간에 교전이 발발하면서 핀란드와
소련 간에 '계속 전쟁'이 시작되었다. 핀란드는 소규모 육군의
용감한 투쟁으로 카렐리야와 18세기에 잃은 땅까지 탈환했
다. 그러나 1944년 여름 러시아가 핀란드를 제압했다. 만네르
헤임은 소련과 휴전을 협상했고 그 결과 20만 명의 독일군이
라플란드에서 철수했다. 그리고 1945년 핀란드가 전면적으로
항복함으로써 이 전쟁은 막을 내렸다.

핀란드는 제2차 세계대전 동안 압도적인 수적 열세(200만 명 대 30만 명)에도 불구하고 독립을 지켜내기 위해 영웅적으로 싸웠지만 그 싸움에는 대가가 따랐다. 안 그래도 적

● 핀란드 사람들이 자랑스럽게 인용하는 말: 세계대전에 참전한 유럽 국가들 가운데 전쟁 중에 적에게 수도를 점령당하지 않은 나라는 영국과 소련, 핀란드, 이렇게 세 나라뿐이다. 그중에서도 영국과 핀란드만이 1930년대와 전시에 민주주의 정부를 유지했다.

은 인구 중에 핀란드 남성 9만 명이 목숨을 잃고 15만 8000명이 부상을 당했다. 핀란드는 정말로 불운했다. 독일은 철수하는 길에 라플란드를 쑥대밭으로 만들었고, 소련은 영토를 빼앗은 것은 물론 막대한 전쟁 배상금까지 부과했다. 그러나 완전한 패배만은 아니었다. 폴란드나 발트 해 국가들과 마찬가지로, 핀란드는 스탈린과 히틀러가 힘겨루기를 할 때 사선에 있었다. 그럼에도 그들과 달리 주권을 이양할 필요 없이 독립을 지켜냈다. 핀란드 육군은 결코 궤멸되지 않았다.

전후 핀란드

막대한 전쟁부채 상환 부담에 직면하자 독립 이래로 품어온 '더 위대한 핀란드'라는 원대한 꿈은 접어둘 수밖에 없었다. 소련에 줘야 할 전쟁 배상금은 무려 3억 달러에 이르렀다. 그중 70퍼센트는 기계류, 선박, 기관차, 금속 등의 중공업 제품으로, 30퍼센트는 목재와 섬유, 신발로 갚도록 되어 있었다. 지불 일정을 지키기가 불가능한 수준이었고, 더욱이 소련이 환율을 통제하고 있어서 채무는 두 배가 되었다. 다시 한 번 식량 부족 사태가 벌어져 모든 물품이 배급되고 빈곤이 보편화되었다. 미국이 마셜 플랜 원조를 제안했으나 핀란드는 이를 거절하고 독립을 지키는 쪽을 택했다. 정부는 무거운 세금

을 부과하고 설비와 기계에 투자했다. 핀란드는 최근 중국이 급부상하기 전까지 세계 어디에서도 본 적이 없는 빠른 산업화와 도시화 과정을 거쳤다. 그리하여 1952년 마침내 전쟁 배상금을 모두 갚았다.

1948년 핀란드는 소련과 우호협력 상호원조 조약을 체결함으로써 반+군사협정으로 묶이게 되었다. 핀란드는 중립 노선을 주장했지만 거대한 이웃의 그림자를 완전히 떨쳐낼 수 없었고 내부 정책에서조차 소련의 눈치를 봐야 했다.

1956년부터 1981년까지 핀란드 대통령을 지낸 우르호 케코넨Urho Kekkonen은 뛰어난 외교 능력으로 당대의 위대한 지도자들 중 하나가 되었다. 그는 까다로운 소련과의 관계에서 조심스러운 줄타기를 했으며, 1975년 헬싱키에서 제1회 유럽안보협력회의를 주최해 명성을 얻었다. 그는 핀란드를 북유럽이사회의 창립 멤버로 만들었고 그 결과 핀란드는 스칸디나비아 국가들과 함께 자유로운 노동력 이동, 여권 없이 여행 가능한 구역, 합동 연구와 교육 프로그램, 동일한 유형의 복지 프로그램 추구 같은 동일한 혜택을 누리게 되었다.

핀란드는 1955년 유엔에 가입했고 1961년에는 유럽자유무역협정(EFTA)에도 가입했다. 또한 1973년에는 유럽경제연합과 함께 포괄적 관세협약을 체결한 데 이어 동구권 국가들로 구성된 공산권경제상호원조협의회(COMECON)와도 유사한 협약을 맺었다. 소련은 1980년대 후반까지도 여전히 핀란드에 막대한 영향력을 행사했으며, 핀란드의 유럽공동체 가입을 막고 유엔의 영향력을 최소화시켰다. 1989년 핀란드는 유럽이사회 회원국이 되었다. 그리고 중립 노선을 택함으로써 군비 경쟁에서 빠지기로 했다.

1970년대와 1980년대는 핀란드의 호황기였다. 마침내 전쟁
배상금에서 자유로워진 핀란드는 순수익에 힘입어 산업과 농
업, 무역, 상업, 전문직에서 큰 발전을 거두었다. 그러나 애초
에 이런 노력은 시민 개인의 이익을 목적으로 한 것이 아니라
국가 전체의 복지를 목표로 했기에 세금은 여전히 높았다. 핀
란드 사회는 20세기 내내 입법과 공공 지출을 통해 사회경제
적 문제의 해결책을 찾는 것에 몰두했다. 계몽된 시민은 국민
전체의 이익에 적극적인 관심을 쏟아야 한다는 생각이었다.

1960년대에 많은 사람들이 남부로 이동했고 헬싱키 주변으
로 대도시가 형성되었다. 반면에 북부와 동부 지역에는 젊은
이들이 눈에 띄게 줄었다. 식량 공급 증대를 위한 농장 대형화
와 생산적인 농법 도입으로 1960년대에 이르러 식량 자급자
족이 이루어졌지만 그것은 다시 잉여 농산물과 고용이라는 새
로운 문제를 낳았다. 식품산업은 품질과 환경적인 측면에 주
목하기 시작했다. 핀란드로서는 다행스럽게도 소련이 핀란드
제품에 무척 의존적이어서 상품을 수출하는 대가로 석유와 기
타 원자재를 공급받았다. 핀란드 경제가 호황을 누리기 시작
했다.

오늘날의 핀란드

핀란드는 1990년대 초의 경제 불황 당시 대부분의 유럽 국가들보다 더 큰 타격을 입었다. 소련은 부채를 상환하지 않은 채로 파산했고 마르카화는 가치가 하락했으며, 많은

20세기의 마지막 6개월 동안 EU 의장국 역할을 한 것이 핀란드의 국제적 위상을 높이는 데 크게 기여했다. 이 시기에 '북방정책'의 몇 가지 사업이 통과되었는데, 그중 하나가 유럽 투자은행의 투자 범위를 러시아로까지 확대해 상트페테르부르크 우회도로 계획을 가능케 한 것이다.

회사들이 문을 닫고 세금 부담이 가중되었다. 핀란드 국민들은 스웨덴보다 높은 지지율로 1994년 국민투표를 통해 유럽연합(EU) 가입에 찬성했고 1995년에 정식으로 가입했다. 이후 경제는 개선되었다. 식품 가격은 저렴해졌고, EU의 지역 발전 보조금으로 상당한 재정적 지원을 받았다. 그러나 전통적으로 핀란드 제품의 주된 수출 시장이었던 소련은 복원되지 못해 새로운 시장을 찾아야 했다. 1999년과 2006년에 핀란드는 EU 의장국이 되었다. 2000년에는 헬싱키가 유럽의 문화수도5로 선정되었고 최초의 여성 대통령과 국회의장이 선출되었다. 2002년에는 유로화가 핀란드의 통화로 도입되었다.

소련이 여러 개의 공화국으로 쪼개지면서 발칸 지역 내에 힘의 균형이 바뀌었다. 핀란드는 여전히 엄격한 중립 정책을 고수하고 있다. 새로운 공화국들과 상업적인 관계를 유지하며 환경 문제에 대한 기술적 노하우를 제공하고 식료품 구매를 위한 재정적 지원을 하고 있다.

세계 상위권

핀란드는 겨울이 길고 어둡고 추우며, 유럽에서 가장 높은

수준의 세금을 부과한다. 그러나 그런 것들이 핀란드 사람들의 전반적인 행복을 가로막지는 못한다. 2015년 유엔 산하 자문기관인 '지속가능한 발전해법 네트워크(SDSN)'가 발표한 세계행복보고서[6]에서 핀란드는 세계 6위를 기록했다(스위스가 1위, 덴마크 3위, 미국 15위, 프랑스 29위, 한국 47위, 중국 84위, 토고가 158위로 최하위였다). 2012년부터 매년 발표해온 이 보고서에서 핀란드는 항상 상위를 유지했다. 핀란드의 순위가 왜 이렇게 높은 것일까? 아마도 사회적 응집력이 강하고 국가적 정체성을 강하게 느끼는 작은 나라이기 때문일 것이다.

핀란드가 최고의 위치를 차지하는 부분이 비단 행복만은 아니다. 핀란드는 시민 자유의 옹호자가 되었다. 국경 없는 기자회(RSF)가 2015년 발표한 보고서에 따르면, 언론과 표현의 자유 면에서 핀란드는 당당히 세계 1위 국가다. 다른 상위권 국가로는 노르웨이, 덴마크, 네덜란드 등이 포함되었다. 프

춥고 긴 겨울, 그리고 나무와 구리 외에는 별다른 천연 자원도 없는
혹독한 환경에서 살아가는 핀란드인이
여러 분야에서 세계 최상위 성적을 올리고 있다는 것은 놀라운 사실이다.

랑스는 38위, 한국은 60위였다. 또한 국제사면위원회에서 실시하는 다양한 국가의 시민들이 경험하는 자유의 정도에 관한 설문조사에서도 핀란드는 항상 상위권을 유지하고 있으며, 2015년 경제협력개발기구(OECD)가 발표한 삶의 질 조사에서도 다른 북유럽 국가들과 함께 세계 5위를 기록했다. 그런가 하면 '교육 강국'으로 명성이 높은 핀란드는 OECD가 실시하는 독해력과 수학 및 과학 능력의 유럽 표준에 관한 설문조사에서도 항상 1위를 놓치지 않는다.

1999년과 2007년에 핀란드 청소년은 스웨덴과 함께 유럽에서 가장 건강한 것으로 평가되었다. 또한 경제창의력 지수에서 1~2위를 다투고 있으며, GDP 대비 연구개발비 지출의 측면에서 미국을 한참 앞섰다. 특허출원 성공에서는 4위를 차지했다. 그리고 무엇보다도 핀란드는 2013년 세계경제포럼(WEF)이 발표한 환경지속성지수(ESI)에서도 다른 나라들을 가뿐히 물리치며 당당히 1위를 차지했을 뿐 아니라 국제투명성기구의 부패인식지수에서도 매년 최상위를 기록하고 있다. 핀란드는 또한 동물 질병에 대해 무관용 정책을 채택해 EU 국가 중에서도 유일하게 '무질병' 상태로 인정받고 있다. 그리고 무엇보다 놀라운 것은, 핀란드의 1인당 올림픽 메달 개수가 세계 어느 나라보다 많다는 것이다. 이 모든 것을 인구가 500만 명에 불과한 나라가 달성했다. 놀랍지 아니한가!

경제

OECD 회원국 가운데 핀란드는 산업화 후발주자에 속한다. 1950년대까지 핀란드는 여전히 농업 중심 사회였다. 산업화가 본격화된 것은 19세기 후반이지만 1인당 소득은 당시 경제 강국이었던 영국의 절반 정도를 유지했다. 제2차 세계대전 중 비푸리(현재 비보르크)와 카렐리야의 산업 중심지를 포함한 영토의 10퍼센트를 잃어버림에 따라 핀란드는 상당한 자원을 박탈당했다. 수력 전기의 1/3과 화학적 펄프 생산의 1/4, 비옥한 삼림의 12퍼센트, 농지의 9퍼센트가 소련으로 넘어갔다. 제2차 세계대전이 끝날 무렵 핀란드 경제는 사실상 붕괴 상태였다. 그런 나라를 전쟁 배상금을 갚기 시작할 수 있는 위치에 올려놓기 위해 정부 주도의 대대적인 투자 프로그램이 시작되었다. 전쟁으로 황폐화된 다른 국가들과 달리, 결국 핀란드는 해외 원조를 받지 않고 붕괴된 경제를 재건했다.

농경 사회에서 도시화된 산업 사회로의 이행이 시급했다. 소련에 배상금을 갚을 목적으로 산업화에서 놀라운 발전을 이루었다. 그리고 1952년 마침내 배상금 상환이 끝났다. 이후 20년 동안 핀란드는 번영하기 시작했다. 핀란드는 대량생산의 세계에서 미국이나 영국 같은 나라와 경쟁하면 승산이 없다는 것을 인식하고 그보다는 기술과 디자인, 창의력, 솜씨가 강조되는 제품들에 주력해 세계 10위권에 진입했다. 또한 뛰어난 과학자들의 도움으로 전자제품과 임업 관련 제품에서도 신기술의 최첨단에 섰다. 생산은 부가가치가 높은 기술 지향적 제품들과 컴퓨터 제어 기계 시스템, 특수차, 휴대전화, 선박에 집중했다.

목재는 핀란드에서 여전히 가장 큰 경제적 가치를 갖는 원자재이며, 긴 트럭이 벌채한 목재들을 싣고 전국의 도로를 누비는 모습은 대단히 흥미로운 볼거리다. 국토의 72퍼센트가 숲으로 이루어진 핀란드는 유럽에서 가장 숲이 많은 나라다.

총 임업 생산의 66퍼센트를 해외로 수출한다. 목재와 가구, 종이, 펄프, 셀룰로오스와 다양한 화학제품을 생산하며, 핀란드 과학자들의 주도로 목재와 그 부산물을 이용하는 새로운 혁신적 방법을 모색하고 있다.

핀란드는 또한 유럽에서 가장 큰 구리 광산을 가지고 있고 아연과 니켈을 수출하지만 석유와 석탄은 전량 수입에 의존한다. 오늘날 최고의 수출품은 첫째가 전자제품과 원격통신, 둘째가 제지 및 펄프용 원목과 판자, 셋째는 금속과 첨단 기계장비다.

핀란드 경제는 오늘날 세계에서 가장 개방된 경제 중 하나일 뿐 아니라 주요한 지식기반 경제이기도 하다. GDP 대비 연구개발비 지출은 3.5퍼센트로 세계 최고 수준이다. 대학 진학률 또한 OECD 평균을 훌쩍 뛰어넘고 인구 대비 연구자의 수가 어느 나라보다 높다. 1990년대에 들어 핀란드 경제는 급격하게 정보통신기술(ICT)을 지향하게 되었으며 90년대 말에는 세계 최고의 ICT 전문 국가가 되었다. 또한 핀란드는 세계은행 지식경제지수와 OECD 국제 학생평가 프로그램(PISA)을 비롯해 경쟁력과 지식경제 발전을 측정하는 사실상 모든 국제적 비교에서 상위권을 차지했다.

특히 1990년대 초반 핀란드의 경제적 상황을 고려하면 이런 지식경제로의 이행은 대단히 주목할 만한 성과다. 앞서도 언급했듯 핀란드는 1990년대에 서방 경제에서 가장 심각한 경제 침체를 겪었다. 대규모 금융 위기가 닥쳐 적절한 수준에 머물렀던 국가채무비율이 60퍼센트까지 높아지며 국제 차관 도입 한계에 육박했다. 핀란드 전체 수출의 25퍼센트를 가져 갔던 소련의 붕괴가 치명적인 타격을 입혔다. 한때(1990년) 세

계에서 가장 값비싼 나라였던 핀란드는 곧 가장 값싼 나라로
전락했고, 불과 2년 만에 거의 완전고용에 가깝던 나라에서
50만 개의 일자리가 사라져 실업률이 20퍼센트에 이르렀다.
유럽에서 두 번째로 높은 실업률이었다. 이는 국가에 상상할
수 없는 부담을 주었고 정부는 적자를 줄이기 위해 강력한 재
정 긴축을 실시했다. 그러나 이 시기에도 핀란드 정부는 교육
비와 민간 연구개발에 대한 보조금 지출만큼은 오히려 더 늘
였다.

이런 장기적 안목과 투자에 힘입어 1995년에 핀란드는 첨
단 제품과 노하우의 순 수출국이 된다. 1999년 말에는 산업 생
산이 기록적인 수치로 증가했다. 가장 큰 성장을 보인 것은 전
자제품과 전자기술 부문으로, 성장률이 무려 40퍼센트에 이르
렀으며 성장의 주된 원동력은 수출이었다. 핀란드 노조는 전
체 노동력의 83퍼센트에 달하는 높은 노조 가입률을 자랑하
며 핀란드 경제에 막강한 힘을 행사하는데, 그 노조가 2년에
걸쳐 임금인상률을 1.7퍼센트로 고정하도록 허용함으로써 인
플레이션을 낮추는 데 기여했다.

2010년에 수출은 GDP의 40퍼센트 수준에 달했으며 그중
IT 기술이 가장 큰 몫을 차지했다. 물론 국민기업 노키아의 힘
이 컸다(세계 최대의 휴대전화 생산업체로 핀란드인의 자부심을 높여
주었던 노키아는 안타깝게도 2013년 마이크로소프트에 인수되었다. =
옮긴이). 1900년대에는 임업과 관련한 수출이 전체 수출량의
85퍼센트를 차지했지만 오늘날은 1/3 정도에 불과하다. 물론
핀란드는 여전히 세계 2위의 종이 수출국이다. 그리고 금속광
업과 기술공학을 합친 수출이 종이와 비슷한 비중을 차지한
다. 한편 서비스와 건설 산업이 점차 중요한 역할을 하고 있

다. 핀란드와 에스토니아는 역사·문화적으로 아주 긴밀한 연관성을 갖고 있는데, 인구 700만 명이 넘는 발트 3국이 시장을 개방하면서 핀란드가 경쟁우위에 서게 되었다. 이상의 여러 가지 이유로 2010년에 핀란드는 실업률이 7.3퍼센트로 줄었고 인플레이션은 1~2퍼센트 사이로 떨어졌다.

어떤 나라든지 경제 상황은 끊임없는 부침을 겪게 마련이다. 핀란드의 경험은 사태의 심각함에 대한 인식과 제도적 뒷받침 그리고 무엇을 해야 할지에 대한 정치적 합의가 있다면 GDP를 극적으로 회복하고 중요한 개혁을 단행해 단시일 내에 위기를 기회로 바꾸는 것이 가능하다는 것을 보여준다. 이런 면에서 핀란드의 사례가 유일무이한 것은 아니었다. 한국은 1997년 대규모 금융 위기를 기회로 바꾸어 경제적 인센티브와 제도적인 체제 개혁을 이루었다.

핀란드의 지식기반 경제로의 이행은 의심의 여지없이 상당 부분을 한 기업이 주도한 과정이었지만 정책과 제도도 중요한 역할을 했다. 1990년대 핀란드의 정책 입안에는 분명한 변화가 있었다. 물론 불황을 극복하기 위한 건전한 거시경제적 정책에 높은 우선순위가 주어지기는 했지만 그와 동시에 기술과 혁신, 교육 정책과 같은 미시경제적 정책으로의 점차적 이행도 이루어졌다. 따지고 보면 한 경제의 경쟁우위는 회사와 혁신, 정책 조직, 교육 제도 같은 미시적 수준에서 결정된다는 사실을 인식했던 것이다. 실제로 2003년에 핀란드는 세계 경쟁력 면에서 다른 모든 국가들을 앞질렀다. 이는 경제 개방성과 기술, 정부 정책, 무역 블록으로의 통합을 비롯한 260가지 기준에 근거해 높은 성장률을 유지하는 핀란드의 능력을 반영한 것이다.

핀란드는 현재 환경지속성 지수(ESI) 평가에서 세계 1위를 기록하고 있다. ESI 평가는 크게 5개 영역(환경 제도, 환경 스트레스 감소, 인간의 취약성 감소, 사회적·제도적 역량, 세계

핀란드의 경험은 최근 경제 문헌들이 강조하고 있는 것을 다시 한 번 상기켜준다. 경제 성장에 있어서 제도와 조직은 우리가 이제까지 생각했던 것보다 더 중요한 역할을 한다는 것이다. 핀란드의 경우에는 두 가지 요소를 중요하게 언급할 가치가 있다. 바로 교육 제도와 합의 도출 방식이다.

적 차원의 관리)에서 이루어진다. 핀란드는 수자원 관리에 있어서도 세계적으로 선도적 위치에 있으며, 이미 1896년에 삼림 자원의 낭비를 금지하는 법을 통과시켜 개개인이 벌채한 나무 대신에 새로운 나무를 심을 것을 의무화했다. 핀란드는 또한 다양한 기술 분야에서 타의 추종을 불허하며 특히 ICT에 대한 네트워크 준비도에 있어서는 부동의 1위를 차지하고 있다. 그러니 《이코노미스트》와 《파이낸셜타임스》가 "미래는 핀란드에 있다(The Future is Finnish)"고 표현한 것도 당연하다.

약 30년 전만 해도 핀란드는 폐쇄된 사회였다. 외국인은 아주 특별한 전문직종이 아닌 이상 핀란드에서 일할 수 없었다. 핀란드인과 결혼한 사람들도 그곳에서 거주하고 일할 권리를 얻으려면 길고 긴 형식적 절차를 거쳐야 했다. 핀란드는 요새

핀란드인과 기술

소규모 기술 기업들이 주도한 혁신들 덕분에 핀란드는 인구 고령화와 함께 서비스 효율성을 개선할 필요가 커지는 보건의료 분야에서도 선봉에 서서 발전을 이끌고 있다. 예를 들어 당뇨병 환자들의 자기관리에 도움을 주는 서비스도 있다. 환자들이 휴대전화와 인터넷을 이용해 혈당측정 정보와 인슐린 사용량, 식사와 운동량을 데이터베이스에 전송할 수 있게 함으로써 외딴 지역에서 장거리를 이동해 전문가를 만날 필요가 없도록 만든 것이다.

와 같았다. 정부 차원의 특별한 허가 없이는 외국인이 땅이나 부동산을 소유할 수 없었으며, 어떤 기업의 주식도 절반 이상 소유할 수 없었다. 하지만 오늘날 핀란드는 개방된 사회다. 이민을 간 사람들보다 이민을 온 사람들이 더 많고 수도인 헬싱키는 사뭇 국제적인 도시로 탈바꿈했다.

정부·정책·사법부

1906년 '4계급 의회'(스웨덴 통치 시절부터 계승된 입법기관)는 200개 의석으로 구성된 '에두스쿤타'라는 핀란드 의회가 되었다. 새 의회는 여성을 포함해 모든 국민이 선거에 참여하고 입후보할 권한을 갖는 보통선거, 비밀투표로 선출되었다. 1917년 독립 후 1919년에 발효된 핀란드 헌법은 평등과 표현의 자유, 양심의 자유, 집회의 자유, 이동의 자유, 거주지를 선택할 자유를 보장한다. 투표 연령은 18세 이상이다.

핀란드는 대통령이 집권하는 공화정 국가다. 행정부는 대통령, 그리고 총리와 내각으로 이루어진 국무원으로 구성된다. 과거에는 대통령이 막강한 권력을 가졌지만 최근에 많이 축소되어 명목상의 지도자에 가까워졌다. 그러나 여전히 강력한 존재이며, 특히 대외 정책에서 큰 영향력을 행사한다. 국무원은 13개 부처와 17인의 장관 그리고 총리로 구성된다. 대통령은 6년마다 선출하는 반면 총리는 200명의 의원으로 구성된 의회에서 4년마다 선출한다. 의원 임기는 4년이며 15개 선거구에서 선출된다. 의회는 단원제다. 올란드 제도는 자치구역으로 자치의회 란스팅 Landsting를 갖고 있다.

비례대표제 영향으로 핀란드에는 원내정당이 많은 편이다.

많은 사람들이 부동표층이며 10개 정당 중에 선택할 수 있다. 오랫동안 활동해온 주요 3당이 있는데, 바로 사회민주당(전통적으로 가장 큰 정당으로 중도 좌파 또는 중도 우파)과 중도당(구 농민당), 보수 성향의 국민연합당이다. 또한 좌파연합당과 녹색당, 스웨덴당, 기독교연맹도 있다. 정부는 종종 가장 큰 정당과 다른 한두 정당으로 이루어진 연합정부 형태를 띤다. 한편 대표기업 노키아의 몰락으로 다시금 불황 위기를 맞은 핀란드는 2015년 4월에 치러진 총선거에서 정보기술 백만장자인 신진 정치인 유하 시필래Juha Sipilä를 새 총리로 선택했다. 그 결과 중도당이 총 200석 중 49석을 차지해 4년 만에 정권을 되찾았다.

지방정부는 주지사를 대표로 하는 주(라니Iaani) 단위로 구성된다. 지방정부의 기능에는 지역 도시계획과 교통, 보건, 교육 등이 포함되는데 지방자치 코뮌이 행정을 담당한다.

핀란드 사법부는 행정부, 입법부로부터 독립적이며 일반법원과 행정법원, 이렇게 2개 체계로 이루어져 있다. 행정법원은

© Roman Vukolov

핀란드 의회는 종종 그들의 정치적 중립에 대한 상징성 때문에
국제적으로 중요한 회의 장소로 사용된다.

행정적 결정에 대해 이의가 제기된 사건을 처리한다. 판사는 대통령이 임명한다. 민사와 형사 사건을 담당하는 법원은 지방법원과 상소법원, 대법원, 이렇게 세 단계로 구성된다. 사건 판결은 배심원이 아닌 치안판사와 판사가 내린다. 법정변호사는 미국 드라마를 통해 익숙하게 접하는 것처럼 감정적 접근이 아닌 사실에 근거한 변론을 펼친다(핀란드 문화와 일맥상통하는 부분이다). 다른 나라의 사법 시스템과 비교할 때 핀란드의 주요 특징은 속도와 효율성이다. 소송비용은 대체로 현실적인 수준인데, 영국에서라면 알맞고 미국에서라면 과하게 느낄 것이다.

군대와 경찰

핀란드 군대는 소규모 '직업' 상비군이 있지만 대규모 예비군 병력이 뒷받침하고 있다. 모든 남성은 18세가 되면 병역을 이행하도록 되어 있다. 이들은 무기를 사용하거나 사용하지 않는 군복무와 지역봉사 활동 중에서 하나를 선택할 수 있다(양심적 병역 거부자들은 군복무 형식이 아닌 병역을 선택할 권리가 있다). 복무 기간은 6개월이나 9개월, 또는 12개월이 될 수도 있다(예비역 장교와 하사관은 11개월). 1995년부터는 여성도 병역에 자원할 수 있고, 원하는 경우 복무시기를 늦출 수 있다. 또한 남성은 최소 50세까지 예비군 의무를 진다.

국방비 지출은 GDP의 1.5퍼센트, 총 정부 예산의 5.5퍼센트로 다른 유럽 국가들에 비해 낮은 편이다. 핀란드 육군에는 스웨덴어 사용자로만 구성된 부대도 있다. 핀란드 육군이 수행하는 가장 눈에 띄는 역할은 유엔을 위한 평화유지 활동이며, 이를 위해 전 세계에서 활약하고 있다.

경찰은 중앙정부의 일부이며 내무부 장관의 지휘를 받는다. 지방경찰은 지방당국이 감독하며 도시 경찰서와 농촌 경찰지구로 구성되어 일상적인 치안 업무를 담당한다. 핀란드는 범죄로 인해 중상을 입은 피해자에게 금전적 보상을 제공하는 프로그램을 운영하고 있는데, 관련 규정에 따르면 피해자는 경찰에 사건을 보고하고 범죄 발생일 이후 10년 이내에 보상금 지급을 신청해야 한다. 핀란드 경찰은 일상적으로 심각한 범죄의 피해자에게 보상금 청구 권한을 알려준다. 관련 형식과 추가적인 정보는 다음의 웹사이트에서 얻을 수 있다(www.valtiokonttori.fi/insurance).

핀란드는 비교적 안전한 생활환경을 유지하고 있다. 모든 대중교통이 안전하고 강도와 소매치기 같은 거리 범죄는 드물다. 낮은 범죄율 덕분에 핀란드는 유럽 국가들 중에 경찰력을 가장 작게 사용하는 축에 든다. 주요 도심지 밖에서는 경찰을 거의 볼 수 없다. 경찰 서비스는 훌륭한 편이다.

3
핀란드
사람과 사회

선량한 사람들은 모두 동의하지, 선량한 사람들은 모두 말하지.
나와 같은 사람은 '우리'라고, 다른 사람은 '그들'이라고.
그러나 길 하나를 건너는 게 아니라면, 바다를 건너는 거라면,
'우리'도 결국 '그들'의 하나일 뿐.

— 러디어드 키플링, 〈우리와 그들〉

인구

대부분의 유럽 국가와 마찬
가지로, 핀란드의 인구는 고
령화되어 가고 있다. 15세 미
만은 19퍼센트에 불과하며
평균연령 39.4세의 중년층이

핀란드 인구는 현재 550만 명에 육
박한 수준이며 인구밀도는 1평방킬
로미터 당 15명이다. 인구의 22퍼
센트인 100만 명이 헬싱키 광역지
구에 거주하고, 인구의 절반 이상이
3대 남서부 지방인 헬싱키와 투르
쿠, 탐페레 주변에 산다.

가장 많다. 제2차 세계대전 무렵에는 자녀를 10명씩 둔 가정
을 찾는 것도 어렵지 않았는데 오늘날 평균 가구 규모는 2.2명
에 불과하다. 가구의 54퍼센트는 단독주택에서 살고 43퍼센
트는 아파트에서 산다. 인구의 77퍼센트는 도시 거주자다.

인구의 약 6퍼센트는 스웨덴 혈통이며 핀란드 북부 라플란
드에는 6500명 정도의 사미족(라프족)이 산다. 집시족은 스웨
덴이 통치하던 16세기에 이곳에 도착해 현재 남부 지역에서
6000여 명이 대가족 단위로 살고 있다. 또한 핀란드에 거주하
는 난민의 과반수는 베트남, 소말리아, 쿠르드 사람들이다. 외
국인 거주자는 약 20만 명으로 유럽 국가 중 외국인 거주 비
율이 가장 낮은 편이다.

신체적 특징

핀란드인의 유전적 구성은 스웨덴인과 75퍼센트가 동일하
다. 핀란드인은 단일민족이 아니며 하메족과 카렐리야족, 사

보족, 오스트로보스니아족, 사미족 등 적어도 5개 인종의 후손들이다. 이들은 마지막 빙하기 이후 동쪽, 서쪽, 남쪽에서 각기 다른 경로를 통해 수천 년에 걸쳐 핀란드로 왔다. 하지만 이들은 모두 핀-우그리아계 사람들로 러시아 북부에 거주하던 유목민 부족으로 알려졌다. 최근 연구에 따르면 원래 인구의 상당수는 빙하가 후퇴할 때 남부에서 북부로 이동한 사람들로 밝혀졌다. 오랜 시간에 걸친 인도-유럽계의 상당한 영향력이 핀란드에도 미쳤다. 핀란드는 거의 700년 동안 스웨덴의 지배를 받은 만큼 많은 핀란드인이(특히 남서부) 스웨덴인과 아주 비슷해 보인다.

핀란드인의 밝은 피부는 오랫동안 북유럽에서 생활한 역사를 반영한다. 북유럽 사람들은 세계에서 가장 피부색이 밝다. 오랫동안 가장 높은 위도에서 살아왔기 때문에 자연선택에 의해 낮은 자외선 수치에 적응해 피부색이 밝아진 것이다. 그나마 핀란드인은 북유럽 사람들 중에서는 '어두운 편'이라고 할 수 있다. 핀란드인 가운데 선조가 스웨덴인인 사람은 키가 크고 호리호리하며 피부가 희고 금발에 눈동자가 푸르거나 회색인 경향이 있다. 동유럽인의 후손은 비교적 키가 작고 통통한 몸에 짙은 머리색과 갈색 눈을 가졌다. 이 상반된 두 인종이 섞여 다양한 모습의 사람들이 만들어졌다. 이주민 수가 많지 않아서 이 '전통 혼혈' 이후에는 다른 혈통이 거의 섞이지 않았다고 할 수 있다.

명확하게 설명하기는 어렵지만 전형적인 핀란드인의 모습이 있다. 내가 구분할 수 있는 핀란드인의 신체적 특징은 모발이 아기처럼 가늘어서 많은 사람들이 머리를 짧게 자른다는 것이다(듣자 하니 다른 나라 미용사들은 핀란드인의 머리를 커트하기가 매우 어렵다고 한다). 또한 광대뼈가 살짝 튀어나오고 눈썹이 짙으며 대체로 파란색이나 청회색의 작은 눈을 가진 경향이 있다. 피부색은 밝고 창백하다. 전체적으로 마르거나 보통 체형이며 비만인 사람은 보기 힘들다. 핀란드에서는 전 국민적으로 심장병이 문젯거리인데 전통 음식에 크림이나 버터, 우유를 많이 넣는 동부 카렐리야 지역은 더욱 그렇다. 그러나 이 지역에서도 비만인 사람은 보기 드물다.

두 개의 언어

핀란드는 스웨덴어를 말하는 소수민족 6퍼센트가 있고 공식적으로 2개 언어 병용 국가다. 그래서 지도를 보면 도시와 마을 이름이 핀란드어와 스웨덴어로 병기되어 있다. 예를 들어 투르쿠Turku(핀란드어)와 오보Åbo(스웨덴어)는 이름이 전혀 다르지만 동일한 도시를 가리킨다. 길과 도로, 교외 지역도 모두 이름이 2개다. 도로명은 특히 헷갈릴 수 있다. 처음 지도를 보면 도로명이 바뀐 것이라고 추측하기 쉬운데 대부분은 한 도로가 2개의 이름을 가진 것이다. 남해안과 서해안의 스웨덴어 사용권에서는 이런 일이 일반적인 반면 내륙은 스웨덴 이름이 훨씬 적다. 라플란드 북단에서는 스웨덴어를 거의 볼 일이 없는 대신 가끔 사미어 표지판이 보일 것이다.

공식 언어가 스웨덴어 하나뿐인 곳은 핀란드에서 딱 한 곳, 올란드 제도뿐이다. 올란드 제도는 핀란드와 스웨덴 사이의 남서부 해안에 위치한 6500개 섬으로 이루어진 군도다. 1921년 이래로 비무장 자치구역이 된 이곳에는 2만 6000명이 살고 있으며 자치정부와 깃발, 자체적으로 운영하는 라디오와 텔레

부활절을 맞아 핀란드식
할로윈 복장을 한 소녀.
전형적인 핀란드인의 모
습이다.

비전 방송국이 있고 아름다운 우표를 발행한다.

핀란드어를 쓰는 사람들에게 스웨덴어는 외국어가 아닌 제 2의 국어로 간주된다. 모국어가 스웨덴어인 사람도 마찬가지로 핀란드어를 배워야 한다. 그래서 핀란드 사람들은 어릴 때부터 2개 언어를 말하며 자란다. 3학년이 되면 외국어를 배우기 시작하는데 주로 영어를 배운다. 그 이상의 외국어를 배우는 것이 의무는 아니지만 많은 사람이 더 많은 외국어를 배우려 한다. 요즘 러시아어를 선택하는 경우는 드물고, 영어에 이어 두 번째로 많이 선택하는 외국어는 독일어다. 핀란드 젊은이들은 스웨덴어를 의무적으로 배우는 것을 좋아하지 않지만 꼭 써야 할 상황에서는 유창하건 서툴건 다소간 스웨덴어를 할 줄 안다. 한편 스웨덴어를 잘하면 같은 인도유럽 어족에서 나온 주요 유럽 언어를 배우기가 한결 수월해진다.

핀란드인

핀란드인을 만나는 것은 스트레스로 지친 영혼에 아주 도움이 된다. 특히 돈과 지위와 과시적인 최신 '머스트 해브' 아이템에 집착하는 성과주의적인 나라에서 온 사람이라면 더욱 그럴 것이다. 전반적으로 핀란드 사람들은 이런 지위와 관련된 것들에 집착하지도, 남들보다 한 발 앞서려고 아등바등하지도 않는다. 그들은 가식이 없고 따뜻하며, 친절하지만 고독을 좋아한다. 그래서 언뜻 무뚝뚝해 보일 수도 있지만 사실은 천성적으로 애정이 많고 베풀기를 좋아하며 사귀기 쉬운 사람들이다. 그리고 아량이 넓은 편이지만, 뒷공론을 좋아하거나 지나치게 감상적이거나 감정적인 사람은 불신하고 경멸한다. 과하게 자신감이 넘치거나 자기 의견을 앞세우는 사람을 보면 눈살을 찌푸린다. 핀란드인은 결코 떠벌이거나 자랑하거나 과시하지 않으며 그런 외국인을 보면 뒷걸음친다. 이 땅에서 그런 행동을 하는 사람은 외국인들뿐이다.

핀란드인은 많은 면에서 개인의 탐욕을 멀리해왔다. 탐욕과 과도함은 문화적 금기이며 사회는 공익을 추구한다. 그들은 자존심(자립심의 측면에서)이 강하고 깊이 뿌리내린 전통적 가치관과 건강한 풍자의식을 갖고 있다.

핀란드 사람들의 대표적인 특징은 동일성이라고 이야기된다. 그들은 군중 속에서 눈에 띄는 것을 좋아하지 않으며 옷차림도 비슷하다. 물론 핀란드 사람들은 이런 일반화에 동의하지 않을 것이다. 그럼에도 여러 가지 측면에서 이런 특징이 드러난다. 예를 들어 그들은 개인의 성취를 크게 추켜세우지 않는다. 생일과 결혼은 회사 사람들에게 화제가 되지만 직업적인 성취나 시험 합격, 수상 따위는 숨겨두는 편이다. 그들의 문화는 노골적인 선전을 배척한다. 개인의 성취를 공개적으로 발표하는 것은 바람직하지 않은 자랑이나 과시로 생각하고, 겸손을 미덕으로 여긴다.

핀란드인은 오랫동안 해방을 위해 투쟁했고 독립을 이루자마자 생존 투쟁을 계속해야 했다. 이 용감한 나라는 자유를 얻기 위해 여러 차례 싸웠다. 이런 역사가 모든 핀란드인을 과단성 있고 강인한 사람들로 만든 것으로 보인다. 이들은 오랜 역경을 딛고 살아남기 위한 내재적 복원력을 갖고 있다. 이런 핀란드적 특징을 '시수sisu'라고

하는데, 이 말은 배짱과 강인함, 용기, 활력, 완고함 등을 포함한다. 패배가 분명해 보이는 상황에서도 시수를 가진 핀란드인은 완전히 패배할 때까지 용감하게 싸울 것이며 그러고도 여전히 포기하지 않을 것이다. 시수는 말하자면 핀란드인 특유의 강인한 독립성을 뜻하며 여기에서 자립심과 냉철한 실용주의가 나왔다. 시수의 진정한 요지는 뭔가를 끝까지 해내는 것이다. 그것이 중요하기 때문이 아니라 그것을 할 필요가 있고, 누군가는 해야 하며, 무엇이건 미완으로 남겨놓을 수는 없기 때문이다. 이는 바로 '남들이 어떻게 생각하느냐'가 아닌, 내가 나 자신을 어떻게 생각하느냐의 문제이다.

핀란드인은 스스로를 스칸디나비아 사람이라고 생각하지 않고, 러시아인의 피가 일부 섞여 있을 가능성도 인정하고 싶어 하지 않는다. 그러나 핀란드의 전통은 두 문화 모두에 빚을 지고 있다. 그래서 매우 현대적이고 기술 지향적이고 '서구적'

인 관점을 가졌음에도 불구하고 오랜 전통이 사람들을 한데 묶어주고 있는 것이다.

핀란드다운 가치관

한 사람의 가치관이란 사실은 학습을 통해 습득되어 핵심적 신념으로 자리 잡는 개념들을 통해 형성되는 문화적 사고방식에서 나온다. 그리고 일반적으로 말하면 문화란, 대물림되어 사회적 행동의 공동 기반을 구성하는 생각과 믿음과 가치관과 지식의 총체다. 그것은 전통을 공유하는 집단의 생각이요 취향이다.

문화는 단순히 외적인 표현이나 의무와 금기에 관한 것일 뿐 아니라 한 집단의 내재된 심리적 진실과 그것이 개인의 생각과 감정, 행동에 영향을 미치는 방식이다. 그것은 오랜 시간에 걸쳐 진화해온 집단적 본질이다. 여러 연구는 특정 상황에 반응하는 방식에 있어서 모든 문화가 다른 문화와 구분된다는 점을 강조한다. 다음은 문화를 분석하는 방법에 관한 간략한 개요다.

문화의 이해

문화는 사회적, 심리적 프리즘이다. "우리는 우리가 세계를 있는 그대로 인식한다고 생각하지만 사실 세계는 우리의 지배적 가정과 가치관과 믿음을 통해 우리에게 전달된다. 문화적 프리즘은 우리가 자신과 타인, 세계를 이해하는 방식을 결정한다. 문화적 프리즘은 우리가 속한 집단의 역사와 종교를 비롯한 신념 체계, 경제, 교육과 법 제도, 미학과 언어 그리고 어느 정도는 우리의 지리적 여건으로부터 만들어진다.
– 테렌스 브레이크, 《글로벌 리더》

개인주의냐, 공동체 정신이냐?

모든 앵글로색슨 문화는 기본적으로 개인주의 문화다. 미국의 주류 사회는 개인적인 노력만으로 꿈을 이룰 수 있다고 믿으며 '아메리칸 드림'을 추구한다. 그 반면에 아시아와 아프리카 문화는 모두가 사회의 이익을 위해 협력해야 한다고 믿는다. 일본 사회에서 개인주의적인 사고는 사회적 가치를 우선시할 만큼 성장하지 못했음을 보여주는 미성숙함의 증거로 여겨진다.

핀란드 문화는 이런 두 극단의 중간에 있다. 지극히 개인주의적이면서도 사회적 양심이 살아있다. 그래서 모든 사람에게 최고의 사회보장과 의료보장을 제공하기 위해 무거운 세금을 부과하고 이를 기꺼이 받아들인다. 이들은 스스로를 철저한 개인주의자라고 여기지만 이웃의 평판에 신경쓴다거나 돌출된 행동을 하지 않는다.

법을 준수하느냐, 위반하느냐?

이는 사회가 법의 보편적 적용을 얼마나 인정하고 기대하느냐의 문제이다. 북유럽 국가들은 법을 엄격히 지켜야 할 것으로 믿는다. 영국에서는 법이 공정한 경쟁 조건을 만든다고 믿지만 종종 '법은 깨라고 있는 것'이라며 견강부회하기도 한다. 아랍계나 라틴계 같은 다른 문화권의 경우 법보다 관계를 중시하며, 필요에 따라 법을 버리거나 무시하기도 한다. 이들 문화에서는 사람이 법보다 위에 있을 수 있다.

핀란드 사람들은 말하자면, 극단적인 '준법파'에 속한다. 모두들 같은 행동 규약을 준수하며 예측 가능한 행동을 함으로써 비교적 범죄가 없는 안전한 나라를 만들었다. 천성이 정직

아이스파크로 변한 도시 공원에서 한가롭게 겨울 스포츠를 즐기는 핀란드 가족.
핀란드인을 만나는 것은 스트레스로 지친 영혼에 아주 도움이 된다.

한 핀란드 사람들은 다른 문화권의 정신적, 도덕적 융통성을
이해하지 못해 혼란스러워한다.

타고난 것이냐, 성취한 것이냐?

이는 사회가 나이나 타고난 권리 따위의 주어진 속성과 개
인적 성취 중에 어느 쪽을 더 인정하는지를 말한다. 일반적으
로 일본과 중국 같은 공동체 사회는 나이와 지혜를 존중한다.
반면 미국과 같은 개인주의 사회에서는 혼자 힘으로 무언가를
성취한 사람들을 존중한다(여기서 성취란 그 사회의 가치관에 의
해 결정되며, 예를 들어 승진과 돈, 명성, 교육수준, 기업 활동 등이 포함
된다). 계급 중심 사회인 영국과 스페인은 양 극단의 중간에 있
다고 말할 수 있지만 두 나라 모두 성취 지향적인 편에 가까우
며, 특히 영국은 그렇다.

핀란드 사람들은 지극히 성취 지향적이며 노력을 통해 뭔가

를 성취한 사람들을 존경한다. 그들은 근면하고 끈기 있고 건전한 노동윤리를 지녔다. 전문 엔지니어가 많은 이 나라에서 성취란 학문적 성취와 혁신, 기업자로서의 능력을 뜻하며 유명인들을 크게 인정하지 않는다.

평등이냐, 위계냐?

북유럽 사람들은 강한 평등의식을 갖고 있으며, 어떤 이유로든 누가 다른 사람보다 월등하다고 생각하지 않는다. 위에서 말한 것처럼 그들은 노력과 성취를 중시하지만 그렇다고 어떤 성취 때문에 그를 월등한 존재로 인정하지는 않는다. 조직이나 기관, 소규모 회사에는 엄격한 위계가 없어 누구나 사장이나 관리자에게 직접 의견을 말할 수 있다. 이것은 모든 앵글로색슨계 국가들이 그런 편이다. 권력자는 물론 존경을 받지만 월등하다고 인식되지는 않는다. 말하자면 현대적 현상이다. 대부분의 다른 문화권은 크건 작건 위계적 구조를 가지고 있다. 인도는 신분체계가 엄격해서 모두들 자기가 속한 사다리의 칸을 철저히 지킨다.

핀란드 사람들은 철저한 평등의 정당성을 믿으며 누구나 의견을 말할 권리를 갖는다. 따라서 사람들이 무척 관용적이고 인내심이 있어 보인다. 그러나 여전히 관리자의 역할은 존중되며 비효율성을 없애고 속도를 내기 위한 결정을 내리는 것도 관리자의 몫이다.

냉정과 침착이냐, 감정적 행동이냐?

사회가 감정의 표현을 용인하는 정도를 말한다(특히 의사결정과 비즈니스에서). 이탈리아인이 사랑에 빠지면 세상이 다 안다. 화가 났을 때도 마찬가지다. 이탈리아에서는 그런 적극적인 감정 표출이 용인되지만, 인간의 이성을 중시하는 국가에서는 그렇지 않다. 중국인들의 경우 속을 잘 알 수 없다.

감정적인 문화권에서 온 사람들에게 핀란드인은 종종 '폐쇄적'이고 내성적으로 보인다. 이들은 과장된 감정 표현을 의심하고 혼란스러워하며 그런 성향의 사람들을 미덥지 않게 본다. 핀란드인은 침착하고 냉정한 판단을 존중한다. 이들의 삶속에 감정은 들어설 자리가 없으며 오직 사실만이 있을 뿐이다. 사실과 증거, 진실만이 최선의 결과를 만든다고 믿으며 흑과 백이 명확해서 결코 회색을 위한 자리는 없다. 핀란드인에게 이런 말을 하면 자신들에게도 회색의 자리가 있다고 주장하겠지만(따지고 보면 그들은 실용주의자들이므로) 그들의 회색은 다른 사람들에게는 흑에 가까울 것이다.

시간에 대한 태도

시간에 대한 유연성의 정도를 말한다. 사람들이 온종일 시계를 보며 생활하고 시간에 맞춰 굴러가는 문화인가? 일단 상황이 벌어져야 행동을 시작하는 문화인가? 핀란드 사람들은 시간을 좋아한다. 시간이 사회를 질서 있게 유지해준다고 믿는다. 기차와 버스는 제 시간에 출발하고, 모두 24일 안에 공과금을 납부하며, 제 시간에 약속 장소에 나타난다.

환경의식

이것은 사람들이 환경을 남용하느냐, 아니면 우주의 일부로서 생태계에 관심을 갖느냐를 뜻한다. 핀란드 사람들은 자연속에서 살고 있으며 숲이 국토의 72퍼센트를 덮고 있다. 그들은 근본적으로 숲의 사람들이다. 그들이 중시하는 믿음 중 하나는 환경을 잘 관리해야 한다는 것이다. 1886년에 이미 지속 가능한 삼림 관리를 장려하는 법이 제정되었으며 이후로 새롭고 관련성 있는 규정들이 계속 개정되어왔다. 이는 핀란드 사람들이 얼마나 오랫동안 '친환경적'인 세계관을 가지고 살아왔는지를 보여준다.

청렴성과 정직성

핀란드 사람들은 준법정신이 투철하며 정직하고 청렴하다. 그러니 거스름돈을 잘못 받을 걱정일랑 필요 없다.

> 핀란드 호텔에서는 체크아웃을 할 때 혹시 손님이 진열해둔 음료나 술을 마셨는지 따로 물어서 확인하지 않는다. 내가 그 이유를 묻자 호텔 직원은 그저 이렇게만 대답했다. "저희는 고객을 믿습니다."

핀란드에서는 꼭꼭 걸어 잠근 핸드백을 옆구리에 밀착하고 다닐 필요가 없으며, 식당에 지갑을 두고 나와도 십중팔구는 멀쩡하게 되찾을 수 있다.

핀란드인의 철저한 국민적 준법의식은 곧 그들의 도덕률이 흑과 백처럼 명확해서 다른 나라에서처럼 융통성 있게 적용되지는 않는다는 것을 의미한다. 물론 이들도 EU에 가입한 이래로 살아남기 위해서는 남들처럼 어느 정도 법을 어길 필요도 있다는 것을 깨닫고 있지만, 아직은 받아들이가 어려워 보인다. 핀란드인은 매우 발전된 시민의식을 가지고 있다. 개인으로서 그들은 공익에 위배되지 않는 한, 자신이 원하는 대로 행동한다. 그들은 자립적이고 독립적이며 타인의 독립적 권리를 존중한다. 또한 자유와 개인적 공간을 중시한다. 그러나 그들은 이 총체적인 자유를 위해서 각자가 져야 할 책임이 있음을 잘 이해하고 있다.

흥미롭게도 어느 정당이 자신들이 집권하면 평범한 시민들에 대한 세금 부담을 줄이겠다는 공약을 내세웠는데 그들은 크게 인기를 얻지도, 선거에서 이기지도 못했다. 대다수 핀란드인은 그렇게 되면 빈부격차가 심해질 것이라고 생각한다. 이들마음에 깊숙이 뿌리내린 평등의식과 자신보다 불운한 사람들을 돌봐야 한다는 믿음 덕분에 핀란드는 너무 많이 가진 자도, 너무 적게 가진 자도 많지 않은 사회가 되었다.

부채 혐오

1990년대 초를 지나며 유로 사용 지역에서는 가처분소득 대비 부채 비율과 GDP 대비 부채 비율 양면에서 가계부채가 급속히 증가했다. 가처분소득 대비 가계부채 비율은 50퍼센트 이상 늘어나 2004년 말에는 86퍼센트에 이르렀다. 그러나 핀란드의 가계부채 비율은 35퍼센트에 머물러 유럽연합에서(그리고 산업화된 나라들 중에서) 가장 부채가 적은 나라 중 하나가 되었다. 핀란드는 어떤 부채에 대해서건 연체율도 가장 낮다. 그 이유는 핀란드 사람들이 개인적 차원에서 부채를 혐오하며 원하는 것을 얻기 위한 수단으로 신용카드를 쓰는 것도 꺼리기 때문이다. 물론 가정을 위한 대출은 마다하지 않는다. 비즈니스 차원에서는, 최근 유럽 지역을 대상으로 한 설문조사 결과, 핀란드인은 다른 어느 나라 국민들보다 부채를 빨리 갚으며 그것도 1개월 이내(평균 24일)에 갚는 것으로 나타났다. 정부 차원의 부채는 계속해서 확실한 하강 곡선을 그리고 있다.

신뢰성

정직성과 청렴성, 부채 혐오와 같은 가치관에서 핀란드인이 중시하는 또 하나의 특성이 나온다. 바로 신뢰성이다. 핀란드 사람들은 시간을 엄수해 마감을 지키고 최대한 높은 품질을 유지하려고 노력한다. 신뢰성은 개인적 역량과 함께, 지키지 못할 약속은 절대 하지 않는 태도에서도 나온다. 이들에게 실망감을 안겨줘서는 안 된다. 물론 이들은 절대로 상대를 실망시키지 않을 것이다.

핀란드에서 말은 곧 약속이며 강한 구속력을 갖는다. 거래를 할 때 악수를 한 것만으로도 서면계약과 대등한 효과가 있다. 사람들은 항상 진심을 말하고 말한 대로 행동한다. 핀란드인 특유의 직설화법이 완곡어법에 익숙한 다른 문화권 사람들에게는 조금 무례하게 비춰질 수도 있는데, 핀란드 사람들은 절대 상대가 듣고 싶어 하는 말을 하지 않으며, '거짓말'을 하는 것 같은 외국인들의 태도에 혼란을 느끼고 노여워한다.

한번은 영어 실력이 훌륭한 핀란드인 상사가 나에게 회의에 함께 가달라며 부탁한 적이 있다. 그가 "영어에서 '예스'가 정말로 '좋다'는 뜻인지, 그리고 '그거 흥미롭군요' 하는 말이 정말로 무엇을 뜻하는지를 도통 알 수 없어서 말이야"라고 말할 때까지, 나는 영국인들이 얼마나 '의례적'인지, 그리고 의사소통을 할 때 얼마나 애매하게 말하는지 깨닫지 못하고 있었다. 이런 식의 표현들이 핀란드인을 혼란스럽게 만든다.

계급 없는 사회

핀란드에 방문한 사람들에게 특히 인상적인 것은 교육과 모든 사회적, 공적 관습에서 계급 구분이 없어 보인다는 점이다. 이 나라는 해외 영토도, 자생적 군주나 귀족도 존재한 적이 없기 때문에 애초에 인종적이거나 사회적, 계급적 우월성이 뿌리 내릴 틈이 없었다.

● 핀란드가 본격적으로 계급 없는 사회로 변모한 것은 사실상 1980년대부터. 지식사회로의 이행이 빠르게 진행되면서 전통적인 의미의 노동을 하는 사람들이 거의 없어지고 대부분 정신노동을 하게 되었다. 산업의 방향성도 자동화된 기계를 제어하는 쪽으로 바뀌었고, 육체노동은 중국이나 에스토니아로 넘겨졌다.

확실히 핀란드 사회는 '보이지 않는 사회적 장벽'이 없는 편이다. 이런 풍토에서 자란 핀란드인은 국제 사회에서 환영과 인정을 받는다. 이들은 아프리카 선교 활동에도 아주 성공적인데, 겉모습은 유럽 혈통으로 보이지만 백인 특유의 인종우월주의나 식민주의적 태도가 없기 때문이다. 핀란드인이 해외에서 미움을 사는 경우는 드물다. 특히 동아프리카에는 핀란드가 지원하는 많은 대외 원조 프로그램과 개발 프로그램이 있다. 핀란드 사람들은 특히 유엔 평화유지군으로 환영받는다. 국제적으로도 핀란드는 다른 속셈도, 역사적 동맹도 없는 나라로 인식되기 때문에 헬싱키에서 많은 정치적 정상회담이 열리곤 한다.

한 핀란드인 친구가 내게 말했다. "우리는 사회계급이 없어. 사회계급을 인정하거나 그것을 염두에 두고 사고하는 것은 아주 무례한 일이지." 물론 핀란드 사회라고 속물근성이 아예 없는 것은 아니지만 그것은 스웨덴 귀족과 독일 공작들이 통치하던 시대의 잔재라고 한다.

스웨덴-핀란드 혼혈의 소수민족은 엘리트주의에 젖어 있다고 말하는 이들도 있다. 실제로 그들 중에는 집에서 스웨덴어를 쓰고 스웨덴어로 수업하는 학교와 대학을 나와 핀란드어를 전혀 쓰지 않는 사람도 있다. 핀란드 여권을 가지고는 있지만 스스로 더 우월한 존재라고 여겨 핀란드 사회에 융화되거나 핀란드어를 쓰는 것을 거부하는 것이다. 그들은 또한 자녀들이 2개 언어를 말하는 것도 원치 않는다. 대다수 핀란드 사람들이 이런 현상을 직접 목격하지는 못하지만, 헬싱키에서 일하는 한 영국인 친구는 그처럼 스스로를 격리시키는 소규모 '파벌'을 알고 있다고 내게 말했다.

핀란드 사람들은 기록적으로 짧은 시간에 기업가로 변모했다. 거기에 생계가 달려 있었기 때문이다. 새로운 부의 위계는 존재한다. '신흥 부자'는 핀란드의 새로운 현상이다. 이들은 주로 노키아처럼 대기업으로 성장한 회사의 스톡옵션을 통해 단시간에 돈을 번 사람들이다. 세계 첨단 기술을 주도하는 IT 기업들에 의해 부가 늘어났다. 이들 중에는 부를 과시하는 것을 즐기는 사람도 있다. 경제적 여력이 있기 때문에 값비싼 물건을 사기도 한다. 그러나 검소함과 겸손과 남의 눈에 띄지 않는 태도를 중시하는 핀란드 문화에서 그것은 예외적인 행동에 속할 뿐이다. 최근까지도 핀란드 사람들은 뭔가를 가지고 있어도 과시하지 않는 편이 좋다고 믿고 있다.

핀란드 사람들이 일종의 계급 없는 사회를 구축한 것은 사실이지만 그렇다고 편견이 아예 없다고 말하는 것은 불공정하다. 실제로 북부와 농촌 지역에 사는 사람들은 헬싱키 같은 대도시 사람들이 자신들을 깔본다고 여긴다. 사실 라플란드 토착민인 사미족과 그들의 문화가 핀란드의 '억압'에서 벗어나기 시작한 것은 불과 10여 년밖에 되지 않았다. 이 나라에서 가장 혹독한 날씨를 견디며 열심히 일하는 라플란드 사람들은 오랫동안 조금은 열등한 취급을 받았다. 핀란드에 사는 소수의 집시들도 마찬가지다. 약 6000명에 이르는 집시들은 자신들만의 언어와 문화, 복식을 가지고 있다. 이들이 관용적인 핀란드 사회에서 특이하다 싶을 만큼 오랫동안 멸시를 받아온 것은, 그들이 핀란드의 주류 사회에 동화되려고 애쓰지 않기 때문이다.

> 흥미롭게도 핀란드의 법은 모든 주요 고용주들에게 만약의 비상사태에 직원들을 보호하기 위해서 구내에 식량과 물, 담요가 비축된 '핵' 벙커를 마련하도록 요구하고 있다.

평등에 대한 열정이 컸던 핀란드 사람들은 전반적인 생활수준이 높고 임금 격차도 적은, 일종의 계급 없는 사회를 건설했다. 높은 과세율은 서유럽 최고의 포괄적 복지제도를 낳았고, 이 모든 것은 오랜 시간에 걸친 점진적 합의에 의해 달성되었다. 핀란드에서 고용법은 상당히 엄격하고 노동자들에게 유리하게 되어 있다. 한 소규모 엔지니어링 업체 사장은 직원들에게 일주일에 40시간 근무와 1년에 300시간의 추가근무 외에는 일을 시킬 수 없으며 6주간의 휴가는 물론이고 모든 공휴일을 꼬박꼬박 지켜야 한다고 말했다. 그래서 일을 마치려면 그와 가족이 온종일 일해야 한다는 것이다. 핀란드에서는 직원을 해고하기도 극도로 어렵다.

개인 공간

핀란드 사람들 대부분이 최근까지 낚시와 사냥, 경작을 하며 매우 단순한 삶을 살았다는 것을 인지하면 그들에게 개인적인 공간, 또는 사람과 사람 사이의 경계가 무척 중요하다는 사실을 잘 이해할 수 있다. 그토록 넓은 땅에서 그토록 적은 사람들이 영위해온 자연친화적인 삶은 호젓한 환경을 제공했

핀란드 만 주변의 전형적인 집들. 핀란드 만은 발트 해의 동쪽 끝단에 있으며 핀란드와 에스토니아 사이에서 러시아의 상트페테르부르크까지 뻗어 있다.

고, 접촉하는 사람이라고는 함께 사는 가족뿐인 경우가 많았다. 대다수가 도시에서 살고 있는 지금도 그들은 여전히 '숲의 사람들'이다. 핀란드인은 자연과 교감하며 혼자 있는 것을 좋아한다. 그들은 타인과의 지속적인 사교의 필요를 별로 느끼지 못하며, 상대의 개인 공간을 대단히 존중하기에 불필요하거나 관계없는 잡담을 늘어놓지 않는다. 한 예로, 비행기에 타면 핀란드인 두 명이 나란히 앉은 경우를 자주 본다. 그들은 처음 만났을 때와 자리를 뜰 때 서로에게 목례하지만 비행 중에는 전혀 말을 섞지 않는다.

핀란드 인구의 1/4 정도가 여름 별장을 소유하고 있으며, 대다수 사람들은 자신이 근무하는 회사나 가족 소유 별장을 이용한다. 평범한 핀란드 사람들이 모든 것을 떠나 잠시 쉬러 여행을 떠나는 곳이 바로 이 통나무 별장이다. 핀란드어로 뫼키 mökki 라고 부르는 여름 별장은 인적이 드문 오지의 호숫가나 숲속에 있는 것이 이상적이다. 보통은 아주 기본적인 시설만 갖추고 있다. 전기나 상하수도 시설도 없는 경우가 허다하지만, 뫼키가 꼭 갖춰야 할 것이 두 가지 있다. 바로 사우나와 노 젓는 배다. 대부분의 핀란드인은 여름휴가 때 해외에 나가지 않고 호숫가의 호젓한 통나무집에서 시간을 보낸다. 그저 1년에 2~3주 정도 별장에서 보내는 이들도 있고 가족을 데려가 그곳에서 아예 통근하며 장기적으로 머물기도 한다(아이들의 여름방학은 11주다). 이처럼 자연으로 돌아가는 것은 연례적인 가족 행사다. 자연 환경에 대한 사랑은 농촌에 살건 도시에 살건, 모든 연령대의 핀란드인에게서 발견되는 공통된 특징이다.

환경의식

핀란드 사람들의 정신이 호수와 숲에 머물러 있다는 것은 아무리 강조해도 지나치지 않다. 이들은 환경과 자연보호에 대한 관심이 특별하다. 호수와 숲의 보전에 대한 관심이 지대해서 언제나 정치적 의제에서 높은 우선순위를 차지한다.

핀란드 사람들은 늘 자신들이 깨지기 쉬운 조화 속에서 살고 있다고 생각해왔다. 따라서 그들 삶에 무엇보다 소중한 가치를 지켜내려는 의지가 타의추종을 불허한다. 자연보호에 대한 관심은 그 믿음 중에서도 매우 뿌리 깊은 것이다. 최근에 이들은 겨울에 도로에 뿌리는 소금이 강에 미치는 유해한 영향을 인지해 좀 더 나은 대안을 찾으려는 연구를 진행 중이다.

핀란드에서 숲은 전통적으로 중요한 부의 원천이었으며 오늘날에도 가장 큰 자원이자 주된 수출품이다. 사실 임업과 광업, 목재 가공은 큰 환경적 피해를 초래할 수 있지만 핀란드의 국가 소득에서 빠져서는 안 되는 존재다. 따라서 핀란드 사람

핀란드 사람들은 자연 경관을 보전하고 오염을 막기 위해 큰 노력을 기울이고 있다.
전체 숲의 3/4을 소유하고 있는 개인들은 나무 한 그루를 잘라내면
그것을 대체할 새 나무를 심어야 하는 법적 의무를 진다.

들은 주어진 자원을 이용하되 그것을 온전하게 유지하고 보호
하는 데 세심한 노력을 기울인다. 핀란드 숲의 약 3/4은 평범
한 개인 가정이 소유하고 있는데, 모든 숲의 소유주는 나무를
잘라내면 그것을 대체할 새 나무를 심어야 하는 법적 의무를
진다. 건강한 숲을 유지하는 것은 모두의 관심사이며 나무들
은 세심하게 관리되고 경작된다. 라플란드 지역의 1/3은 보호
구역으로 묶여 있고, 전국에 30여 곳의 국립공원과 자연보호
구역이 있다. 이 구역들은 자연스러운 삼림 관리를 촉진하기
위해 보호받고 있다. 당연히 여기서는 대규모 벌목이 이루어
지지 않고, 도로도 거의 없으며, 자연적인 재생이 이루어진다.
　외부 세계에서 볼 때 핀란드는 여전히 훼손되지 않은 환경
의 대명사다. 그러나 핀란드도 나름의 문제를 갖고 있다. 핀란
드는 체르노빌 원자력 사고의 파괴적인 영향을 감지한 최초의

서양 국가였다. 그로 인해 순록 수백 마리가 죽었고 지금도 러시아에서 발원한 대기오염과 수질오염으로 몸살을 겪고 있다. 폴란드와 구동독 지역도 발트 해 오염의 한 원인을 제공하고 있다.

오염이 심각한 유럽의 몇몇 지역과 비교하면 핀란드의 자연이 상대적으로 덜 훼손된 것은 사실이다. 그럼에도 핀란드는 적극적인 에너지 보존 정책을 추진해 자연경관 파괴를 억제하고, 새로운 친환경적 폐기물 관리 시스템을 개발하기 위해 노력하고 있다. 이런 적극적인 활동의 결과로 핀란드는 환경문제에 대해 상당한 전문 지식을 발전시켰다. 그리고 전반적인 오염의 속도를 늦추고자 이웃 러시아와 동유럽 국가들에 기술적 노하우와 함께 청정 공기 및 청정수 산업을 전수하고 있다.

핀란드의 국가와 국기에도 자연경관에 대한 특별한 사랑이 담겨 있다. 국가는 핀란드의 여름 경관을 찬미하는 내용이며, 흰 바탕에 청색 십자가가 그려진 국기는 각각 하얀 눈과 여름날의 파란 호수를 상징한다. 핀란드에서는 문학과 미술, 디자인과 건축도 모두 환경적인 측면에서 표현하고 풀이된다.

한편 핀란드 사람들은 디자인을 사랑한다. 그들의 디자인은 종종 '스칸디나비아 스타일' 또는 '미니멀리즘'이라는 용어로 일반화되기도 하지만 사실은 그들만의 고유한 스타일을 창조해냈다. 그것은 역사적으로 여러 줄기에서 영향을 받았다. 우선 동방의 침략자들과 함께 들어온 독창적인 비잔틴 문화에서 독특한 기하학적 패턴이 발전했다. 스웨덴의 영향으로 서구적인 디자인도 섞였다. 핀란드의 전통적인 직조 기술에서 계승된 강력한 디자인 유산도 있는데 주로 도자기나 직물, 실내장식 등에서 엿볼 수 있다. 대체로 자연적인 것을 선호하는 핀란드 사람들은 마치 모든 제품에 고유한 도장을 찍어 '핀란드 표'임을 표시하듯 특유의 방식으로 자연적 요소와 인공적 요소를 결합해낸다. 유리제품이건 직물이건 산업 디자인이건, 핀란드인은 뭔가를 만들 때 미적인 아름다움에 집착한다. 좋은 디자인은 미학적 만족감뿐 아니라 상업적인 이익도 함께 가져다준다는 것을 이들은 일찌감치 깨달았다.

종교

핀란드에는 두 종류의 공식 교회가 있다. 루터교회와 동방정교회가 그것이다. 신도들은 여전히 교회에 세금을 내고 출생신고도 한다. 핀란드인 중 십중팔구는 루터교회에 소속되어 있다. 루터교회는 600개 공동체에서 약 450만 명의 신도를 거느리고 있으며 세계에서 세 번째로 규모가 크다. 기독교는 12세기에 동방과 서방 양쪽으로부터 유입되었다. 그리고 약 5만 5000명(인구의 1퍼센트)의 신도를 가진 동방정교회도 있다.

4000명 미만의 가톨릭교도와 1만 3000 정도의 여호와증인 신도도 있다. 또한 19세기에 유대인 상인들과 러시아 제국군 용병들에 의해 유대교도 들어왔는데, 오늘날 1300명 정도의 유대교도가 헬싱키와 투르쿠 지역에 살고 있다. 한편 이슬람교는 19세기 말에 러시아 군대와 함께 처음 들어왔다. 1990년에 1000명에 불과했던 이슬람교도는 다음 세기로 넘어가면서 약 1만 5000명으로 증가했다. 소말리아 난민들 때문이었다.

1990년대 이민자 종교의 등장은 1970년에 새로운 종교 운동이 확산된 이래로 핀란드 종교계에서 가장 인상적인 변화였다. 난민을 포함한 외국인 시민의 수는 1980년 후반부터 급속

헬싱키 중앙역의 상징이 된 등불을 든 조각상. 철도뿐 아니라 많은 버스와 지하철도 연결되기 때문에 여행자라면 누구나 한 번은 이곳을 방문하게 될 것이다.

바다에서 본 헬싱키 전경. 번쩍번쩍한 하얀색 헬싱키 대성당이 언덕 위에 서 있어서 먼 바다에서도 선명하게 보인다. 유람선에서 느긋한 시간을 보내는 것은 핀란드의 긴 여름밤을 즐기기기 위한 아주 멋진 방법이다.

투르크에 있는 스웨덴계 핀란드인 전용 극장인 오보 극장(오보는 투르쿠의 스웨덴어 이름이다). 1839년에 설립되어 핀란드에서 가장 오래된 극장이다.

라플란드에서 순록 사파리 여행의 종착지는 대개 이런 장소다. 여름에는 하루 종일 해가 지지 않는 '백야'를, 겨울에는 그 반대인 '극야'를 체험할 수 있다. 신비한 오로라 현상도 1년에 200회는 볼 수 있다.

도시와 대학을 연결하는 공용 공간으로 일반인에게도 완전 개방하고 있는 헬싱키대학교의 중앙도서관. 핀란드는 도서관 책 대여율이 세계에서 가장 높은 나라다.

© Mikhail Olykainen

하게 증가했다. 그 결과 다양한 종교를 가진 이민자 공동체가 핀란드에 뿌리 내렸지만 그중 대부분을 차지하는 것은 이슬람교도였다. 한편 인구의 10퍼센트 정도는 딱히 소속된 종교가 없으며 이들은 호적등기소에 출생 등록이 되어 있다.

교육

아마도 핀란드인은 세계에서 가장 국제시사 정보에 밝은 사람들일 것이다. 핀란드 신문은 객관적이어서 감정에 호소하는 헤드라인보다는 사실과 증거를 강조한다. 텔레비전 프로그램은 대부분 교육적이다(물론 국민들이 좋아하는 스포츠 프로그램도 많다). 핀란드 사람들은 문해력과 수학, 과학에서 세계의 선두자리를 유지하고 있다.

국민들의 교육비 지출이 낮고 아이들이 학교에서 보내는 시간이 다른 국가들에 비해 훨씬 적은데도, 핀란드는 교육수준에 대한 국제적 비교에서 늘 상위권을 유지해왔다. OECD 국가들의 교육수준을 비교한 PISA 평균점수를 살펴보면 핀란드는 다른 북유럽 국가와 일본, 한국, 벨기에, 네덜란드, 캐나다, 호주, 뉴질랜드를 포함한 성적우수 국가들 중에서도 가장 높은 위치에 있다.

외국의 교육자들이 특히 흥미롭게 여기는 점은 이런 핀란드의 교육적 성공이 돈과는 관련이 없어 보인다는 것이다. OECD 통계 수치에 의하면 핀란드 사람들이 교육에 지출하는 비용은 GDP의 6.1퍼센트로, OECD 평균치인 6.3퍼센트보다 조금 낮고 경제수준이 비슷한 다른 나라들보다는 월등히 낮다. 또 한 가지 놀라운 것은 아이들이 교실에서 보내는 시간이다. 핀란드 아이들은 7세에 유치원에서 초등학교로 넘어가는데, 수업 시간이 짧아서 정오나 오후 1시면 끝나는 경우가 많다. 여름방학도 10주에서 11주로 무척 길다. 분명 전 세계 아이들의 부러움을 살 만한 수준이다. 또한 핀란드 학생들이 책상에 앉아서 보내는 시간은 총 5523시간으로 OECD 평균 6847시간에 비해 기록적으로 적다. 네덜란드에서는 아이들이 교실에서 8000시간을 보낸다. 설문조사 결과 핀란드 학생들은 숙제하는 데 들이는 시간도 다른 많은 나라 학생들에 비해 훨씬 적은 것으로 나타났다.

핀란드에서 성적 상위권 아이들의 점수는 다른 국가의 상위권 아이들과 비교해 크게 높지 않다. 그러나 핀란드가 정말로 빛나는 부분은 성적 하위권 학생들의 점수다. 이는 핀란드 교육 제도에서 도태되는 아이들이 극히 드물다는 것을 의미한다. 다른 많은 사회적 체계들과 마찬가지로 핀란드의 교육 제도는 평등주의 원칙에 따라 설계되었다. 핀란드에는 수업료를 내야 하는 사립학교가 거의 없고 시험 성적에 따라 학교나 반이 갈리는 경우도 극히 드물다. 학교는 애초에 사회계급과 관계없이 핀란드 자치 국가를 형성하기 위한 노력의 일환으로 세워졌다. 촌락 사람들과 농부를 포함해 사회 전체가 학교 건설에 참여했고, 공립학교는 항상 모두에게 평등한 교육을 목적으로 했다. 핀란드 사회의 동질성, 그리고 교육적으로 소외되기 쉬운 뚜렷한 이민자 집단이나 사회적 빈곤계층이 없다는 점이 이런 평등성을 영속화시키고 있다. 다른 나라에서와 마찬가지로 사회경제적으로 부유한 아이들이 빈곤층 아이들보다 성적이 좋은 편이기는 하지만 그 차이가 크지는 않다.

핀란드가 산업화된 나라임을 감안할 때, 이 책에서 굳이 여성의 역할에 대해 다루는 것이 이상해 보일지도 모르겠다. 그러나 핀란드 사회에서 여성의 역할은 우리가 일반적으로 생각하는 보통 서양 여성들의 그것과는 다르며, 나는 충격적일 만큼 큰 차이를 느꼈다. 물론 평등의 측면에서 그렇다는 얘기다. 개인적으로 나는 핀란드에서 여성들의 외적인 위치는 산업 사회에서 발견할 수 있는 가장 이상적인 모습에 가깝다고 생각한다.

핀란드 사람들은 핀란드가 작은 나라이니만큼 농업과 산업 양면에서 여성의 역할이 중요하다는 것을 일찍부터 인정해왔다(가족을 부양하고 국가를 유지하는 모든 측면에서). 따라서 핀란드는 오랜 여성 해방의 역사를 가졌다. 전통적으로 19세기에 소년들은 학교에서 기본적인 읽기와 쓰기 기술을 습득한 뒤 곧바로 농장 일을 시작했지만 소녀들은 학교에 남아서 더 많은 교육을 받았다. 핀란드는 오랫동안 '동등한 기회'를 트레이드마크로 삼았고 지속적으로 법을 갱신했다.

핀란드 여성의 법적 해방의 역사는 1860년대에 시작되었다. 연대표로 간단히 요약하면 다음과 같다.

- **1864년**: 25세 이상 독신 여성에게 법적인 성년의 지위를 부여. 15세부터 자신의 소득을 처분할 권리와 21세부터 법원에 신고하는 조건으로 부동산을 처분할 권리를 부여.
- **1864년**: 결혼법 개선.
- **1868년**: 이혼이 쉬워짐.
- **1871년**: 대학 진학의 권리 부여.

- 1878년: 여성들이 최초로 의사면허 취득.
- 1878년: 상속법 개정으로 남성과 동등한 상속권 인정.
- 1880년: 여성 해방 운동이 시작됨.
- 1890년: 교육기관에서 여성 교사 허용.
- 1906년: 참정권 부여. 뉴질랜드와 더불어 세계 최초로 여성에게 투표권 부여. 세계 최초로 여성의 공직 출마를 허용.
- 1907년: 최초의 여성 국회의원 선출(200개 의석 중 19석).
- 1916년: 학교에서 동등한 임금 지급. 대학교수가 될 자격 허용.
- 1919년: 새로운 공화국이 남녀에 대한 전적인 동등성 원칙을 구현.
- 1921년: 법으로 의무교육 선포.
- 1922년: 기혼 여성에게 고용계약을 체결할 독립적 권한 부여.
- 1922년: 미혼모와 그 자녀들의 권리를 공식적으로 규정.
- 1922년: 아버지에게 자녀가 17세가 될 때까지 자녀를 부양할 의무를 부과하고, 서자에게도 적자와 동일한 상속 권리 부여.
- 1926년: 여성 공무원에게 완전한 동등성 부여(능력 요건과 임금, 연금 같은 제반 문제에 대해).
- 1930년: 양 배우자에게 법적 동등성을 부여하는 결혼법 제정.
- 1947년: 중앙여성기업인협회 설립.
- 1970년: 낙태 허용 사유를 확대해 사회적 적응 사유까지 포함시킴.
- 1970년: 여성에 대한 모든 차별 금지에 관한 유엔 협약을 비준.
- 1981년: 대학 입시자의 64퍼센트가 여성.
- 1986년: 아버지와 어머니의 성 중에서 자녀의 성을 선택할 수 있도록 허용하는 법 통과.
- 1988년: 여성에게 복음주의 루터교회의 성직자가 될 권리를

허용.

- **1990년**: 세계 최초의 여성 국방부 장관(엘리사베트 레흔 Elisabeth Rehn) 취임.
- **1994년**: 여성에게 자원 입대 기회 허용.
- **1994년**: 핀란드 최초의 여성 국회의장(리타 우오수카이넨 Rita Uosukainen) 취임.
- **1995년**: 지방자치단체 선출직, 지방행정부 및 정부위원회에 여성 비율 40퍼센트 할당 명시.
- **1996년**: 내각의 동등한 기회 프로그램(1996~99).
- **2000년**: 핀란드 최초의 여성 대통령(타르야 할로넨 Tarja Halonen) 탄생.
- **2005년**: 평등법 개정. 직장에서 성 평등 계획을 요구.
- **2006년**: 타르야 할로넨 대통령 재선.

핀란드 여성들은 세계 최초의 여성 유권자가 된 것과 의회에 여성 대표자가 많은 것을 자랑스럽게 여긴다. 핀란드 공화국에서 여성의 역할은 다른 나라에서보다 훨씬 중요하다.

핀란드에서는 오래 전부터 여성이 일하는 전통이 있었으며 일하는 남성과 여성의 수가 거의 대등하다. 압도적인 다수(71퍼센트)의 여성들이 직장에서 정식 근무를 하면서 자녀를 양육하고 가정을 돌본다. 핀란드에서 시간제 근무를 하는 여성은 다른 유럽 국가보다 적다. 사업을 하거나 임업과 엔지니어링, 화학 공업에 종사하는 여성도 많다. 예를 들어 영국의 경우 복지나 보육 서비스처럼 전통적인 '여자의 일자리'가 있지만 핀란드에는 그런 문화가 없다. 여성의 급여는 법적으로 남성과 동등하지만 실제로는 남성의 80퍼센트 정도에 머문다. 핀란드

핀란드에서 여성은 남성과 완전히 동등한 권리를 지닌다.
사진은 마치 자동차 수리공 같은 유니폼을 입고 거리를 활보하는 알토 공대 여학생들로,
오월제에 전공마다 색깔이 다른 유니폼을 입고 참여하는 것이 이 학교의 전통이다.

여성들에게 재정적인 독립은 동등한 기회의 바탕으로 여겨지기 때문에 일은 그만큼 중요하다. 연구조사 결과 58퍼센트의 여성이 자아성취를 위해 일을 중요하게 생각하는 것으로 나타났다.

소위 '유리천정'을 뚫는 측면에 있어서도 핀란드 여성은 영국 여성보다 한 세대 앞서 있다고 할 수 있다. 보통의 유럽 국가에서는 교육수준이 아무리 높은 여성들도 대부분 결혼해서 집에 머물며 아이들을 돌보지만 핀란드에서는 그렇지 않다. 고임금 주요 직책을 맡고 있는 50대 중반 여성도 많다. 사업체를 키워서 되파는 여성도 있고, 기업의 승진 사다리에서 높은 위치까지 올라가는 여성도 있으며, 정부 각료가 되는 여성도 있다. 이런 면에서 핀란드 여성은 근로 생활의 개척자라 볼 수 있다. 핀란드 통계청에 따르면 이 나라에서 여성은 남성보다 교육수준이 높으며 그 덕분에 남성들과 비슷한 직업적 기회를

얻는다. 여성들은 새로운 것을 배우고 훈련하기에 일터가 좋은 장이 되어준다고 여기며 강한 자기계발 욕구를 갖고 있다.

● 핀란드는 결정하는 것을 싫어하는 남성들에게 낙원일 수 있다. 그도 그럴 것이 운영자는 주로 여성들이다. – 로만 샤츠, 《핀란드에서 사랑을 담아》

여성들이 가장 높은 수준에서 두각을 나타내도록 국가 전체가 독려하는 분위기이기도 하다. 1998년에는 고위 간부들 중에 여성이 차지하는 비율이 2퍼센트에 불과했지만(상위 200개 기업에서 4명) 2005년에는 공공행정 분야에서 최고위 간부직의 22퍼센트를 여성이 차지했다. 민간 부문에서는 전체 관리자의 1/4이 여성이고 100대 사기업 이사진의 약 14퍼센트가 여성이었다. 또한 핀란드 직장인의 1/3은 여성을 직속상사로 두고 있다. 유럽 평균보다 많은 수치다.

여성들은 상사로서 인기가 많고 역할을 적절히 수행하는 것으로 보인다. 여성 상사는 남성들보다 부하 직원을 더 많이 격려하고 지원해준다. 그러나 여성 상사들도 감사나 칭찬의 말은 아끼는 편이다. 한번은 내 고객들 중에 쿠오피오에 사는 20대 남성이 공개적으로 이런 말을 했다. "미래는 여성들에게 있어요. 여성들은 좋은 지도자죠." 다른 사회의 여성들이 어떤 롤 모델을 원한다면 바로 핀란드에서 찾을 수 있을 것이다.

결혼과 가족 그리고 이혼

서양의 많은 나라들이 그렇듯 핀란드 여성들은 늦은 나이까지 결혼을 미루고 있으며, 결혼한다면 그것은 동등한 인격체들 간의 협력관계에 가깝다. 대부분 가족은 자녀를 둘 이상 두지 않고 자녀 계획도 최대한 미루는 편이다. 가족과 가정 돌보기에 대한 책임을 짊어진 것은 기본적으로 여성이지만 남성도 나이에 관계없이 자녀 양육과 몇 가지 집안일을 맡아서 한다. 나이가 제법 지긋한 남자들도 아내가 일을 나간 동안 직접 요리와 청소를 하고 자식이나 손자를 돌보는 것을 볼 수 있다. 그러나 여전히 주부들이 남자들보다 집안일을 많이 하며, 동등한 가사분담이 이루어지는 가정은 1/3 정도다.

미국 가정에서 몇 달 간 하숙을 한 핀란드 학생은 그곳에서의 삶이 얼마나 '다른지'에 대해 말했다. 가족 식사 시간은 그녀에게는 정말이지 문화충격이었다. 그녀는 엄마가 매일 요리를 하고 가족이 모두 둘러앉아서 식사를 하는 문화에 익숙했다. "집에 있을 때는 맥도널드에 가는 일이 1년에 두어 번 될까 말까 했어요. 그런데 그곳에서는 일주일에 두 번은 간 것 같아요." 그녀는 가족이 함께 식사하지 않고 TV 앞에서 각자 식사를 하는 식습관이 무척 이상하게 느껴졌다며, 미국 하숙집에 머무는 내내 주인집 아주머니가 요리를 한 것도 겨우 두 번뿐이었다고 했다. 이런 얘기는 유니세프의 설문조사도 뒷받침한다. 조사결과 아이들의 식사와 가족간 대화 빈도에서 미국이 거의 최하위 수준인 것으로 나타났다. 핀란드에서는 특히 주말에는 여전히 가족이 모두 모여 함께 식사를 하려고 하며, 하루 중 주된 식사는 오후 2시 정도에 먹는다.

핀란드는 가족의 유대가 강하고 가족의 가치를 매우 중시하며 전 세계적으로 훌륭한 복지로 정평이 나 있는 나라다. 출산 전후 산모와 아기를 위한 광범위한 관리 서비스가 마련되어 있으며, 세계에서 유아 사망률이 가장 낮다. 정부에서는 아기 엄마나 아빠에게 10개월의 유급 출산휴가도 보장한다(출산휴가는 양 부모가 나눠 쓸 수 있다). 또한 아이들이 6세가 되어 유치원에 갈 때까지 이들을 돌봐주는 현대식 정부 지원 탁아소가 있다. 최근 십여 년간 가족복지의 책임을 정부가 점점 더 많이 분담함에 따라, 핀란드는 현재 산모와 보육을 위한 지출이 가장 후한 나라가 되었다.

한편, 1960년대에 핀란드 남성들의 심장병 사망률은 세계에서 가장 높았다. 20년 전 그 수치가 살짝 감소했으나 여전히 심장병은 핀란드에서 큰 문제다. 핀란드는 국가적 차원에서 이 문제에 대처하기로 결단을 내렸다. 심장병 위험 요소를 줄이고 심혈관계 질환으로 인한 사망자 수를 감소시키기 위한 국가 프로젝트가 대대적으로 시작되었다(프로젝트가 처음 시작된 지역이자 심장병 발병률이 가장 높은 지역 명을 따서 '북 카렐리야 프로젝트'라고 불렀다). 프로젝트는 전국으로 확대되었고, 적절한 교육과 조언을 제공한 지역 의료센터들 덕분에 국가적 건강 문제였던 심장병 발병률을 상당히 감소시켰다.

영국에서 의료업계에 종사하는 한 영국인 친구는 핀란드가 이런 변화를 이끌어낼 수 있었던 것은 무엇보다 개개인이 자신과 가족의 건강을 책임졌기 때문이라며 설명했다. "문화 자체가 달라요. 핀란드 사람들은 무책임해 보이는 것도, 사회에 부담이 되는 것도 원치 않죠. 무책임하고 이기적인 행동은 절대 핀란드인답지 않아요." 핀란드는 1970년대 초 이래로 심장병 발병률을 75퍼센트나 감소시켰다. 덩달아 암으로 인한 사망률도 줄었다.

핀란드 사람들은 본질적으로 노인을 돌봐야 한다는 가치관도 갖고 있다. 노인을 위한 의료관리의 질도 좋은 편이며, 연금수령층이 근로연령층보다 40퍼센트나 많음에도 불구하고 연금수령자의 경제적인 형편이 괜찮다. 실업자를 위한 사회보장 지출도 후한 편이어서 텔레비전 수신료와 신문, 전화요금까지 지원한다. 이런 것들이 모두 온전한 인간의 교육과 복지에 필수적이라고 간주하기 때문이다.

많은 북유럽 국가들과 마찬가지로 핀란드의 이혼율은 50퍼센트로 꽤 높다. 핀란드에서 이혼에 의한 재산처리 문제는 대체로 '깔끔하다.' 대다수 여성이 일을 하는 데다 남편보다 벌이가 나은 경우도 많기 때문에 남성들은 아이들의 양육비만 보태면 되고 재산은 공평하게 반반씩 나눈다.

여성 대통령

타르야 할로넨은 2000년 초에 처음 핀란드 대통령으로 당선되었다. 정치적으로는 사회민주당 소속이며, 삶에 대한 지성적·인본주의적 접근과 사회 발전을 위한 실용적인 수단을 찾으려는 열망을 지닌 인물이었다. 그녀는 흔히 '실용주의적 이상주의자'라고 불리며 아마도 핀란드 역사상 가장 좌파 성향이 강한 국가수반이었을 것이다.

그녀는 헬싱키에서 나고 자랐지만 주로 노동 계급이 사는 빈민촌에서 살았다. 어렸을 때 심각한 언어장애를 앓아 그 영향이 남아 있다. 그녀는 다른 사람들, 특히 자신보다 불운한 사람들의 '차이'에 대해 관용적이고 섬세하게 반응하는 법을 배우며 성장했다. 인권과 소수자 문제에 오랫동안 관심을 가졌고 여러 민권 운동 협회에서 적극적인 역할을 했다. 그녀는 친절하고 관용적이고 유능해 보이면서도 약간은 보헤미안 기질이 있다. 또한 대단히 유능하고 야심도 크며 가끔은 성격이

급해지고 순간적으로 노여움을 드러내기도 한다.

타르야 할로넨은 노조 변호사로 일을 시작해 1974년에 국회 보좌관으로 임명된 데 이어 1980년대에는 차관직을 맡았다. 그리고 파보 리포넨 총리 정부에서 외무부 장관이 되었다. 그녀의 전통적인 좌파적 관점은 시장 주도의 사회민주주의를 표방하는 정치 이념을 지닌 리포넨 총리와는 극명한 대조를 이루었다. 그런 그녀가 2000년 초에 핀란드 최초의 여성 대통령으로 선출되었고, 핀란드의 정치 전통에 따라 대통령 당선 후 당적을 포기했다.

당선 당시 그녀는 영국에서 공부하는 21세 딸을 둔 어머니였으며 오랜 정치적 '동반자'와 동거 중이었다. 당시 두 사람은 '살림에 대한 견해 차이' 때문에 같은 아파트 건물의 다른 층에 살고 있었지만 할로넨이 취임하면서 대통령 관저인 만티니에미로 함께 들어갔다. 핀란드 국민들은 조금은 특이한 이력을 지닌 '대통령 일가'에 쉽게 익숙해졌다. 이후 두 사람은 정식으로 결혼식을 올렸다.

4

핀란드인과
친해지기

효과적인 문화간 의사소통의 본질은
올바른 메시지를 보내는 것보다 올바른 반응을 보이는 데 있다.
— 에드워드 홀, 《문화적 차이의 이해》

핀란드 사회는 전반적으로 보수적이고 신사적이다. 주변의 평화와 조화를 방해하는 사람도, 공공장소에서 큰 소리로 떠들거나 배꼽을 잡고 웃거나 언쟁을 벌이는 사람도 찾기 힘들다. 모두들 이웃에게 방해가 되지 않고 개인적인 공간을 존중하기 위해 의도적으로 노력한다. 또한 핀란드 사람들은 군중 속에서 두드러지는 것을 좋아하지 않아 남의 이목을 끄는 행동을 삼간다. 거리를 걸으면서 누군가에게 미소를 짓지도 않고, 상점 직원들은 고객을 응대할 때 눈을 쳐다보지도 않는다. 또한 파란불이 켜질 때까지는 누구도 길을 건너지 않는다. 사실 그들은 모두 똑같이 조용하고 차분하고 소심하게 행동하는 것처럼 보인다.

드레스 코드

핀란드 사람들은 편안한 복장을 즐기는 편이다. 검은 정장에 흰색 셔츠, 색깔 있는 넥타이 차림의 핀란드 남자를 본다면 그는 아마도 핀란드인이 아니거나 다른 나라에서 거주하는 핀란드인일 것이다. 핀란드 간부들은 일할 때 바지와 재킷, 셔츠에 넥타이를 맨다. 이런 차림을 '도시 복장'이라고 부른다. 정장은 나들이를 가거나 집안에 큰 행사가 있거나 외국에 출장갈 때나 입는다. 대다수 남자들은 청바지에 점퍼를 착용한다. 겨울에는 간부들도 재킷 안에 목 폴라를 입는 것이 용인될 뿐 아니라 제법 깔끔한 복장으로 받아들여진다.

딱히 입어야 할 옷에 대한 엄격한 규정은 없다. 여름에 핀란드 남자들은 잿빛이 도는 초록색 재킷을 즐겨 입는데 그리 밝은 색은 아니다. 이런 색 배합은 핀란드 패션의 고유한 특성이다. 여성들도 옷을 편안하게 입는다. 치마보다 바지를 입은 여성을 더 흔하게 볼 수 있으며, 직장에서도 점퍼를 입는 것이 허용되고 영국보다 훨씬 더 편안한 차림이다. 여름에는 시원한 코튼 소재의 여름 원피스가 적절하다. 전반적으로 핀란드 여성들은 최소한의 화장만 하고 색깔 있는 매니큐어는 거의 하지 않으며 주얼리 착용도 조심스러워한다.

핀란드에서 특별히 멋지거나 매혹적인 차림으로 가야 할 곳은 많지 않다. 핀란드 사람들은 옷차림이 어떻건, 상대를 있는 그대로 받아들이며 사람을 외모로 판단하지 않는다. 한 프랑스인 동료는 핀란드에 처음 갔을 때 약간의 불안감을 느꼈다고 한다. 사람들이 그를 쳐다보지 않고 시선을 피하기에 틀림없이 자신의 외모에 뭔가 문제가 있다고 생각했지만 그런 일은 없었다. 그들은 그냥 눈을 맞추지 않는 습성이 있었을 뿐이다. 핀란드 사람들은 또한 남의 외모에 대해 좀처럼 의견을 표현하지 않는다. 누군가의 귀걸이나 옷, 예쁜 구두에 대해 언급하는 것은 극히 드문 일이다.

핀란드인은 그들이 지닌 조용한 속성처럼 옷도 되도록 눈에 띄지 않는 것을 고르는 듯하다. 머리를 길러서 뒤로 묶은 남자들이나 알록달록한 옷차림 또는 이상한 히피 복장으로 거리를 활보하는 소수의 '괴짜'들도 존재하지만 이는 아주 드문 풍경이다. 또한 헬싱키에서도 화장을 진하게 하고 유명 디자이너의 옷을 입은 여인을 볼 수 있지만 이들은 적어도 경쟁적으로 치장하려는 압박감이 없어 보인다. 그렇게 차려입은 여성도 소수에 불과하고 대부분은 수수한 차림새다. 일반적으로 핀란드 사람들에게 옷은 실용적인 것이며, 몸을 가리고 따뜻하게 보호하기 위해 이용하는 것이다.

오월제를 맞아 거리에 나온 사람들. 이 날만큼은 모두에게 약속된 드레스 코드가 하나 있는데, 바로 흰색 학사모를 쓰고 거리를 누비는 것이다.

여름에 친한 친구의 집을 방문하면 집주인이 수영복과 셔츠 차림으로 맞이하는 경우도 드물지 않다. 아주 친하지 않은 사람의 집을 방문할 때도 깔끔하기만 하면 될 뿐, 딱히 격식을 차린 옷차림은 필요 없다. 격의 없는 모임에서는 주로 청바지와 캐주얼을 입는다. 가족이나 친구와 레스토랑을 찾을 때는 깔끔한 캐주얼이나 재킷과 넥타이가 필요할 것이다. 정장은 거의 입지 않는다. 그러나 어떤 복장을 선택하건 '차분한 차림'은 고수해야 한다.

필요한 옷

핀란드를 여행할 때 어떤 옷을 챙겨가야 할까? 어느 계절이건 옷을 여러 겹 껴입는 것이 가장 좋다. 한겨울에 라플란드를 방문할 때 사람들이 해준 조언에 따르면, 사실 보통의 도시 복장보다 특별하게 더 필요한 것은 없었다. 겨울에는 물론 내복 상하의를 입어야 한다. 하지만 핀란드는 아주 효율적인 중앙난방 시스템을 갖추고 있어서 실내에서는 옷을 두껍게 입을 필요가 없다. 한 핀란드 친구는 외국인 친구들이 자신에게 보내준 두꺼운 털 스웨터가 옷장에 수북이 쌓여 있는데 겨울에 지중해로 여행을 가지 않는 이상 핀란드에서는 입을 일이 없다고 했다. 실내에서 온종일 일하는 사람의 경우 털 스웨터를 입으면 너무 덥다.

하지만 밖으로 발을 내딛는 순간 위험한 시간이 찾아온다. 실내 온도만 생각하고 바깥 추위를 결코 만만하게 생각해서는 안 된다. 야외에서 시간을 보내야 한다면 우선 따뜻한 내의와 두꺼운 바지, 스웨터를 반드시 입는다. 그 위에 스웨터를 한

겹 더 입으면 도움이 클 것이다. 두껍고 긴 겨울 외투는 필수다. 목도리와 털모자, 벙어리장갑이나 안감을 덧댄 장갑도 잊지 말자.

핀란드에 갈 때 가장 필수적인 아이템 중 하나는 안감을 덧댄 방수 부츠다. 핀란드에서 긴 시간을 보내야 하거나 핀란드에 주기적으로 방문한다면 현지에서 부츠를 살 것을 권한다. 핀란드 부츠는 그곳의 혹독한 날씨를 잘 견뎌내도록 만들어졌다. 대체로 눈밭을 걸을 때 바닥에서 올라오는 냉기와 발등으로 들어오는 한기를 차단하도록 안감이 덧대어져 있으며, 무엇보다 중요한 점은 방수가 된다는 것이다. 게다가 많은 유럽 도시들에서보다 값이 싸다. 용도에 딱 맞춰 기발하게 디자인된 핀란드식 겨울 부츠와 신발을 신으면 무척이나 멋지고 시크해 보여서 그것이 기능성 신발이라는 것을 눈치 채기 힘들다.

여름 날씨는 오락가락한다. 때로는 날씨가 덥고 습도가 높아서 코튼 소재의 여름옷은 필수다. 그러나 따뜻한 옷과 방수·방풍 재킷도 챙길 필요가 있다. 흔히 영국에서는 하루에 사계절을 경험할 수 있다고들 하는데 핀란드도 다르지 않다. 한편 좋은 방수화와 부츠가 겨울 필수품이라면, 좋은 선글라스는 여름 필수품이다. 화창한 날에 22시간 동안 내리쬐는 햇빛은 눈을 아주 피로하게 만들 수 있다. 3월부터는 내내 선글라스가 필요하다. 봄 햇살이 하얀 눈에 반사되어 낮 시간에는 믿을 수 없을 만큼 눈부시기 때문이다.

핀란드에서는 실내화와 실외화를 따로 신는 것이 일반적이다. 겨울에는 대부분 사람들이 부츠를 신고 실내화를 가방에 넣어 출근한다. 앞이 터진 슬리퍼는 언제나 인기다. 인상적인 것은 사람들이 종종 실내나 공공장소에서 신발을 벗고 있다

는 것이다. 기내에서나 실습 교육장에서, 심지어 사업상 회의
에서도 남을 의식하지 않고 신발을 벗고 있는 사람들이 보인
다. 분명 핀란드에서는 이런 행동이 용인되는 것이리라. 하지
만 영국에서는 절대 시도하지 마시라!

관용

핀란드 사람들은 무척 관용적이다. 이런 특징은 남의 일에
간섭하지 않고 사생활을 존중하는 가치관에서 비롯된다. 그들
은 남에게 피해를 주거나 방해가 되지 않는 한 각자에게 맞는
방식으로 살아갈 권리를 강력히 옹호한다. 그들이 사람들을
대하는 방식에서 그것을 알 수 있다. 핀란드 사람들은 타인에
대해 가치판단을 하지 않는다. 그래서 마치 앞을 못 보는 사람
들처럼 복장이나 피부색 같은 외양에 대해 언급하지 않는다.
그러나 이런 관용적인 성격에도 불구하고, 무엇이건 늦어지는
것만은 용인하지 않는다.

핀란드에서 외국인은 여전히 희귀한 존재이며 의심의 눈초
리보다는 흥미로운 시선을 받는다. 핀란드 사람들은 기본적으
로 자신과 다르거나 특이한 사람이나 관습에 매우 관대하기

핀란드의 독자 마리아로부터: 제가 미국에 있을 때 일입니다. 어느 날 벤
치에 앉아 있는데 나이가 지긋한 아주머니께서 제게 "신발이 참 귀엽네!"
라고 했습니다. 저는 움찔하면서 그 아주머니가 무례하다고 생각했습니
다. 이 생면부지의 남이 대체 무슨 권리로 내 옷차림에 대해 가치판단을
하는 것인가? 내가 내 신발이 마음에 드는데 다른 사람의 의견 따위가 뭐
가 중요한가? 그런데 시간이 지나면서 그런 부분에 대해 많이 유연해져
서 이제는 저 역시 남들에게 칭찬을 해줄 생각입니다.

때문에 외국인들을 따뜻하게 맞이한다. 그들은 또한 새로운 생각에도 무척 개방적이어서 해외에서 유입된 개념이나 사물을 빠르게 수용해 자신들에게 맞게 개조하고 개선한다. 이런 수용적인 태도 때문에 핀란드는 사업을 시작하기에도 유리한 장소로 알려져 있다.

1952년에 헬싱키에서 열린 올림픽 대회는 많은 핀란드인에게 세계의 다양한 인종을 처음으로 목도할 기회를 제공했다. 핀란드 사람들은 타인을 있는 그대로 받아들이고 판단은 나중에 하는 훌륭한 자질을 가졌음에도, 유색 인종을 대하는 그들의 태도는 다문화 사회에 익숙한 사람들의 눈에는 다소 인종주의적으로 비칠 수 있다. 공항에서 비유럽권 사람으로 보이는 이들이 세관을 통과할 때 시간이 더 오래 걸리는 것을 종종 본다. 한 흑인 동료는 핀란드에서 자신이 종종 관심과 의심의 대상이 된다고 말했다. 그리고 한 핀란드 심리학자에 따르면, 핀란드에서는 인종주의와 난민의 상황이 심각한 문제가 되고 있다. 외국인 자체가 별로 없었던 예전에는 드러나지 않던 문제였다. 최근까지 많은 사람들이 거리에서 유색 인종을 보면 그가 교수나 사업가일 거라고 생각하기보다 난민일 거라 생각하는 경향이 있었다.

그러나 1990년대와 특히 2000년 이후 상황이 많이 바뀌었다. 젊은 세대는 세계 각지로 여행을 다니며 세상을 경험했고, 헬싱키는 다문화 사회를 품은 훨씬 더 국제적인 도시가 되었다. 30년 전에 비해 사회 전체가 훨씬 개방된 데다 베이비붐 세대가 모두 은퇴함에 따라(은퇴 연령은 65세) 외국인 노동력이 필요하다는 것을 모두들 인정하게 되었다.

그럼에도 일부 핀란드인은 여전히 외국인들과 뭔가를 공유하고 제휴관계를 맺는 것에 어려움을 느끼는데, 이는 상당 부분 독립적이고 자립적인 것을 좋아하는 그들의 성격에서 기인한다. 이런 사람들은 외국과의 제휴관계와 협력을 의심스럽게 바라보고 자신들이 힘들게 번 소득을 상대가 빼앗으려 한다고 생각하는 경향이 있다. 그런 이유로 어떤 이들은 EU 가입에 대해서도 무척 회의적인 반응을 보였었다.

과거에는 이런 분위기 때문에 핀란드 회사에서 일하는 외국인들이 승진을 기대하기 어려웠다. 하지만 2000년대로 넘어선 이후 상황이 많이 변했다. 핀란드의 국제적 대기업들은 외국인 자문과 다양한 전문가를 영입할 필요성을 느끼기 시작했고, 이미 세계화된 경제에서 외국인 노동자를 소중하고 믿음직한 평생 구성원으로 끌어안아야 한다는 것을 알았다. 물론 이것은 지리와 언어, 구소련의 억압으로 인해 오랫동안 국제 사회에서 고립되어 있었던 그들에게 그리 쉬운 일은 아니다.

뒷공론

핀란드 사람들은 좀처럼 뒷공론을 하지 않는다. 그들이 정상으로 간주하는 기준 자체가 제법 폭넓기 때문에 뒤에서 수군수군할 일이 별로 없어 보인다. 누군가의 얘기를 받아들이는 데 있어 관건은 기만적이냐, 그렇지 않으냐이다. 모두들 기만적인 것에는 얼굴을 찌푸리고 아이들에게 기만은 큰 죄라고 가르친다(정직성과 청렴성에 관한 핀란드인의 가치관을 기억하자).

핀란드인은 다른 문화에서라면 민망하거나 사적인 문제로 간주할 만한 것들을 스스럼없이 이야기한다. 핀란드식 논리에 따르면 그런 것들은 다 사람이 살아가면서 경험할 수 있는 정상적인 일이기 때문이다. 가령 부모의 이혼이라든가 가족의 질병이나 파탄이라든가 직업적 경로 선택의 어려움 같은 문제를 공개적으로 물어보거나 이야기하는 편이다. 그것이 불편하다면 그냥 "저는 말하지 않는 편이 좋겠어요"라고 하면 그만이다. 그러면 지체 없이 대화가 다른 주제로 넘어갈 것이다. 어떤 문화권에서는(예를 들어 영국) 어떤 주제가 사람들이 입에 담기에 적절한 주제인지 아닌지를 판단하는 것이 질문자의 몫이다. 그래서 다른 사람이 불편해할 만한 질문은 알아서 피한다. 그런데 핀란드에서는 어떤 말을 해도 좋은지 판단하는 사람이 답변자 쪽이다.

물론 몇 가지 금기 사항은 있다. 가장 피하는 것은 가정폭력 문제다. 일반적인 차원에서의 가정폭력 문제는 얼마든지 얘기할 수 있지만 실제 가정폭력 피해자가 이 문제를 터놓고 얘기하는 경우는 거의 없으며 "우리 아버지는 좀 어려운 사람이야" 같은 식으로 돌려서 말하는 정도가 고작이다.

한 핀란드 독자가 보내온 정보에 따르면, 만일 당신이 "저는 우리 아버지가 다섯 번째 결혼에서 본 자식이에요"라고 말한다면 핀란드 사람들은 십중팔구 "어머, 그거 흥미롭군요!"라고 대답할 것이다. 이는 당신 아버지가 그렇게 결혼을 많이 한 것이 흥미롭고, 또 당신의 가정사가 꽤 복잡할 것 같아서 흥미롭다는 뜻이다. 절대로 한 사람에게만 충실하지 못한 당신 아버지에 대한 어떤 가치판단을 하는 것은 아니다.

최근 MTV 세대의 등장과 함께 상황이 점차 변하고 있지만 핀란드에는 전통적으로 유명인에게 집착하는 문화가 없다. 따라서 호기심과 매혹의 대상도 없다(그 이유는 물론 핀란드 사람들이 남의 일에 간섭하지 않고 그냥 내버려두는 것을 좋아하기 때문이다). 전직 대통령이 몇 년간 벨리댄스 수업을 받았는데도 대중매체는 조용했다. 그녀에게도 사생활을 가질 권리가 있다는 것을 모두들 인정하는 분위기였다. 만일 토니 블레어의 아내 체리 블레어가 똑같은 행동을 했다면 영국 신문들은 요란하게 떠들어댔을 것이다.

대안적 생활양식

핀란드 젊은이들은 부모 세대보다도 더 격식을 중시하지 않고 관용적이다. 대체로 그들은 폭넓게 여행을 다니는데 그 결과 개성이 더욱 뚜렷해지고 있으며 세상 사람들이 자신과 다른 생활양식을 가질 수 있음을 인식하게 되었다. 이들은 높은 삶의 질을 바탕으로 첨단 기술에 기반한 노하우를 가지고 세계를 여행하는 MTV 세대다.

핀란드는 동성애 문화를 수용하는 경향이 있어서 공공연히 게이 바를 광고하기도 한다. 10여 년 전에는 용인되지 않았던 부부들 간의 파트너 교환도 최근에는 받아들여지는 것 같다. 성적 동등성을 뜻하는 SETA(Seksuaalinen tasavertaisuus)는 핀란드의 남녀 동성애자와 양성애자, 성전환자 같은 성 소수자들의 법적 평등과 사회적 정의를 위해 활동하는 국가적 인권 조직이다. SETA는 모든 사회구성원이 성적 취향과 가족 형태, 성 정체성에 관계없이 동등한 대우를 받을 수 있도록 핀란드 사회와 법률을 바꾸려고 노력하며 정기적인 모임을 갖는다.

침묵

앞서 언급한 것처럼, 핀란드인은 지나치게 말이 많은 사람을 보면 놀라고 의심스러워한다. 본성이 과묵한 사람들이어서 침묵을 전혀 불편해하지 않으며 아무데서나 와자지껄 떠들거나 수다를 떨지 않는다. 오죽하면 그들 스스로 자신들은 2개 국어(핀란드어와 스웨덴어)로 침묵하는 데 능하다고 농담을 하겠는가! 이들은 실제로 대화중에 생기는 공백을 굳이 한담으로 메울 필요성을 못 느끼며 그런 남유럽 사람들의 소란스러움을 극도로 싫어한다. 꼭 할 말이 있을 때만 조용하고 차분하고 간결하게 이야기하며, 질문을 받았을 때도 장황한 답변이 아닌 최소한의 정보로 답한다. 많은 외국인들은 이런 간결한

대답을 (특히 미소도 짓지 않고 대답할 경우) 모욕으로 받아들이곤
한다.

　불과 10여 년 전에 핀란드 사람들은 자신들의 이런 과묵함

핀란드인은 너무나 오랫동안 광활한 자연에서 낚시와 사냥, 경작을 하며 단순한 삶을 살아왔다. 자연과 교감하며 혼자 있는 것을 좋아하는 그들은 상대의 개인 공간도 무척 존중하기에 불필요한 말을 삼가는 편이다.

이 외국인의 눈에 이상해 보일 수 있음을 인식하고, 국제적 관계를 맺기 위해서는 사교 기술을 좀 더 익혀야 한다고 깨달았다. 핀란드의 유력 일간지인 〈헬싱긴 사노마트Helsingin Sanomat〉

는 1999년 5월에 흥미로운 기사를 실었다. 핀란드가 EU 의장직을 맡게 되면서 공무원들이 한담을 나누는 기술을 훈련받는 사연을 소개한 것이었다. 당시 이 외에도 핀란드의 몇몇 국제적 기업들이 '남에게 관심을 보이는 방법'과 '한담을 나누는 법'을 간부들에게 훈련시킨다는 이야기가 종종 들렸다.

이렇듯 과묵한 사람들이 "요즘 어떻게 지내세요?"라고 물으면 그것은 형식적인 인사말이 아니다. 정말로 상대가 어떻게 지내고 있는지 궁금한 것이다. 반대로, 다른 나라 사람들이 핀란드 사람에게 예의상 그런 인사를 건넸다가는 뜻밖에 누군가의 질병에 관한 자세한 이야기를 듣고 당황할 수도 있다. 그러니 핀란드인 친구의 근황에 정말 관심이 없다면 어떻게 지내냐고 묻지도 마시라.

그들 말처럼 '영하 20도의 날씨에서는 곧바로 본론으로 들어가는 게 상책이다.' 이들은 마치 대화에 능숙해지면 자신들이 가진 진실성을 잃어버리게 된다고 믿는 것 같다. 그러니 핀란드에서는 어느 정도 상대의 마음을 읽는 기술이 필요하다. 한 핀란드인 친구는 업무와 관련한 의사소통 능력을 높이기 위해 되도록 직원들과 많은 대화를 하려고 의도적으로 노력한다면서 이렇게 말했다. "항상 독심술사가 될 수는 없잖아요!" 만약 당신이 핀란드인 사업가와 협상을 해야 한다면 이 점을 기억하는 것이 중요하다.

겨울이 긴 핀란드에서는 겨울에는 '겨울다운 행동'이 나온다고도 한다. 많은 사람들이 더욱 조용해지고 조금 우울해지기도 한다. 평소보다 더 엄숙하고 과묵하고 내성적이게 된다. 많은 사람들이 계절성 정서장애를 겪는 것이다. 그래서인지 자살률도 높다. 그러나 봄과 여름이 다가오면 사람들은 한결 열정적으로 변한다. 얀네라는 내 친구는 "핀란드 사람들은 마치 겨울에는 삶을 잠시 보류했다가 햇빛이 들기 시작하면 되살아나는 것 같아요"라고 말했다.

평범한 핀란드인의 경우 일단 술이 두어 잔 들어가면 사람이 달라진다. 내가 같은 나라에 있는 게 맞나 싶을 정도다. 파티 중에는 다른 나라 사람들이 따라잡기 힘들 만큼 활기차다. 특히 노래하는 것을 아주 좋아해서 누군가 불쑥 전통 민요를 부르기 시작하면 모두 따라 부르기도 한다. 그러나 핀란드 남성들은 여성들보다 조용한 편이어서, 낭만과 여흥을 원하는 핀란드 여성들은 과묵한 배우자에게 조금 답답함을 느끼며 산다.

유머

핀란드인이 좀처럼 미소를 짓지 않고 무뚝뚝해 보인다고 소개했지만, 사실 내가 아는 많은 핀란드인은 조용하고 내성적인 겉모습 속에 명랑쾌활하고 유머러스한 면을 숨겨두고 있었다. 이들은 생각보다 웃는 것을 좋아하고 무엇보다 스스로를 웃음의 소재로 삼는 경향이 있다.

이들의 유머에는 빈정거림이 없고, 놀랍도록 솔직하며, 농담도 남을 비하하거나 상처주기보다는 자신들의 독특한 국민성을 희화하는 내용

미국인과 독일인, 핀란드인이 코끼리를 보고 있다. 미국인은 코끼리가 서커스를 잘할지 궁금했고, 독일인은 코끼리를 팔면 얼마나 받을까 생각했고, 핀란드인은 스스로에게 이렇게 물었다. '저 코끼리는 나를 어떻게 생각할까?'

이 주를 이룬다. 이들은 종종 감정 표현에 서툰 자신들을 농담 소재로 삼는데 그중에 세포 영감에 관한 이야기가 있다. 세포 영감이 저녁 테이블에 앉아 신문을 읽고 있는데 아내가 불만스러운 모습으로 계단을 내려온다. 마침내 늙은 아내가 말한다. "여보, 나 사랑해요?" 그가 대답한다. "임자, 40년 전 우리가 결혼할 때가 생각나는구먼. 내가 당신에게 사랑한다고 말했었지. 그 후로 변한 게 있으면 내가 말해줌세."

핀란드인은 자신들의 행동에 대한 통찰력도 타고 났다. 과도한 자신감이나 낙관주의 대신 자기회의 경향을 띠며, 유머를 이용해 스스로를 낮추거나 현실을 직시하는 편이다. 핀란드인의 행동에는 자랑이나 허풍 따위가 없다는 것을 기억하라.

구애

지중해 국가에서의 공공연한 구애에 익숙한 이들은 핀란드 사람들이 이성에게 잘 구애하지 않는다고 생각한다. 그러나 단지 방식만 다를 뿐 이들도 작업을 건다. 내가 들은 바로는 핀란드인이 대놓고 구애를 할 때는 십중팔구 술에 취한 것이다. 핀란드에서 구애는 암호화된 언어로, 눈빛으로 이루어지는데, 그것은 아주 직접적이고 솔직하고 짧고 단순한 경향이 있다. 남자가 오랫동안 여자를 유혹하거나 사탕발림을 하는

경우는 없다. 많은 외국인 여성들은 이를 무관심이나 무시로 해석한다. 한 핀란드 남성이 내게 '외국인 여성들을 위한 작업 가이드'를 써주겠다고 약속했는데, 아직 가이드를 받지는 못했지만 지금까지 내가 알게 된 내용은 대략 이렇다.

댄스파티에서 남자가 여자에게 "우리 나갈까요, 아니면 춤출까요?"라고 묻는다면 그것은 "당신은 지금까지 내가 본 가장 아름다운 여성이요"라고 말한 것과 마찬가지다. 또한 이 말 한마디로 서너 번의 데이트를 한 것과 동일한 효과를 얻는다. 한 핀란드 여성은 핀란드 남성들의 이런 경향은 일종의 남녀평등 정신에서 나온 것이지만 정중함과 자상함이 다소 결여된 것은 사실이라고 평했다.

그러나 사교적 만남에서의 매너에 대해 말하자면, 핀란드 여성들은 자신들이 얼마나 운이 좋은지 모를 것이다! 핀란드에는 예의범절이 살아 있다. 신사는 숙녀가 외투를 입는 것을 도와주고 문을 잡아주고, 여성이 방에 들어오면 일단 일어선다. 사실 젊은 세대들은 이렇게까지 깍듯하게 행동하지는 않지만 그래도 다른 나라에 비해서는 많은 남성들이 사회적 예절을 잘 지킨다.

좋은 손님이 되는 법

핀란드 사람들은 모두 성실한 일꾼이다. 열심히 일하고, 열심히 논다. 핀란드인의 집에 초대를 받는 것은 기뻐할 만한 일이며, 따라서 사우나나 커피를 권하면 절대 거절하지 않는 것이 좋다. 그 전에 먼저 알아야 할 일이 있다. 핀란드인의 집에 가면 일단 신고 온 신발부터 벗어야 한다. 아니면 적어도 벗겠다는 말이라도 해야 한다. 핀란드인은 실내화와 실외화를 구분해서 신는다는 것을 기억하시라. 특히 겨울에는 사람들이 갈아 신을 실내화를 챙겨서 다니는 경우가 흔하다.

핀란드에서 식사 초대는 흔치 않지만 만일 초대를 받았다면 꽃이나 와인을 가져가는 것이 좋다. 하지만 무엇보다 중요한 것은 열린 마음으로 가는 것이다. 그들은 자신들이 차린 음식을 맛있게 먹어주기를 진심으로 바란다. 핀란드인은 손님을 잘 접대하고 싶어 하며 자신들이 가진 것 중에 가장 좋은 것을 아낌없이 내놓는다. 보통은 커피를 마시자고 초대하는 것이 일반적인데, 이 경우 비스킷과 케이크가 제공된다. 전통적으로 7종의 쿠키나 케이크를 차리는 것이 격식에 맞는다.

댄스

핀란드 사람들은 춤추는 것을 좋아하며 남자들도 그렇다. 처음으로 내가 런던을 방문한 핀란드 사람들을 인솔해 외출했을 때 솔직히 좀 어안이 벙벙했다. 그들은 일단 정장 차림으로 정찬을 마친 뒤, 무리 중에서 춤을 추러 가자는 의견이 나와서 디스코텍에 갔다. 도착하자마자 술을 한 잔씩 돌린 후 모두들 플로어로 나가서 사교댄스를 추기 시작했다. 영국인들은 점점 뒤로 물러나서 핀란드인들이 플로어를 점령하는 것을 지켜보았다. 그들 역시 나처럼 놀란 것 같았다. 가끔 춤추던 사람들이 원을 만들고 한 남자가 한 여자를 지목하면 그녀가 가운데로 나와 몇 소절 춤을 추었다. 그런 다음 그녀가 다른 남자를 지목하는 방식으로 댄스가 계속 이어졌다. 느린 음악이 나오면 룸바를 추고, 리듬이 맞으면 탱고를 췄으며, 빠른 음악에도 핀란드 전통 춤인 홈파Humpa를 췄다. 폭스트롯과 왈츠도 메뉴에 있었다. 정말 신나는 시간이었다. 십대 때 엄마가 나를 사교댄스 학원에 보낸 이래로 그렇게 춤을 춘 것은 처음이었다.

술과 담배

핀란드 사람들은 모든 면에서 절제를 좋아한다. 단, 술은 예외다! 술을 아예 입에 대지 않는 핀란드인도 있고 사교를 위해 적당히 마시는 이도 있지만, 술꾼으로서 핀란드인의 명성을 이어가려는 주당들도 있다. 이들은 취할 때까지 마시고 모든 기회를 술 마실 구실로 삼는다. 특히 1년 내내 이어지는 많은 축제들은 주당들에게 좋은 기회다.

알코올중독은 핀란드의 오랜 골칫거리였으며(다른 스칸디나비아 국가들도 마찬가지다) 여전히 큰 사회적 문제다. 직접 목격한 바는 없지만 취객들이 비틀거리며 거리를 활보하거나, 주말이면 십대 청소년들이 대책 없이 만취한 모습을 흔히 볼 수 있다. 그럼에도 핀란드인의 연간 알코올 소비량은 EU 평균치보다 낮으며 요즘은 독한 보드카보다 와인을 선호하는 추세다.

핀란드에서는 주류 유통을 국가가 독점하고 있는데, 알코Alko라고 부르는 전문 판매점을 통해 구입할 수 있다. 핀란드는 술값이 대단히 비싸서 큰 축제 전에 사람들은 술을 사재기할 목적으로 탈린(에스토니아 수도)이나 스톡홀름으로 '쇼핑 여행'을 떠나는 것이 인기다. 또한 핀란드에서는 술의 생산과 수입, 광고가 엄격히 규제된다. 도수가 낮은 맥주(올루트Olut)는 슈퍼마켓에서도 구입할 수 있다. 보드카 등의 독주는 20세 이상만 구입할 수 있는 반면 와인과 맥주는 18세 이상이면 구입이 가능하다. 그래서인지 요즘은 맥주와 와인이 독주보다 훨씬 인기가 좋다. 주류 판매점은 주중에는 저녁 8시까지, 주말에는 저녁 6시까지 문을 연다.

　레스토랑이나 술집에서는 와인을 잔으로 판매하는데 스몰(120ml)과 미디엄(160ml) 사이즈가 있다. 베리류를 담가 만든 지역 와인이 몇 종 있지만 포도가 나지 않아 일반 와인은 전량 수입에 의존한다. 맥주는 색이 밝은 편이며 도수에 따라 구분하는데, 라거 맥주들 가운데 가장 인기가 좋은 것은 케스카리 keskari 또는 콜모넨 kolmonen 이라고 불리는 중간 도수(3도)의 맥주다. IVA 또는 넬로솔루트 nelosolut 는 알코올 함량이 5퍼센트(도수 5도)로 가장 도수가 높다. 한편 가장 약한 맥주는 알코올 2퍼센트 미만의 미에토 mieto 또는 필스네리 pilsneri 다. 사이즈는 스

© Lasse Ansaharju

'핀란드식 화이트와인'이라고 부르는 코스켄코르바는 사실은 보드카 종류로,
주류 전문점인 알코 매장에서만 살 수 있다.

몰과 미디엄, 라지 세 종류가 있다.

핀란드의 특산 술로는 보드카와 가향 보드카, 클라우드베리와 아르틱베리, 크랜베리로 만든 리큐어 등이 있다. 핀란드 사람들은 코스켄코르바koskenkorva라는 이름의 '핀란드식 화이트와인'에 대한 농담을 즐기는데(외국인은 이 술 때문에 자칫 낭패를 볼 수도 있다) 이 술은 순해 보이지만 그 위력이 대단하다. 사실 와인이 아니라 보드카이기 때문이다.

나는 핀란드 사람들이 흡연하는 것을 보고 깜짝 놀랐다. 처음 핀란드에 갔을 때 그들이 담배 피우는 모습이 내게는 마치 굴뚝에서 연기가 올라오는 것처럼 보였다. 담배를 입에도 대지 않는 핀란드인도 많지만 일단 흡연하는 사람은 거의 다 골초들이다. 아무튼 지정된 흡연 구역을 제외한 공공장소에서 담배를 피울 수 없다는 것을 명심해야 한다. 문밖으로 나가자마자 급하게 담배를 피우는 것도 금지다. 열린 창문이 있는 경우, 건물에서 적어도 5미터 밖으로 걸어 나가서 피워야 한다.

사우나 파티 대처 요령

핀란드는 사우나의 땅이다. '사우나의 날'도 있는데, 6월 두 번째 토요일이다. 물론 사우나를 하지 않아도 상관없다. 특히 여성들은 사우나를 마친 뒤 머리 손질과 화장을 다시하기가 번거로워 꺼릴 수도 있지만 이런 날은 맨 얼굴로 다녀도 모두들 이해하는 분위기다. 그러니 사우나를 함께 하자고 초대받았다면 그저 핀란드인 주인을 따라 느긋하게 즐기면서 시간을 보내시라. 사우나 자체를 하느냐 마느냐가 중요한 것은 아니다. 초대를 받았다면 그것으로 기뻐할 만한 일이다.

남녀 성인들이 모인 자리에 ● 핀란드인은 사우나를 즐긴다. 그들
이 상대에게 보일 수 있는 가장 큰
호의는 함께 사우나를 하자고 초대
하는 것이다.
서는 여성들이 먼저 사우나를
하고 그동안 남성들은 맥주를
마시며 어울린다. 여성들이 사우나와 샤워를 마치고 옷을 갈
아입으면 남성들이 사우나실로 들어갈 차례다. 이제 여성들이
앉아서 맥주나 와인을 즐기며 담소를 나눈다. 무척 점잖게 들
리지 않는가? 실제로 그렇다.

　　그러나 나는 처음 사우나를 경험하는 외국인들과 함께 있
다가 그들이 화들짝 놀라는 모습을 가끔 보곤 한다. 예를 들어
핀란드 사람들은 사우나에서 나오자마자 몸을 식히기 위해 벌
거벗거나 몸에 수건 한 장만 두른 채 그대로 서 있는데 종종
그 장소가 베란다일 때도 있다. 이를 모르고 문득 고개를 돌린
이성 손님이 그 모습에 비명을 지르기도 한다.

　　여담으로, 핀란드 사람들은 동성끼리는 완전히 벌거벗은 채
샤워를 함께 한다. 이럴 때 너무 얌전을 빼지 않는 것이 좋다.

핀란드의 전통적인 사우나는 이렇게 생겼다. 몸을 뜨겁게 달군 후
차가운 겨울 호수에 뛰어드는 조금은 피학적인 이벤트를 즐겨보시라!

남들이 하는 대로 따라하면서 어색함을 벗어던져보자. 7세 미만의 자녀가 있는 가족은 가족끼리 사우나를 할 수 있으며, 아이가 그 나이를 넘기면 동성끼리 따로 시킨다. 아이들은 대개 태어난 첫해에 사우나를 경험하며, 그렇지 않은 경우에도 두 돌이 되기 전에는 반드시 사우나를 시작한다.

핀란드의 전형적인 사우나는 창문으로 호수가 내다보이는 통나무집 형태다. 원래는 장작을 때우는 훈증 방식이었지만 요즘은 난로를 이용해 열을 내는 간편한 방식으로 바뀌고 있다. 호숫가에서 사우나를 즐길 기회가 있다면, 기본 방식은 위에서 설명한 것과 비슷하지만 좀 더 피학적인 과정을 각오하는 것이 좋다. 짧게 사우나를 한 다음 차가운 호수에(게다가 겨울에는 얼음을 깬 구멍을 통해) 뛰어드는 것이다. 이 과정이 세 번쯤 반복된다. 뜨거운 곳과 차가운 곳에 번갈아 몸을 담그면 기분이 정말 상쾌해진다. 사우나 중에 피부에 꿀이나 약초 반죽을 바르고 자작나무 가지로 매질을 당할 각오도 단단히 하시

핀란드식 사우나에 필요한 준비물. 자작나무 가지와 약초 반죽 그릇, 수건.

라. 이것이 놀랄 만큼 피부에 좋다고 한다.

사우나를 즐기고 나면 먹고 마시는 시간이 시작된다. 전통적인 사우나 파티에서는 각종 샐러드와 육류, 쌀 요리가 차려진다. 집주인도 손님들과 어울려 즐거운 시간을 보낼 수 있도록 이 모든 음식은 미리 준비해놓는다. 야외에서는 주로 구운 소시지(Makkara)에 맥주를 곁들인다. 따스하게 햇살이 비추는 여름 저녁을 보내기에도 훌륭한 방법이다.

폴 토마스로부터: 처음 사우나를 할 때 있었던 일입니다. 저는 사우나의 방법과 예절에 대해 배우는 중이었죠. 핀란드에 처음 간 데다 조금 순진한 편이라 사람들이 하는 얘기를 곧이곧대로 믿었습니다. 사우나가 끝나면 누군가 사우나 돌을 깨끗이 닦아야 한다는 말까지도 말입니다. 그 말에 깜빡 속아서는 제가 닦겠다고 자청하기까지 했다니까요.

핀란드 사람들의 생활양식에서 사우나는 사치가 아닌 필수다. 원래 사우나는 겨울에 몸을 씻어 청결하게 하고 몸을 따뜻하게 만드는 공간이었다. 전통적으로 출산을 하고 약초를 말리고 생선과 고기를 훈연하는 위생적인 공간이기도 했다. 핀란드에는 대략 170만 개의 사우나가 있다. 3인에 1개꼴로 있는 셈인데, 주택과 아파트, 회사와 관공서, 별장과 공중 수영장에도 있다.

어느 날은 핀란드에 있는 호텔에서 식사를 하다가 우연히 직장 동료를 만났다. 나는 다른 동료 두 명과 함께 저녁에 외식을 할 예정이라고 설명하며 함께 갈 의향이 있는지 물었다. 그런데 그는 거기서 멀지 않은 곳에 사시는 장모님으로부터 저녁에 사우나 초대를 받았다고 말했다. 장모님과의 사우나라니! 놀랍고 신기한 얘기로 들리지만 핀란드에서는 아주 흔한 일이다.

지역적 차이

핀란드 내의 지역적 차이와 관련해 내가 알고 있는 정보는 대부분 로만 샤츠에게서 얻었다. 그는 핀란드에 30년 이상 살고 있는 독일인으로, 말하자면 유명인사(julkkis)다. 핀란드어로 진행되는 언어와 여행 관련 TV 프로그램에 출연한 데 이어 자신의 이름을 내건 쇼 프로그램까지 맡았다. 그는 풍자적인 유머 감각으로 핀란드인의 특성에 대해 거침없이 이야기한다. 한 예로 핀란드 사람들은 생업이 뭐냐고 묻지 않는 것에 대해 이렇게 설명한다. "그것은 단순한 한담을 한참 벗어나는 질문이다!"

핀란드에서 생업을 묻는 것은 무례하다고 생각될 수 있다(다른 문화에서는 지극히 정상적인 질문이지만). 핀란드인의 정체성은 직업과 경력이 아닌 지역과 선조에게서 나오기 때문이다. 핀란드인은 그리 멀지 않은 과거에 개인적 또는 집단적으로 고향을 떠나온 사람들이다. 어떤 이는 전쟁 중에 집을 잃었고 어떤 이는 성공의 꿈을 안고 화려한 불빛을 쫓아 도시로 이주했다. 이유가 무엇이건 이들은 모두 다른 곳에서 이주해온 사람들이며, 한두 세대만 거슬러 올라가면 거의 모두가 농촌에 뿌리를 두고 있었다.

핀란드 사람들이 농담거리로 즐기는 정형화된 지방색은 다음과 같다.

- **해메 지방**: 이 지방 사람들은 천성적으로 진지하다. 진정한 핀란드적 특성을 대표하는 사람들이라고 말할 수 있다. 이들은 열심히 일하고 강인하며 실용적이지만 조금 느린 편이다. 그리고 농사짓는 것을 좋아한다(그러니 느릴 수밖에!)

핀란드는 현재 19개의 주 지역으로 나뉘어 있다. 오른쪽 목록은 각 지역(한국어)을 핀란드어 이름-스웨덴 이름-중심도시 순서로 정리한 것이다(참조: 위키백과, 2015).

지역명	핀란드어	스웨덴어	중심 도시
라플란드	Lappi	Lappland	로바니에미
북포흐얀마	Pohjois-Pohjanmaa	Norra Österbotten	오울루
카이누	Kainuu	Kajanaland	카야니
북카렐리야	Pohjois-Karjala	Norra Karelen	요엔수
북사보	Pohjois-Savo	Norra Savolax	쿠오피오
남사보	Etelä-Savo	Södra Savolax	미켈리
남포흐얀마	Etelä-Pohjanmaa	Södra Österbotten	세이네요키
포흐얀마	Pohjanmaa	Österbotten	바사
피르칸마	Pirkanmaa	Birkaland	탐페레
사타쿤타	Satakunta	Satakunda	포리
중앙포흐얀마	Keski-Pohjanmaa	Mellersta Österbotten	코콜라
중앙수오미	Keski-Suomi	Mellersta Finland	이위베스퀼레
남서수오미	Varsinais-Suomi	Egentliga Finland	투르쿠
남카렐리야	Etelä-Karjala	Södra Karelen	라펜란타
페이예트헤메	Päijät-Häme	Päijänne Tavastland	라티
칸타헤메	Kanta-Häme	Egentliga Tavastland	헤멘린나
우시마	Uusimaa	Nyland	헬싱키
퀴멘락소	Kymenlaakso	Kymmenedalen	코우볼라
올란드 제도	Ahvenanmaa	Åland	마리에함

- **카렐리야 지방**: 카렐리야 사람들은 날렵하고 말이 많고 적극적이다. 그런데 불행히도 일할 때 체력이 떨어지고(그래서 농사를 싫어한다) 장사를 생업으로 삼는 편을 선호한다. 이들은 전통적으로 음악을 좋아한다.
- **포흐얀마 지방**: 이 지방 사람들은 특별한 종족이다. 거칠고 용감하고 강인한 기질을 갖고 있다. 훌륭한 농사꾼이며 손재주도 많다. 그들은 과시하기를 좋아하고 기념행사를 성대하게 벌이는 것으로 유명하다.
- **사보 지방**: 사보 사람들은 장난스럽고 소통하는 것을 즐긴다. 그러니 상술이 좋아 판매에도 능하다. 이런 성향 때문에 수다스러운 것을 싫어하는 다른 핀란드 사람들에게는 믿을 수 없고 조금은 기만적인 존재로 인식된다.
- **스웨덴어계 핀란드인**: 그들은 낙천적인 기질을 가졌으며 순수를 지향한다. 특히 그들의 소중한 전통을 지키고 싶어 하며 술과 노래를 좋아한다.

5
핀란드에서
살아보기

핀란드에서 예의가 바르다는 개념은 다른 국가와는 사뭇 다르다.
대부분 국가에서는 의사소통을 잘하는 것이 예의바른 것으로 간주한다.
그러나 핀란드에서는 사람들을 그냥 내버려두는 것이 예의바른 것이다.

– 로만 샤츠

입국 및 거주를 위한 행정절차

외국인이 핀란드에 입국하려면 유효한 여권이나 그 밖의 공인된 여행증명서가 있어야 한다. 북유럽과 유럽 시민은 비자나 체류허가증이 필요 없다. 한국인은 비자 없이 6개월 이내에 90일간 핀란드를 포함한 쉥겐 지역[7]에서의 여행이 가능하며 그 이상 체류하려면 별도의 다른 허가증이 필요하다. 상세한 내용은 대사관에서 알아보도록 한다.

주한 핀란드 대사관

홈페이지: www.finland.or.kr
주소: 서울 종로구 종로1 교보빌딩 18층
전화: (02)732-6737 / 팩스: (02)723-4969
이메일: sanomat.seo@formin.fi
페이스북: www.facebook.com/FinnishEmbassySeoul

핀란드 거주허가증 받기

핀란드에 3개월 이상 머물려면 거주허가증이 필요하다. 거주허가증은 단기체류를 위한 B허가증(B permit), 지속체류를 위한 A허가증(B permit) 두 종류가 있다. 유학생이나 단기 근무자들은 보통 1년 단위의 B허가증을 받아 현지에서 연장해가며 쓴다. 반면에 결혼이나 무기한제 근로계약으로 핀란드에 아예 살러 가는 경우, 먼저 B허가증을 받아 핀란드로 가서 A허가증을 신청하면 된다. 핀란드 체류 허가의 심사 및 발급은 전적으로 헬싱키에 있는 핀란드 이민청의 권한이며, 신청자는 출국 전에 주한 핀란드 대사관에 가서 최초의 거주 신청서를 제출하면 된다. 신청서는 꼭 본인이 방문 접수해야 한다.

집구하기

인구밀도가 높은 대부분의 국가와 달리, 핀란드는 대도시도 규모가 작은 편이어서 시내에서 집 위치가 정확히 어디인지는 크게 중요하지 않다. 핀란드에는 신흥부자 계급이 존재하며 헬싱키 지역의 값비싼 고급 아파트들은 시장에 나오기가 무섭게 팔려나간다. 그러나 어느 곳이건 도심에서 너무 멀리 떨어졌거나 낙후된 곳은 없으므로 걱정할 필요가 없다.

아파트 매물을 직접 찾는 것은 쉽지 않다. 요즘에 집을 구하는 사람들은 인터넷에서 부동산 중개업체를 찾는 편이다. 대부분의 중개업체는 아파트와 주택의 매물 정보 및 가격을 보여주는 웹페이지를 운영한다. 이런 곳에 방문해 관심 지역 집들의 시세와 크기가 어느 정도인지 알아보면 좋을 것이다. 개인 소유 대여 아파트에 관한 정보는 지역 신문에서 찾아볼 수 있다.

헬싱키의 한 레지던스 빌딩. 옛 건축물을 보존하면서
현대적인 아파트형 구조를 이어붙인 패치워크 기법이 독창적이다.

143

새로 지은 아파트들은 사우나를 비롯한 편의시설을 잘 갖추고 있다. 보통 방 2개짜리가 50~80평방미터 정도이며 새 아파트는 옛날 아파트보다 작은 경향이 있다. 한편 핀란드의 임대숙소에는 대체로 가구가 비치되어 있지 않다.

> ### 학생들을 위한 숙소
>
> 대학이나 기타 교육기관은 대체로 외국인 학생들이 저렴한 숙소를 찾도록 도움을 준다. 많은 대학교에서 기숙사를 두고 있으며, 기숙사가 부족한 경우 호아스(hoas)라고 부르는 학생 숙소를 소개해준다. 다음 사이트에서 다양한 정보를 얻을 수 있을 것이다. www.hoas.fi

집 꾸미기

핀란드에서 집은 정말로 중요하다. 너나 할 것 없이 모두들 내 집 마련을 꿈꾼다. 핀란드 사회의 특징은 젊은이들은 일단 도심 아파트에서 살기 시작한다는 것이다. 그러다가 때가 되면 땅을 사서 집을 짓는다. 집을 지으려면 설계 허가가 필요한데, 해당 지역과 조화를 잘 이루어야 한다. 은행에서 내 집 마련을 위한 대출을 받을 수 있으며, 보통은 10년에 걸쳐 상환한다. 65세 이상의 핀란드인 중 70퍼센트 정도는 자신의 집을 소유하고 있다.

핀란드 집의 내부

우리는 영어로 어떤 특정한 스타일을 '스칸디나비아식'이라고 지칭한다. 이 스타일은 단순하고 모던하고 세련되며 색상이 밝은 것이 특징이다. 대부분의 스칸디나비아 스타일은 미적으로 아름다우며 핀란드 집들 역시 스칸디나비아식이라고 말할 수 있다. 실내장식은 주로 화이트나 크림색 페인트를 칠한 벽에 그림 몇 점, 흰색 붙박이 찬장, 흰색 또는 천연목을 그대로 둔 굽도리널(걸레받이)과 문틀 등으로 구성된다. 가구라고 해봐야 가벼운 목재 책꽂이와 밝은 색 소파, 가죽 안락의자 정도가 전부다. 사이드테이블과 커피테이블을 비롯한 영국 가정집을 가득 채운 '잡동사니'는 최소한으로 유지한다. 이런 흰색 위주의 미니멀 양식이 루터주의의 영향이라는 이야기도 있다. 한 가지 특이한 점은 방문이 복도를 향해 밖으로 열린다는 점이다. 그러니 복도를 걸을 때 조심해야 한다.

바닥

아파트나 주택의 바닥은 모두 나무로 되어 있으며 대체로 색상이 연하다. 연마 처리가 되어 미끄러워 보이기 쉬우며 복도나 통로에는 깔개가 있는 경우도 있다. 그러나 핀란드인은 카펫을 좋아하지 않는다. 한번은 핀란드 고객이 방 전체에 카펫을 까는 영국의 관습을 언급하며 이런 질문을 했다. "그렇게 더러운 집에서 어떻게 살지요?" 카펫은 철저히 청소할 수가 없으니 카펫이 깔린 집은 당연히 더러울 것이라는 게 그녀의 생각이었다. 그녀가 보기에 카펫은 세균과 박테리아의 온상일 게 분명하다.

창문

내가 처음 핀란드 집을 방문했을 때 가장 놀라웠던 것은 바로 창문이다. 핀란드 집들은 창문이 잘 열리지 않는 경향이 있는데, 날씨가 어떻건 수시로 창문을 열어 환기시키는 나로서는 이 점이 영 꺼림칙하게 느껴졌다. 현대식 창문은 보통 3중 유리에 나무 창틀로 되어 있다. 보통 하나의 창틀 안에 바깥쪽은 이중 유리, 안쪽은 홑겹 유리가 설치되며 유리와 유리 사이에 블라인드를 내장한 경우가 많다(유리 중간에 있어서 먼지가 끼지 않을 테니 아주 좋은 아이디어다!). 창문은 겨우 환기가 가능할 만큼 2~3센티미터 정도만 열린다. 그러나 보통은 라운지나 거실에 대형 창문이 있고 정원이나 발코니로 열리는 여닫이 유리문도 있다. 창문에 걸린 커튼은 디자인이 멋지지만 두께가 얇아서 햇빛을 차단하는 목적보다 장식용에 가깝다. 또한 핀란드인은 사생활을 중시하는 특성 때문인지 외부에서 실내가 들여다보이는 것을 질색한다. 그래서 블라인드와 커튼은 그들에게 중요하다.

사우나

핀란드에서 사우나가 없는 집은 온전한 집으로 쳐주지 않는다. '일단 사우나부터 지은 후에 집을 지어라'라는 속담이 있을 정도다. 어떤 아파트는 지하에 공용 사우나를 만들어 주민들이 개인 사우나처럼 자유로이 이용할 수 있도록 한다. 가정용 사우나는 크기가 찬장처럼 작은 것도 있으며 주로 샤워실에 설치한다. 사우나 실내는 북유럽의 다른 모든 사우나들과 마찬가지로 사방이 나무로 덧대어져 있다. 주로 나무상자 안에 전기 히터를 설치하고 그 위에 돌을 깔아 뜨겁게 달군 후 물을 뿌려 뜨거운 증기를 일으킨다. 이런 방식의 히터를 키우아스kiuas라고 부른다. 의자 재료로 가장 좋은 것은 사시나무다. 사우나 내부 온도가 보통 70도에서 110도까지 올라가는데, 사시나무는 한껏 달궈진 사우나에서도 지나치게 뜨거워지지 않는 특징이 있다.

사우나를 즐기는 가장 좋은 방법은 일단 샤워를 한 뒤 벌거벗은 채 사우나 안으로 들어가서 자리를 잡고 앉아 긴장을 풀고 느긋하게 수증기를 즐기는 것이다. 수증기는 땀을 배출시키고 혈액순환을 촉진한다. 핀란드 사우나를 제대로 즐겨보고 싶다면 누군가에게 자작나무 가지로 몸을 두드려달라거나 약초 반죽을 발라달라고 부탁해도 좋다. 모르는 사람이라도 기꺼이 도와줄 것이다. 핀란드인은 사우나를 아주 중요하게 생각하며 사우나는 사실상 사교생활의 일부가 되었다.

난방·가스·전기

도시 지역의 난방은 중앙에서 난방과 온수를 공급하는 중앙난방이다. 도시난방이나 원격난방(Kaukolampo)이라고도 부른다. 요즘은 오래된 주택에서나 조리용 가스레인지를 찾아볼 수 있고 대부분 가정에서는 오븐과 그릴이 딸려 있는 전기레인지를 쓴다. 농촌 지역은 여전히 난방용으로 석유를 이용하는 집도 있고, 도시난방 시설을 갖춘 집에서도 종종 화덕에 장작불을 지펴 난방에 이용한다. 이 전통적인 난방법은 집안에 아늑함을 더해준다. 요즘 핀란드에서 수출이 증가하는 품목 중 하나가 바로 활석으로 만든 벽난로로, 할리우드스타들이 무척 선호하는 아이템이다. 이런 벽난로는 덩치가 크지만 디자인이 멋진 데다 오랫동안 온기를 지속시켜 집안 전체를 훈훈하게 해준다.

텔레비전

핀란드에서 TV 황금시간대는 오후 7시부터 10시까지다. TV 프로그램은 뉴스와 경제, 스포츠에 관한 핀란드인의 관심을 반영한다. 이런 주제가 프로그램의 대부분을 차지하며, 많은 이들이 오후 8시 30분에 마치 국민적 의식에 참여하듯 저녁뉴스를 본다. 또한 핀란드 사람들은 영미권 드라마를 즐겨보는데 주로 영국이나 독일, 미국에서 수입된 범죄수사물이 방영된다. 토요일 저녁에는 가볍게 볼 수 있는 일종의 짝짓기 프로그램이 방송되기도 하며, 일요일 저녁에는 정치풍자 코미디에 이어 미국 영화가 방영된다.

한번은 나와 친한 핀란드 여성이 어느 일요일에 장시간 운전을 했는데 온종일 라디오에서 나온 것이라고는 스포츠 중계뿐이더라고 불평을 했다. 그러나 말은 그렇게 해도 핀란드 여성들도 남성 못지않게 스포츠에 열광한다.

전화와 인터넷 회선

이 문제라면 걱정할 게 없다. 핀란드는 세계에서 인터넷 접속이 가장 쉬운 나라다. 전화선과 초고속 광대역 망이 전국 어디에나 깔려 있다. 해당 지역의 전화 회사에 연락하면 곧바로 연결해줄 것이다. 휴대전화의 경우, 몇몇 통신 회사에서 선불전화를 쉽게 개통할 수 있으며 특정 이동통신회사 대리점과 간이판매점에서도 구입할 수 있다. 매월 사용료를 내는 후불전화를 개설할 경우 핀란드 사회보장번호가 필요하며, 아니면 보증금을 내야 한다.

가사 도우미

핀란드에서 집안일을 도와줄 사람을 고용하는 것은 흔치 않은 일이다. 이들의 문화와 전통에는 그런 관습이 없었으며, 또 한 가지 이유는 청소부 고용 비용이 극도로 비싸다. 그러나 직업소개소에 가입하면 2주에 한 번씩 청소와 집안 정리를 해줄 사람을 보내준다. 이들은 실업자로 등록되어 정부에서 실업급여를 받고 있기 때문에 비교적 저렴한 가격에 서비스를 받을 수 있다. 그러니까 이 서비스는 사실상 정부 지원 서비스인 셈이다. 아니면 일단 청소업체를 고용한 다음 나중에 그 비용을 소득에 따른 세금공제용으로 신청할 수도 있다. 1년에 신청 가능한 액수가 정해져 있는데, 아마도 청소업체에서 5회 방문하는 정도일 것이다.

교육 제도

핀란드인은 교육에 대해 아주 건강한 존경심을 품고 있으며 스스로 높은 교육적 목표를 설정해왔다. 문맹률이 겨우 1퍼센트인 핀란드의 교육 투자는 놀랍게도 GDP의 6퍼센트 정도에 불과하다. 1990년에 한 정부 위원회는 2010년까지 핀란드를 유럽에서 가장 교육수준이 높은 나라로 만드는 것을 국가의 전략적 목표로 삼아야 한다고 제안하면서 이를 위해서는 재정 자원의 상당한 증가가 필요하다고 덧붙였다. 2007년에 이 제안이 정식으로 승인받았다.

유치원

핀란드 아이들은 여섯 살이 되면 유치원에 간다. 1년 동안

핀란드는 세계에서 교육수준이 가장 높은 나라로 손꼽히지만
아이들은 큰 학업 스트레스 없이 행복한 삶을 사는 것으로 알려졌다.
사진은 크리스마스 거리 축제에서 퍼레이드를 하는 소녀들.

단체생활을 익히고 협동하는 방법과 약간의 규율을 배운다.
이는 약간의 교육을 곁들인 놀이에 가깝다. 현재 아이들의 취
학 연령을 낮추자는 주장도 있지만 핀란드 사람들은 애들은
애들답게 키워야 한다고 믿는다. 이 나이의 아이들은 공부보
다는 자연스럽게 행동하는 법과 자신감을 갖는 법, 자신에게
잠재된 창의력을 개발하는 법을 배워야 한다는 것이 거의 국
가적인 믿음이다. 그러나 일곱 살 정도가 되면 아이들은 대부
분 글을 읽고 셈을 할 줄 안다.

학교

　일곱 살에는 종합학교에 입학한다. 종합학교는 한국의 초등
학교와 중학교 과정을 포함한 9학년제로, 과정을 모두 마치면
16세가 된다. 학교에서는 대부분의 서양 사회에서 가르치는
다양한 과목을 가르친다. 일단 핀란드어 외에 스웨덴어를 제1

외국어 또는 공식 언어로 배운다. 그 밖에도 학교생활 전체에 걸쳐 두세 가지 외국어를 더 배우는데 주로 영어와 독일어, 러시아어다.

종합학교를 마쳐 16세가 되면 고등학교나 직업학교로 간다. 대학 진학을 원하면 고등학교 과정을 밟아야 한다. 종합학교를 나와 4년 이내에 고등학교 졸업고사를 통과하는 것이 전통적으로 대학에 가기 위한 최소한의 필수 요건이었다. 직업학교에서는 기계공이나 미용사 같은 직업을 갖는 데 필요한 기술을 가르치는데, 최근에는 제도가 바뀌어 직업학교 학생들도 대학 진학을 위해 고등학교 졸업고사에 응시할 수 있게 되었다. 물론 그러기 위해서는 해야 할 일이 많다.

대학교

대학 입학 자격은 점수에 따라 주어진다. 고등학교 졸업고사 상위권 통과자에게는 더 많은 점수가 주어진다. 그러나 대학에 들어가려면 이것만으로는 충분치 않다. 각 대학은 자체적인 입시를 실시하며, 이 시험이 고등학교 졸업 성적보다 더 중요하다. 핀란드에는 국립으로 운영되는 종합대학교와 전문대학교가 20곳 있다. 여기에 총 8만 명의 학생이 등록되어 있으며 매년 1만 8000명의 학생이 입학한다. 세계적인 명문으로 꼽히는 헬싱키 대학교를 비롯해 투르크, 탐페레, 오울루, 위배스퀼래Jyväskylä 등 주요 도시마다 전통 있는 국립대학교가 들어서 있고, 미국 MIT에 비견되는 알토 공대를 비롯해 경제, 테크놀로지, 디자인 등의 분야에 집중하는 전문대학들도 있다(알토 공대는 2013년에 헬싱키 예술대학과 통합되어 지금은 알토대학교로 명칭을 바꾸었다).

핀란드인과 책

핀란드의 1인당 신문과 도서 출판은 세계적으로 가장 앞선 편이며, 도서
관 책 대여율도 연간 1인당 9.7권으로 세계에서 가장 높다. 교육을 중시하
는 핀란드인은 책과 활자를 가까이 두는 삶을 어려서부터 익히며 자란다.

방송통신 대학

최근에는 성인들을 위한 방송통신 대학 제도가 마련되었다.
이런 대학은 특히 대학을 다니지 않았으나 학위를 취득하고자
하는 직업인들을 대상으로 한다. 사전학습과 경험이 인정되
며, 성인 학습자는 학위 이수를 위해 다양한 모듈을 공부해야
한다. 핀란드의 방송통신 대학에서 학위 과정을 밟고 있는 지
인들에 따르면 학교에서 입학생을 두 팔 벌려 환영하는 분위
기란다.

외국인들을 위한 언어 교육

주간 탁아 시설과 학교, 도시의 거리에서는 문화적 다양성
을 목격할 수 있다. 종합학교와 고등학교에서 이민자 가정의
학생들은 핀란드 사회로의 통합과 학업을 돕기 위한 특별 서
비스를 제공받는다. 핀란드 일부 지역의 외국인 교육 상황에
대해 소개하자면 다음과 같다.

일단 유치원과 종합학교, 고등학교 학생들을 위해 약 15개
언어로 모국어 수업이 준비되어 있다. 가장 큰 언어군은 러시
아어와 다리어(아프가니스탄에서 사용하는 페르시아어), 쿠르드어
다. 동일한 모국어를 가진 4명 이상의 학생이 참석하면 새로
운 학급이 꾸려진다. 학생들은 아무런 비용 없이 모국어로 진

행되는 수업에 참석할 수 있다. 핀란드어가 모국어가 아닌 학생들은 핀란드어를 제2외국어로 배운다.

종합학교의 외국인 학생들은 준비 교육이라는 것을 받는데 정규 과목에 핀란드어 집중 교육을 추가하는 것이다. 이 교육의 목적은 학생들이 핀란드어로 진행되는 일반 수업에 참석할 수 있을 만큼 충분한 언어 지식을 습득하는 데 있다. 집과 학

투르쿠에 있는 한 도서관의 내부. 교육에 대한 건강한 존경심을 품고
책을 가까이 두고 사는 핀란드 사람들에게 지역 도서관은 매우 유용한 시설이다.

교에서 의사소통을 위해 필요할 경우 통역사를 지원해주기도 한다. 준비 교육은 보통 한 학기 정도 진행되지만 학생들 개개인이 필요한 시간만큼 참석할 수 있다.

고등학생은 곧바로 자신이 선택한 핀란드어 고등학교에 들어갈 수 있다. 고등학교에서는 준비 교육 대신 효과적인 핀란드어 교육을 조직하고 이민자 학생들에게 자국어를 할 줄 아는 교사를 배치해주는 방식으로 학업 수행을 돕는다.

의료 시설과 건강 정보

핀란드의 의료 시설과 의료진들은 대체로 훌륭하며 응급상황 발생 시 널리 이용할 수 있다. 헬싱키는 주변 구소련 국가들에서 응급의료 후송지로 자주 이용하는 지역이기도 하다. 보통의 핀란드 의료진은 영어를 할 줄 알고, 국공립 병원과 많은 사설 병원에서 신용카드로 결제가 가능하다.

약국(Apteekki)은 대부분 일반 상점이 문을 여는 시간에 열려 있고, 주요 도시마다 24시간 운영되는 약국이 적어도 한 군데는 있다. 농촌과 스키 리조트에도 약국이 있는 경우가 많으며, 그렇지 않다면 마을 상점이나 우체국에서 처방전이 필요 없는 일반의약품을 구입할 수 있을 것이다.

응급처치가 필요한 관광객이나 방문객은 지역 의료원이나 병원에서 엔시아푸아세마 Ensiapuasema 라고 부르는 응급실을 찾아가면 된다. 응급 전화번호 112를 이용하면 전국 어디에서나 구급대에 연락을 취할 수 있다. 또한 의료 서비스와 관련된 정보는 10023번으로 전화하면 24시간 내내 얻을 수 있다. 이 번호로 왕진 가능한 의사도 구할 수 있다.

교통

택시

대부분의 택시는 메르세데스다. 핀란드어로 택시는 탁시 taksi 라고 쓰기 때문에 알아보기 쉽다. 'TAKSI(또는 TAXI)'라고 적힌 노란 표시등이 들어와 있으면 빈 택시다. 대체로 버스 정거장과 기차역에 택시 승차장이 있으며, 헬싱키에서는 그 밖의 중심지에서도 찾을 수 있다. 길에서 손을 흔들어 택시를 잡는 것은 일반적이지 않다. 한편, 핀란드에는 합승 문화가 없지만 공항 택시는 예외다. 제법 먼 거리를 이동하려는 경우 출발 전에 요금을 협상해야 한다.

버스

관광정보센터에 따르면 핀란드 도로의 약 90퍼센트에 버스 노선이 있다. 버스는 대체로 편안하고 효율적이며 정시에 운행된다. 지역 내에서만 운행되는 시내버스를 제외하면 두 종류의 버스가 있다. 시외버스와 고속버스가 그것이다. 시외버스는 종착지로 가는 도중에 소도시와 마을에 자주 서는 것이

여행자를 위한 헬싱키 교통 정보

헬싱키의 대중교통으로는 지하철과 트램, 버스가 있고 가까운 수오멘린나 섬 요새로 가는 페리 호도 운행된다. 버스와 트램은 새벽 5시 43분부터 자정까지 운행되며, 새벽 2시부터 4시 30분까지는 헬싱키 광역지구 내 모든 대중교통 서비스에 심야 할증 요금이 부과된다. 승차권 유형과 요금 및 운행시간표, 노선에 관한 상세 정보는 헬싱키시교통국(www.hsl. fi)에서 확인할 수 있다. 그리고 여행자라면 다음의 통합 서비스를 이용하면 도움이 클 것이다.

- **여행자 교통카드**: 정해진 기간 동안 버스나 트램, 지하철을 수차례 이용할 수 있으며 1일권부터 7일권까지 있다. 승차권은 심야 할증 시간을 포함해 처음 이용한 시간부터 유효하다. 대중교통 승차권을 판매하는 대부분의 장소에서 구입할 수 있고 성인용과 어린용이 따로 발행된다.

- **헬싱키 카드**: 헬싱키 시내를 돌아다니면서 수많은 명소를 돌아보려 할 때 가장 편리하고 경제적인 방법은 헬싱키 카드를 이용하는 것이다. 이 카드는 안내 책자와 함께 제공된다. 헬싱키 대중교통을 무제한 이용하고 주요 관광지에 무료로 입장할 수 있다. 카드는 온라인으로 구입할 수 있으며 24시간 패스는 41유로, 48시간 패스는 51유로, 72시간 패스는 71유로다(어린이 요금은 각각 22/27/32유로). 좀 더 상세한 정보는 헬싱키 카드 웹사이트에서 확인한다(www.helsinkicard.com).

특징이다. 그 반면에 고속버스는 도시와 도시 간을 빠르게 이동하는데 대체로 100킬로미터 거리를 2시간 내에, 400킬로미터를 6시간 내에 주파한다. 어떤 버스를 타건 매표 체계는 동일하다.

소도시마다 아우토아세마Autoasema라고 부르는 버스 터미널이 있으며 대체로 기차역에서 도보 가능한 거리에 있다. 대부분의 버스는 월요일에서 금요일까지 정상 운행하고 토요일과 공휴일에는 제한적으로 운행한다. 특히 일요일에 운행하는 버스 수는 아주 적다. 터미널은 월요일에서 토요일까지는 오후 6시에, 일요일에는 오후 4시에 문을 닫는다. 장거리 여행을 할 때는 현대적인 핀란드 철도를 이용하는 쪽이 더 편리하고 가격도 저렴하지만 마을에서 마을 단위로 짧게 이동할 때는 버스가 가장 편리한 교통수단이다.

철도

나는 헬싱키에서 요엔수까지 첫 번째 철도 여행을 하는 동안 핀란드 철도에 깊은 인상을 받았다. 헬싱키 역에 도착했을 때 우선 모스크바를 배경으로 찍은 스파이 영화를 연상시키는 고풍스러운 아치형 건물이 눈에 들어왔다. 나는 인터시티(IC)라고 하는 도시 간 열차를 탔는데, 열차는 현대적이고 매우 청결했으며 달릴 때 소음이나 흔들림이 거의 없었다. 1등석은 풀맨Pullman 스타일의 좌석이지만 꼭 1등석이 아니어도 전체 좌석이 아주 널찍했다. 또한 열차는 정시에 출발해 내내 일정에 맞게 운행되었다. 인터시티 1등석 승차권에는 식사료가 포함되어 있는데, 식당 칸은 무척 안락했으며 대단한 산해진미가 나오는 것은 아니지만 음식은 충분히 훌륭했다. 또한 술집처

럼 꾸민 구역도 있었다. 여행을 하는 내내 무척 기분이 좋았고
번거로운 일은 거의 없었다.

인터시티 열차와 고속열차인 펜돌리노Pendolino의 경우 좌석
예약은 필수다. 장거리 노선의 경우 침대칸을 예약하거나 승
용차를 운반하는 특별 서비스도 이용할 수 있다. 승차권은 약
간의 추가 요금을 지불하고 열차 내에서 승무원에게 구입할
수도 있는데, 1등석은 2등석의 1.5배 정도 가격이며 전반적으
로 기차가 버스보다 저렴한 편이다. 65세 이상은 할인된 가격
으로 스칸디나비아 전역을 여행할 수 있는 철도 패스도 있다.

헬싱키는 핀란드 남부의 주요 철도 종착역이며, 로바니에미
는 북부의 주요 종착역이다. 남북으로 연결되는 노선은 빠르
고 효율적인 반면 동서로 연결되는 노선은 그렇지 못하고 운
행되는 열차 수도 작다. 핀란드에는 3개의 주요 철도 노선이
있는데, 헬싱키에서 북쪽으로 오울루를 지나 라플란드의 케미
야스르비kemijasrvi까지 연결되는 포호얀마 노선과 헬싱키에서
요엔수를 경유해 누르메스까지 연결되는 카렐리야 노선, 남쪽
의 코우볼라에서 북쪽으로 이살미를 거쳐 카야니까지 연결되
는 사보 노선이 그것이다.

자동차와 자전거

주의할 점이 있다. 핀란드는 석유 값이 비싸다. 또한 전국에
주유소가 있지만 외딴 지역과 특히 라플란드에서는 주유소가
드물기 때문에 연료계를 자주 확인해야 한다. 핀란드 주유소
에는 카페나 식당이 딸린 경우가 많으며 늦은 시간까지 합리
적인 가격에 식사와 간식을 먹을 수 있다. 모든 면에서 현대적
인 핀란드적 특성에 걸맞게 자동차 주유기도 자동화되어 있

어 운전자가 직접 지폐나 신용카드로 계산한 뒤 주유하게 되어 있다. 우선 지불수단을 정한 뒤 'setelikuittaus(지폐 승인)'을 누르고 적절한 주유기와 연료 종류를 선택해 연료통을 채우면 된다.

지나친 일반화일지도 모르지만 핀란드 도로들은 텅 비어 있는 것처럼 보인다. 한 프랑스인 친구는 텅 빈 도로에서 보행자가 길을 건너려고 신호등이 바뀌기를 기다리는 곳은 아마 핀란드밖에 없을 거라고 말했다. 그도 그럴 것이 핀란드는 교통법이 매우 엄격하게 집행된다는 사실을 꼭 기억하자. 실제로 핀란드 정부가 교통위반 딱지로 벌어들이는 수입은 연간 수백만 유로에 이른다. 도시 외곽과 농촌 도로를 주행할 때도 전 좌석 안전벨트 착용이 의무이며 전조등을 켜는 것도 의무다. 이런 간단한 규칙을 지키지 않아도 벌금을 낸다. 음주운전은 절대적 금기 사항이며, 혈중알코올농도 제한도 0.05퍼센트로 매우 낮다. 음주 운전자에게는 사회적으로 낙인이 찍힌다.

자동차 운행 방향은 오른쪽이다. 도로는 대부분 2차선이며 제한속도는 지역별, 계절별로 차이가 있다. 일반적으로 시가지는 제한속도가 시속 50킬로미터이고, 고속도로의 경우 여름철에는 시속 120킬로미터, 겨울철에는 시속 100킬로미터다. 도로는 기본적으로 1급 도로 발타티에 valtatie와 2급 도로 칸타티에 kantatie로 나뉘며, 대도시 주변의 자동차 전용도로와 순환도로는 모토리티에 moottoritie라고 부른다. 유럽의 다른 나라들처럼 대도시를 잇는 고속도로에는 접두사 'E'에 한 자리 또는 두 자리 숫자가 붙는다. 간선도로에도 숫자가 붙지만 숫자 없는 작은 도로들도 많다.

공식 언어가 2개인 핀란드는 많은 도로표지판이 2개 언어로 병기되어 있다. 보통 핀란드어가 앞에, 스웨덴어가 뒤에 온다. 거주자 대부분이 스웨덴어를 사용하는 지역에서는 장소와 호텔, 식당, 관광지 등의 명칭을 스웨덴어로만 쓴 경우도 있다. 올란드 제도는 철저한 스웨덴어권이며 핀란드어는 거의 쓰지 않는다.

핀란드에서 운전할 때 몇 가지 주의 사항이 있다. 이 나라에는 교통 흐름을 통제하기 위한 일단정지(노란색) 신호가 없으므로 운전자가 알아서 속도를 조절해야 한다. 큰 도로에서건 작은 도로에서건 오른쪽에서 교차로에 진입하는 차가 우선통행권을 갖는다. 2급 도로에서 1급 도로로 진입하는 경우에도 오른쪽에서 접근하는 차에 우선권이 있다.

혹시 도로에서 순록을 발견하면 반드시 속력을 늦추시라! 이건 농담이 아니다. 정말로 엘크며 순록 등의 야생동물이 도로에 뛰어들어 무척 위험해질 수 있다. 이런 동물들은 경적 소리에도 반응하지 않으며, 언젠가 어떤 글에서 읽은 것처럼 자신들에게 당연히 우선통행권이 있다고 느끼는 듯하다. 다른 방향으로 가려는 듯하다가도 갑자기 당신을 향해 다가올 수 있으니 동물이 보이면 무조건 속도를 줄이는 것이 상책이다. 연간 4000마리의 순록이 교통사고로 죽는다. 엘크나 순

핀란드에서는 겨울에 꽁꽁 언 호수 위로 도로표지판까지 만들어
차들이 다니는 지름길을 낸다. 얼음층이 엄청 두꺼워 트럭들도 다닐 정도다.

록과 관련한 교통사고가 났을 때는 경찰에 알리는 것이 의무
사항이며, 그렇게 하지 않으면 법적으로 문제가 될 수 있다.
순록과 관련된 교통사고에 특히 취약한 계절이 있는데 바로
11~12월, 7~8월이다. 예상할 수 있는 일이지만 사고는 대부
분 관광지 주변에서 발생한다.

　또 한 가지 주의할 점은 11월 1일부터 부활절 이후 첫 일요
일까지는 겨울용 타이어를 의무로 장착해야 한다는 것이다.
동계 타이어는 두 종류가 있는데, 표준형 스노타이어와 고무
에 금속 징이 박힌 스노타이어가 그것이다. 타이어에 체인을
감고 주행하는 것은 불법이다. 핀란드 운전자들이 한겨울에
미끄러운 빙판길에서도 마치 자동차 경주를 하듯 씽씽 달릴
수 있는 것은 바로 징 박힌 타이어 덕분이다. 핀란드인은 대체
로 운전을 잘하는 편이지만 처음 보면 마치 이탈리아인이 운
전하는 것 같은 인상이 든다.

　겨울에는 오히려 행선지 간의 거리가 짧아진다. 농담이 아

국토 대부분이 평지로 이루어진 핀란드는 자전거를 타기에 정말 좋다.
도심에 자전거 거치대가 많고 도로에는 자전거 전용 신호등도 있다.

니다. 효율성을 중시하는 핀
란드 사람들은 얼어붙은 호
수에 공식 도로를 내서 여름
처럼 호수를 빙 둘러 주행하
느라 시간을 허비하지 않고

● 횡단보도에서 빨간 등이 켜졌을 때
를 제외하면 대체로 보행자와 자전
거에게 우선통행권이 있다. 또한 전
적으로 그런 것은 아닐지 모르지만
보행자나 자전거 이용자가 자동차
와 충돌하면 대부분 자동차 운전자
의 잘못으로 간주하는 분위기다.

호수 건너편으로 곧장 가로질러 간다. 이 방법은 생각보다 위
험하지 않다. 육중한 트럭도 거뜬히 버텨낼 만큼 얼음 층이 두
껍기 때문이다. 게다가 도로가 선명하게 표시되어 있고 주기
적으로 안전 점검도 한다.

　한편, 도시 내에서는 자동차보다 자전거가 아주 인기다. 도
로에 차들이 별로 없는데다 국토 대부분이 평지로 이루어진

핀란드는 자전거 이용자들의 천국이다. 자전거는 고속도로를 제외한 모든 공공 도로에서 허용되며, 주요 도시와 그 주변으로 훌륭한 자전거 전용 도로망이 형성되어 있다. 도로에 자전거 신호도 따로 있다. 핀란드의 버스와 기차는 자전거 사용자에 대해 무척 호의적이어서 자전거를 가지고 탈 수 있으며 실제로 많은 사람이 그렇게 한다.

쇼핑

핀란드는 대체로 주변의 스칸디나비아 국가들에 비해서는 물가가 싼 편이지만 그래도 쇼핑하기에 저렴한 곳은 아니다. 그러나 품질 좋은 물건만 팔기 때문에 제값은 톡톡히 한다. 싼 게 비지떡이라는 말도 있지 않은가. 핀란드인은 가격보다 품질을 중시한다. 그렇다고 그들이 싼 물건을 좋아하지 않는 것은 아니다. 하루쯤 날을 잡아 탈린으로 가서 저렴한 물건을 잔뜩 사오는 것을 즐긴다. 탈린에서는 똑같은 물건을 핀란드에서보다 훨씬 싸게 구입할 수 있으며 특히 술이 싸다.

핀란드는 유리제품과 도자기, 모직 의류, 가구와 기타 목제품이 유명하다. 특히 알바르 알토가 디자인한 알토 꽃병은 핀란드를 대표할 만한 유리 제품으로, 전국의 상점과 백화점에서 구입할 수 있다. 라플란드에서는 나무와 순록 가죽, 양모, 금속 등으로 만든 정교한 장신구와 공예품이 생산된다. 라플란드 산 손뜨개 스웨터와 벙어리 털장갑, 직물로 된 벽걸이 장식품도 전국에서 구입할 수 있다. 라플란드 전통 방식으로 만든 물건에는 두오디 duodji 표시를 붙여 진품임을 증명한다.

백화점은 다양한 제품을 판매하며 다른 유럽 국가들과 비슷하다. 그러나 의류는 좀 더 다양한 편이다. 값비싼 유명 기성복 브랜드도 찾을 수 있지만 핀란드에서 디자인하고 만든 자체 브랜드 의류들도 있다. 이런 옷들은 품질이 좋고 가격도 합리적이다. 핀란드에서 싸구려 옷이나 신발은 찾기 힘들다. 핀란드인은 품질이 형편없는 물건은 참지 못하기 때문이다.

나는 핀란드에서 주방용품과 실내장식 매장을 즐겨 찾는다. 핀란드 디자인의 매력은 가장 단순한 소품들에서도 뚜렷하게 나타난다. 기발한 병따개며 혁신적인 모래시계, 매끈한 유리잔, 집집마다 꼭 필요한 소스 팬, 정교한 촛대, 섬세한 종이 냅킨 따위를 구경하고 구입하는 것은 그야말로 즐거운 경험이다.

핀란드 사람들은 다양한 재료를 이용해 인테리어 장식품과 옷가지들을 손수 만들어서 쓰는 편인데 뜨개실과 단추, 취미용 공작 키트가 가득한 전통적인 바느질 도구 판매상을 구경하는 것은 언제나 즐겁다. 영국은 20여 년 전에 이런 식의 상

© Stocksnapper

핀란드에서 가장 큰 백화점 체인인 스톡만.
헬싱키를 비롯한 주요 대도시에 모두 들어서 있다.

점이 사라졌다가 최근에 다시 등장하고 있다.

핀란드의 전통적인 디자인을 반영한 화려한 장신구도 기념품으로 판매된다. 이런 것들은 형태가 독특하고 아주 인상적이다. 값이 비싼 것도 있지만 구리나 청동으로 만든 것들은 독특하면서도 가격 대비 품질이 뛰어나다.

헬싱키와 주변 지역에서 쇼핑하기

- **백화점**: 스톡만Stockmann이 북유럽 내에서 가장 크고 아마도 가장 비싼 백화점일 것이다. 헬싱키와 투르쿠, 탐페레, 오울루에 있으며 라트비아와 에스토니아, 러시아에도 진출해 있다. 소코스Sokos는 최근에 대대적인 새 단장을 마친 종합 백화점이다. 안틸라 코딘 위코넨Anttila Kodin Ykkonen은 광범위한 가정용품과 실내장식물을 판매한다.

- **쇼핑센터**: 포룸Forum은 도심에서 가장 크고 품목도 다양하게 갖춘 쇼핑센터다. 이타케스쿠스Itakeskus는 북유럽에서 가장 큰 쇼핑센터로 190개의 매장과 레스토랑 및 기타 편의시설을 갖추고 있으며 헬싱키 도심에서 10분 거리에 있다. 클루비Kluuvi는 약 30개 매장과 레스토랑을 갖추고 있다. 캄프 갤러리Kamp Gallery에는 50개의 상점과 레스토랑이 있으며 3층에 위치한 우아한 쇼핑 갤러리가 특징이다. 원로원 광장에 위치한 키셀레프 바자르Kiseleff Bazaar는 관광객들을 위한 보물창고로 핀란드 수공예품과 선물, 패션으로 가득하다. 한편 도심 한가운데에 캄피Kamppi라고 하는 새로운 느낌의 대형 쇼핑센터도 있다(같은 건물 아래층에 버스 터미널이 있다). 광고에 따르면 이곳은 매장과 편의시설, 레저 및 유흥 시설이 갖춰진 6층 건물이다.

- **음악**: 푸가Fuga는 클래식을, 디겔리우스Digelius는 재즈와 월드

뮤직, 에스노 뮤직을, 프리 레코드 샵Free Record Shop은 다양한 음악을 취급한다.

- **옷가게:** 관광객들은 특히 포히요이세스플라나디Pohjoisesplanadi 와 디자인지구에 있는 핀란드 옷가게들 그리고 알렉산테링카투Aleksanterinkatu(핀란드의 거리명 뒤에 붙는 어미 '-katu'는 길이라는 뜻이다.=옮긴이)와 쇼핑센터에 입점해 있는 국제적 브랜드와 체인점(H&M 등)을 찾는다.

- **흥미로운 쇼핑가:** 주요 쇼핑 구역 근처에 있는 프레드리킹카투Fredrikinkatu, 코르케아부오렝카투Korkeavuorenkatu, 이소 로베르팅카투Iso Roobertinkatu에는 자체 브랜드를 가진 다양한 소규모 상점들이 있으며, 핀란드 디자인 제품과 정말로 독창적인 작품을 살 수 있다.

거리에서 파는 실내용 덧신.

6
핀란드의 음식

영양 전문가들은 가장 치명적인 살인자가 그린맘마 독사가 아닌
소시지라고 주장함으로써 핀란드인에게 스트레스를 주고 있다.
⋯ 그러나 핀란드 사람들은 이런 경고에 아랑곳하지 않는다.
그들은 소시지가 1년 내내 먹을 수 있는 훌륭한 간식이라고 생각한다.

－헤세 히바리넨, 마리아 누르멜린, 티모 마켈라
《비즈니스맨을 위한 핀란드 음식 생존 가이드》

2005년 프랑스의 자크 시라크 대통령이 공개석상에서 핀란드 음식을 거의 못 먹을 것 취급함으로써 핀란드 음식이 헤드라인을 장식했다. 이에 앞서 이탈리아의 실비오 베를루스코니 총리는 이탈리아와 핀란드의 음식 문화를 비교하면서 핀란드 음식이 형편없다는 발언을 했다. 핀란드 사람들은 이런 발언에 혼재된 반응을 보이고 있다. 많은 시사평론가와 레스토랑 주인, 음식평론가들은 핀란드 전통 음식 중에, 예를 들어 흑빵에 청어와 두툼한 베이컨을 채운 칼라쿠코kalakukko라는 동부 지역 명물처럼 처음에 맛을 들이기가 조금 어려운 것도 있지만, 그렇다고 핀란드 요리 전체를 싸잡아 조롱하는 것은 불합리하다고 생각한다. 반면에 어떤 평론가는 핀란드 음식이 조금 단조롭게 느껴질 수도 있음을 인정한다. 이는 부분적으로는 핀란드 사람들이 전통적으로 양념을 적게 사용해왔기 때문이며 (예전에는 양념 가격이 무척 비쌌다) 오늘날에는 건강과 관련한 문제이기도 하다. 지난 30년간 핀란드 사람들은 버터와 소금, 그 밖에 심장에 나쁜 식자재들을 피해야 한다고 세뇌 당했다. 그리고 시라크 대통령에게는 바로 이것이 문제였을 수 있다. 프랑스 요리사라면 누구나 아는 것처럼, 맛있는 요리를 위해 필요한 재료 세 가지는 바로 크림, 크림, 크림이니 말이다.

시라크와 베를루스코니가 틀렸다! 핀란드 요리는 내가 예상했던 것보다 훨씬 국제적이다. 나는 훌륭한 레스토랑과 시장, 카페테리아에서 맛있는 음식을 즐겼다. 핀란드 치즈는 아주 품질이 좋다. 또한 핀란드 클라우드베리와 훈제 생선도 아주 좋아한다. - 우트 준커, 〈오스트레일리안 파이낸셜 리뷰 매거진〉

핀란드 음식이 이렇게 혹평에 시달리게 된 것은 고대에 혹독한 날씨 때문에 1년 중 9개월 동안 신선한 과일과 야채를 구할 수 없어서 튤립 뿌리와 감자 같은 구근류, 호밀로 만든 흑빵, 발효된 유제품(때로는 저장된 생선과 육류로 풍미를 더한)에 크게 의존한 데서 기인한다. 전통적으로 소금을 제외한 양념은 거의 구하기 힘들었고 딜 같은 신선한 허브도 여름에만 구할 수 있었다. 많은 핀란드 요리는 장시간 오븐에서 끓여 만드는데 이렇게 함으로써 조금 단조롭지만 따스한 식사가 마련된다. 19세기에는 흉작으로 먹을 것을 못 구한 사람들이 임시방편으로 음식을 만들어 먹었는데, 예를 들어 소나무 껍질(pettuleipä)을 가루 내어 만든 빵은 영양가는 있어도 돌처럼 딱딱하고 맛이 없었다.

1995년 핀란드가 EU에 가입함에 따라 무역장벽이 제거되면서 곡물과 육류, 우유 등의 가격이 최대 50퍼센트까지 떨어졌고 좀 더 풍부한 식자재를 비교적 저렴하게 이용할 수 있게 되었다. 이제 핀란드 슈퍼마켓과 레스토랑은 다양한 세계의 식품을 제공한다. 전통적인 핀란드 음식의 단순성은 신선함을 강조함으로써 오히려 장점이 되고 있으며, 레스토랑 경영자들은 고품질의 핀란드 농산물과 대륙식 조리법을 조합해 새로운 메뉴들을 창조해가고 있다.

요리

핀란드 요리는 전통적으로 동과 서의 조합이다. 유럽과 스칸디나비아, 러시아 요리들과 국제적인 풍미를 자유롭게 가미한 근대적 퓨전 요리가 공존한다. 또한 계절에 따라 메뉴가 달라진다. 1970년대 이래로 핀란드 요리는 계속해서 변모해왔지만 훈제육 같은 오랜 전통 음식에 항상 영향을 받았다. 연어와 순록, 호밀빵, 딜, 향이 짙은 베리류와 맥주 같은 전통 음식은 청동기와 철기 시대 선조들도 좋아했다는 얘기가 있다.《칼레발라》에 따르면 철기 시대에 핀란드인은 차가운 거품 맥주를 즐겼다고 한다(핀란드에는 스칸디나비아에서 가장 오래된 양조장이 있다). 해외에서 사는 핀란드 사람들이 가장 그리워하는 음식 두 가지는 바로 호밀빵과 소금에 절인 청어다.

내 친구가 핀란드 무역대표부에서 일했던 경험을 이야기한 적이 있다. 그녀가 외국인 방문객을 접대할 때마다 메뉴는 항상 그라브락스(숙성된 연어로 만든 진미)에서 시작해 메인은 순록 요리, 디저트는 아이스크림과 클라우드베리로 끝났다고 했다. 가끔은 순서가 바뀌어 훈제 순록부터 시작해 메인 요리로 졸인 연어가 뒤따랐다. 그녀는 이런 식의 요리가 핀란드인이 실제로 먹는 것보다 더 자주 제공된다면서 안타까워했다. 사실 핀란드 사람들이 제일 좋아하는 음식은 미트볼이다. 미트볼과 으깬 감자에, 육즙에 버터와 밀가루, 크림을 첨가해서 만든 걸쭉한 그레이비소스를 곁들여내는 것이 핀란드 가정에서 가장 즐겨 먹는 한 끼다.

핀란드 사람들은 요리할 때 크림을 많이 쓰는 경향이 있는데 특히 수프에 이런 특징이 뚜렷하다. 버섯 수프의 크림은 너무 진해서 숟가락을 꽂으면 잘 넘어지지 않을 정도다. 연어 수프도 무척 걸쭉한데 너무 진하긴 하지만 맛이 기막히다! 호불호가 분명하게 갈릴 만하고 핀란드인은 그 맛을 좋아한다. 많은 요리들에도 크림이 풍부한 진한 소스가 함께 제공되며 스테이크나 돼지고기 살코기, 닭가슴살에는 약간 매콤한 소스를 끼얹어 낸다. 약간의 변화를 주어 고기 요리에 선홍색이나 노란색 소스를 함께 내기도 하는데, 이 소스들은 핀란드의 자연에서 나는 각종 베리류로 만든 것이다. 나는 이 소스들에 입맛을 들였다. 간이나 베이컨, 으깬 감자를 먹을 때도 주로 크림 같은 소스와 베리 소스가 함께 제공된다. 그야말로 일거양득이다! 딜은 핀란드 요리에 가장 많이 쓰는 허브이며 생선 요리에 자주 들어간다.

클라우드베리(황금 라즈베리처럼 생겼지만 벌꿀 맛이 난다)는 북극권에서만 발견되는 밝은 노란색 열매다. 딸기와 크랜베리, 구스베리, 블루베리, 라즈베리 또한 인기가 좋으며 많은 지역 술에 풍미를 제공한다. 유리잔에 이런 베리류를 한두 개 넣어 보드카를 마시는 것도 인기다. 이탈리아인과 마찬가지로, 핀란드인은 버섯을 좋아하고 숲에서 채취할 수 있는 모든 야생 버섯을 식별할 줄 안다.

그밖에 핀란드인이 일상적으로 먹는 요리에는 어떤 것이 있을까? 다음 차례는 마카라Makkara(소시지)일 것이다. 핀란드인은 마카라와 맥주를 광적으로 좋아한다. 이 소시지는 영국식 소시지보다 프랑크푸르트 소시지에 가까운데 맛이 아주 그만이다. 종종 야외에서 장작불에 구워먹는 마카라는 여름밤 별장에서 가장 인기 있는 음식이다. 렌키마카라(원형 소시지)와 그릴리마카라(그릴에 구운 소시지)는 인기 만점이며 농담으로 '핀란드 채소'라고 부르기도 한다.

가정에서도 소시지를 자주 먹는데 기분전환으로 중간에 치즈를 넣어 오븐에 천천히 데우기도 한다. 으깬 감자는 핀란드의 주식 중 하나이며, 요즘은 모두들 채소나 샐러드를 곁들여 먹으려고 노력한다. 빵 역시 핀란드 식단에서 빼놓을 수 없는

주식이다. 핀란드에는 많은 종류의 맛있는 빵이 있으며, 거의
모든 마을이 저마다의 조리법을 갖고 있다고 한다.

보통의 쇼핑 카트에는 요구르트와 우유, 빌리 viili(핀란드식 요
구르트), 치즈 같은 유제품과 소시지와 햄 따위가 잔뜩 실려 있
다. 핀란드인은 찌개와 비슷한 캐서롤과 스튜를 좋아한다. 피
로 pirro 스튜는 순록과 감자로 만들고, 카렐리야식 냄비 요리인
랍스코우시 lapskoussi 는 송아지고기와 돼지고기, 양고기, 채소로
만든다. 세칼리 sekali 는 돼지고기와 콩, 소금에 절인 양배추로
만드는 묵직한 스튜다.

점심은 스모르가스보르드 smorgasbord 라는 뷔페식 식사일 수
있다. 핀란드인 대부분은 생선과 해물 요리를 좋아해서 다른
음식이 들어갈 자리가 거의
없다. 최고의 레스토랑에서
는 믿을 수 없을 만큼 다양
한 음식을 골라먹을 수 있
다. 스모르가스보르드를 먹
는 핀란드식 방법은 우선 생

모든 것이 무설탕, 무지방이다. 좋게
말하면 알레르기를 유발하지 않고 균
형 잡히고 삶의 질을 향상시켜주는
유산균이 풍부하다. 핀란드인은 러시
아에 맞서 저항했고 언제라도 또 그
럴 수 있다. 그러나 그들은 콜레스테
롤만큼은 끔찍이 무서워한다.
– 로만 샤츠, 《핀란드에서 사랑을 담아》

매년 10월에 열리는 헬싱키 발트 해 청어 시장에서도 핀란드 전통 음식을 만날 수 있다.

선 요리를 마음껏 즐긴 다음 새 접시를 가져와 냉육을 즐기고, 다음으로 따뜻한 음식에 이어 디저트를 먹으면 된다.

라플란드 음식

핀란드의 겨울은 라플란드 음식이 진가를 발휘할 때다. 가장 인기 있는 요리는 순록 등심 구이와 엘크 순살 그릴구이, 뇌조 가슴살 구이, 북극곤들매기 구이이다. 또한 훈연하거나 말린 순록과 북극곤들매기, 훈제 연어, 야생 버섯 샐러드, 흰송어, 라플란드 치즈와 클라우드베리, 링곤베리(월귤)도 있다.

순록과 엘크는 진정한 진미이며 다른 육류보다 조금 더 비싸다. 감자와 샐러드를 곁들여 스테이크로, 또는 스튜로 제공하는 순록과 엘크 요리는 이 지역의 '필수' 메뉴가 되었다. 순록고기는 독특한 맛에 육질이 연하고 부드러우며, 지방이 아주 적고 비타민과 미네랄이 풍부하다고 알려져 있다. 소스를

173

많이 뿌릴 필요도 없이 담백하게 먹으면 되는데 그 맛이 정말 끝내준다. 또한 찹스테이크와 샌드위치, 수프, 미트볼, 버거, 볶음, 구이, 훈제를 비롯해 우리가 상상할 수 있는 모든 요리의 재료가 된다. 엘크고기도 비슷하며 겨울철에 많이 먹는다.

순록과 엘크고기는 소떼가 자유롭게 돌아다니는 라플란드에서 생산된다. 목축은 라플란드 유산의 필수적인 부분으로 오늘날 2000여 라플란드 가정의 생계수단이다. 순록고기 수출은 최근 큰 비즈니스가 되었으며 핀란드 식품 산업 중에 가장 성장하고 있는 부문이기도 하다.

전형적인 핀란드 요리

핀란드 여행 중에 접할 수 있는 전통 요리 중에 다음과 같은 것들이 있다.

- **빵**: 핀란드에는 10여 종의 다양한 빵이 있다. 호밀빵과 밀빵, 귀리빵, 감자빵, 잡곡빵, 묵직한 빵과 가벼운 빵, 바삭한 빵과 이스트를 넣지 않은 빵, 신맛이 나는 빵과 맥아로 만든 빵 등이다. 이런 빵들로 최상의 샌드위치를 만든다.
- **카우라푸로**kaurapuuro: 이것은 오트밀로 만든 핀란드식 죽으로, 핀란드 사람들이 아침식사로 먹는다.
- **카리알란피라카**karjalanpiirakka (카렐리야 파이): 빵 껍질을 호밀로 만든 작은 파이다. 속에 쌀 혼합물을 채워 넣고 가장자리에 모카신 형태의 주름을 잡은 이 파이는 요엔수 전통 방식으로 버터와 스크램블 에그를 발라 제공되는데 맛이 아주 좋다. 아침이나 점심, 저녁 식사에 나온다.

카렐리야 파이. 속에 다양한
재료를 넣어 먹는다.

- **칼라쿠코**kalakukko: 쿠오피오 지방에서 잘 알려진 진미로, 말하자면 '생선 파이'다. 빵 모양의 이 파이는 호밀 반죽에 흰송어와 농어, 무지개송어, 돼지고기를 채운 뒤 호일로 감싸 오븐에 구워서 만든다.
- **포롱캐리스튀스**poronkäristys: 핀란드에서 특별한 접대를 위해 준비하는 순록고기 지짐. 단, 라플란드에서는 일상적인 식사다.
- **무스타마크라**mustamakkra (블랙푸딩): 순대와 비슷한 탐페레 특산물로 링곤베리 소스를 곁들여 낸다.
- **헤르네케이토**hernekeitto: 무척 걸쭉한 콩 수프로 전통적으로 목요일에 먹는다. 2월에는 참회 화요일에 이 수프를 먹은 뒤 베리 소스와 진한 크림을 얹은 팬케이크를 먹는다.
- **발트 해 청어**: 발트 해 청어는 다양한 방식으로 조리된다. 당절임 또는 초절임을 하거나 매콤한 커리 소스에 재우거나 염장해 차갑게 내거나 훈연하거나 숯불에 굽거나 따끈하게 조리해서 낸다. 매년 10월에 열리는 헬싱키 발트 해 청어 시장을 놓치지 말자.
- **로이무시카**Loimusiika: 송어 직화구이. 절대 놓치지 말아야 할 요리다. 송어 덩어리를 나무판에 고정시킨 뒤 직화로 서서히 훈연한다.
- **캐비아**: 핀란드에는 송어와 흰송어, 모캐 알로 만든 캐비아가 있다. 보통 식전음식이나 가벼운 요깃거리로 삼색 캐비아를 사워크림과 양파, 맛있는 빵과 함께 차려낸다.
- **훈제 고기와 생선**: 훈연은 핀란드에서 오래된 식품가공 방식이다. 훈제 순록고기와 양고기, 햄이 특히 인기 좋다. 연어와 송어는 훈연에 자주 이용되는 생선이다.
- **코르바시엔니무헨노스**Korvasienimuhennos: 곰보버섯 크림 스튜

[조리법] 순록고기 지짐(포롱캐리스튀스)

- 볶음용 순록고기 400g(얇게 저민 어깨살 또는 허릿살)
- 버터 또는 오일 50g · 물 또는 맥주 50ml
- 소금   · 후추   · 으깬 마늘

팬에 버터를 녹인 후 얼린 고기를 넣는다. 뚜껑을 덮고 팬에서 고기를 해동시키며 가끔씩 살살 저어준다. 수분이 증발하면 으깬 마늘과 소금, 후추를 넣는다. 고기를 구우며 살살 저어준다. 물이나 맥주를 붓고 뚜껑을 덮은 채 30분간 지글지글 지진다. 간을 본다. 뜨거운 상태로 접시에 담아 으깬 감자와 크랜베리 또는 링고베리 소스를 곁들여낸다.

[조리법] 핀란드식 콩 수프(헤르네케이토)

- 말린 콩 500g   · 물 1.25리터
- 소금 1/2테이블스푼 · 양파 1개
- 훈제 족발과 소금에 살짝 절인 돼지 어깨살 또는 옆구리살 300g
- 마요라나 1테이블스푼

콩 불릴 재료: 물 2리터와 소금 2테이블스푼

소금물에 콩을 6~12시간 동안 불린다. 물을 따라낸다. 불린 콩과 물, 소금을 냄비에 붓는다. 끓이면서 거품제거 국자로 불순물과 찌꺼기, 콩 껍질 등을 걷어낸다. 양파를 벗겨 썬다. 썰어놓은 양파와 고기를 전부 넣는다. 한 시간 정도 끓여준다. 수프에서 고기를 건져 식힌 뒤 깍두기 모양으로 썬다. 수프는 콩이 다 익을 때까지 끓인다. 마지막에 고기를 넣고 마요라나를 넣는다.

- **베리류**: 핀란드 요리에 흔히 쓰는 북극 베리류로는 클라우드베리와 북극라즈베리, 크랜베리, 링곤베리, 바다갈매나무 열매 등이 있다. 재배되는 베리류와 까치밥나무 열매, 라즈베리, 딸기, 구스베리도 있는데 이 열매들은 특히 추운 기후에 적합해 따뜻한 기후에서 자란 것보다 독특한 풍미가 있다. 베

리류는 잼과 소스로 만들거나 냉동 보관해서 먹는데, 특히 링곤베리 잼은 사냥한 고기나 순록고기 등 다양한 육류에 곁들여 낸다. 이런 베리류로 가향 보드카를 만들기도 하는데, 핀란드 스파클링 와인은 주로 흰까치밥나무 열매로 만든다.

- **오후카이넨**Ohukainen: 일반적인 팬케이크. '래티ᵃᵗᵗʸ'라는 비공식적인 명칭으로 불리기도 한다. 야외에서 커다란 프라이팬에 구워먹는 무린포흐얄래티muurinpohjalätty라는 팬케이크도 있다. '팬케이크'를 핀란드어로 음역한 판누카쿠pannukakku라는 음식도 있는데, 이것은 팬이 아닌 오븐에서 두껍게 구워내는 것이 특징이며 맛도 일반적인 팬케이크와 조금 다르다. 팬케이크는 보통 가정에서 만든 다양한 베리 잼들을 얹어 먹는다.
- **치즈**: 핀란드산 에멘탈 치즈가 가장 인기 있으며, 핀란드 전역에서 판매하고 수출되기도 한다.

특별한 날의 음식

핀란드에서는 공식적으로 포식할 특별한 기회가 두 번 있다. 첫 번째는 물론 크리스마스다. 하이라이트는 크리스마스이브에 준비하는 식사다. 오븐에 구운 햄과 으깬 감자와 순무, 링곤베리 소스와 까치밥나무 젤리, 애플 소스를 뿌리고, 여기에 따끈하게 데운 멀드와인을 곁들여 마신다. 전통적인 크리스마스 사탕과자류에는 종종 자두가 들어가며, 핀란드식 크리스마스 패스트리에는 자두 잼이 들어 있다. 핀란드의 크리스마스에는 매콤한 맛이 나는 진저브레드가 빠지지 않으며, 진저브레드로 만든 예쁜 집이 크리스마스 케이크를 대신한다. 12월 한 달 동안 레스토랑은 크리스마스 뷔페를 제공하는데

진저브레드로 만든 집 모양 케이크. 핀란드의 크리스마스에 빠지지 않는 디저트다.

청어와 연어, 훈제 순록, 오리, 햄, 소시지, 대구 요리에 우유를 주재료로 한 진한 소스와 녹인 버터, 감자가 차려진다.

두 번째 포식 기회는 7월 21일 정오다. 이때는 여름철 미식의 절정으로 가재 철이 공식적으로 시작되는 날이다. 가재 철은 8월 말까지 지속되며 이 시기에는 어디를 가나 가재 파티가 유행한다. 핀란드에서 정말 좋은 파티를 위한 필수 요소는 종이 제등과 따사로운 8월 저녁, 좋은 친구와 가족, 버터 바른 토스트와 코스켄코르바 보드카 그리고 가재 요리다. 가재는 설탕과 딜을 듬뿍 넣은 소금물에 끓인다.

목요일은 전통적으로 콩 수프를 먹는 날이다. 2월 5일 루네베리[8]의 날에는 제과점에서 그 위대한 국민 시인의 이름을 딴 특별 케이크를 판매한다. 부활절에는 아이들이 계란껍질에 맛있는 핀란드 초콜릿을 채운 믹논mignon을 기대한다. 봄맞이 대축제가 열리는 5월 1일은 핀란드식 스파클링 화이트와인이라고 할 수 있는 벌꿀 술 시마^{sima}를 마시고 달콤한 패스트리를 먹는 날이다.

외식

대부분의 핀란드인은 점심시간(오후 12시 30분~2시 30분)에 그날의 주된 식사를 한다. 레스토랑(ravintola)에서 7유로 정도에 점심 특선을 제공한다. 저녁은 보통 오후 6시에서 8시 사이에 가정에서 먹으며 외식을 하는 경우에는 8시에서 10시 사이에 먹는다. 가벼운 식사를 원한다면, 바리^{baari}나 카흐빌라^{kahvila}에서 조금 저렴한 메뉴를 선택하면 된다. 핀란드 음식점에서는 봉사료와 부가가치세가 항상 음식가격에 포함되어 있으므로 최종 계산서에 추가되는 비용은 없다. 청구액이 크건 작건 카드로 계산할 수 있으며, 대부분의 레스토랑에 영어로 된 메뉴가 있다. 헬싱키의 경우 주요한 식당가는 모두 에스플라나디^{Esplanadi}와 불레바르드^{Bulevardi}, 만네르헤이민티에^{Mannerheimintie} 거리에 집중되어 있다.

여름에는 많은 레스토랑이 헬싱키 특산물인 가재를 비롯한 신선한 지역 농수산물로 가득하다. 가을에는 버섯과 베리류, 엽조류를 제공한다. 1년 내내 빠지지 않는 주재료는 육류와 감자, 생선, 우유, 버터, 호밀이다. 핀란드 식탁에서 연어는 가장 인기 있는 터줏대감으로 굽거나 튀기거나 핀란드식 스시를 만들거나(햇감자를 연어로 말아서 만든) 수프를 만드는 데 두

새벽까지 술을 마신 날, 'Lihapiirakka kahdella nakilla ja kaikilla mausteilla'를 먹으면 다리에 힘이 생기고 집으로 돌아갈 힘이 솟는다. 패스트푸드 판매대에서 파는 이 음식은 고기 파이에 소시지 2개와 각종 향신료를 넣은 인기 야식이다.

루두루 이용한다. 구운 고기와 절단육과 다짐육, 소시지 특산
물도 인기 있는 전천후 식품이다.

핀란드 사람들은 국제적 요리, 그중에서도 특히 이탈리아
요리에 입맛을 들였다. 피자 전문점이 적어도 두 곳 이상 없
는 동네를 찾기 힘들고, 피자와 라자냐가 없는 식당은 손가락
에 꼽을 정도다. 헬싱키는 일식에서 멕시코 음식까지, 최신 유
행 선술집에서 전통적인 농촌 음식점까지, 식당 선택 면에서
대단히 국제적인 도시다. 각양각색 음식점에다 가벼운 간식과
맛있는 패스트리를 파는 카페와 찻집, 술집도 많다. 다른 도시
들에서는 헬싱키만큼 선택지가 다양하지 않지만 좋은 러시아
식당과 그리스 식당, 이탈리아 식당은 어디에나 있다. 중국 음
식이 점차 인기를 끌고 있지만 전문점은 아직 드문드문 있는
편이다. 요즘은 다양한 채식주의 식당과 건강식품 카페도 인
기를 끌고 있으며, 트럭 카페에서조차 주재료를 나타내는 기
호들로 모든 메뉴를 상세히 표시하고 있다.

맥도날드 매장이 핀란드 전국에 진출해 있다는 사실은 굳이
말할 것도 없을 것 같다. 내 딸은 빅맥을 세계에서 가장 북쪽
에 있는 맥도날드 매장에서 먹었다고 자랑하곤 한다. 그러나
핀란드인은 미국 체인에 뒤지지 않기 위한 대안도 갖고 있다.

핀란드에서 맥도널드보다 인기가 높은 자국 브랜드 헤스버거

맥도날드 매장의 지척에 자생적인 핀란드 버거 체인인 헤스버거가 있는데, 당연히 헤스버거가 더 인기 좋다. 햄버거 다음으로 인기 있는 패스트푸드는 핫도그이며 곳곳에 핫도그 판매대가 있다.

핀란드인과 외식하기

친구들과 커피를 마시는 것보다 좀 더 오랜 시간을 함께 보내고 싶을 때는 주로 점심이나 저녁 시간에 레스토랑에 간다. 이 경우 각자 본인이 먹은 만큼 지불한다. 핀란드인은 이 부분에 있어서 무척 까다롭다. 청구서 금액을 인원수로 나눠서 똑같이 분담하지 않고(영국에서는 그렇게 하는 것이 보통이다) 자신이 먹은 만큼만 정확히 부담한다. 그들은 이렇게 말하곤 한다. "자네한테 빌붙긴 싫어." 달리 말하면 누구에게도 신세지고 싶지 않다는 뜻이다. 돈을 내지 않고 다른 사람이 대신 내주기를 기다리는 사람을 '시페일리사siipeilisa'라고 하는데, 우리말로 빈대쯤 되는 말이다. 이처럼 정확하고 꼼꼼하게 청구서에서 각자의 몫을 분담하는 것은 핀란드인 특유의 페어플레이 개념에 속한다. 외국인이 식사에 초대받은 경우라면 아마도 그는 돈을 내지 않아도 될 것이다. 그러나 핀란드에서 술값은 대단히 비싸므로 눈치껏 주문하는 것이 좋다. 그리고 다음에 만날 때는 꼭 청구서에서 본인이 먹은 부분을 부담하도록 한다.

핀란드 사람들은 술집에서도 절대 남에게 술을 사지 않으며, 본인이 마신 맥주 값은 본인이 낸다. 친구들과의 술자리에서도 마찬가지다. 만약 외국에서 온 당신이 한 잔 사야 할 것 같은 마음에 술을 사더라도, 그들 중 누구도 다음에 똑같이 답례해야 할 의무감을 느끼지 않을 것이다.

크리스틴이라는 프랑스 친구는 핀란드 사람들이 식사를 즐기는 데는 관심이 없는 것이 영 적응이 안 된다고 했다. 프랑스 사람들은 음식을 앞에 두고 와인을 홀짝이며 밤새도록 토론을 벌이는 것을 좋아하는 반면에, 핀란드인은 최대한 빨리 식사를 마치고 먹자마자 식탁에서 일어난다. 모두들 더 중요한 할 일이 있는 것처럼 보인다. 게다가 십중팔구는 식사 시간의 절반을 통화하는 데 잡아먹는다.

커피 문화

핀란드와 관련해서 놀라운 사실 중 하나는 핀란드인의 1인당 커피 소비량이 세계에서 가장 많다는 것이다. 오죽하면 커피와 핀란드인의 관계는 휘발류와 자동차의 관계 같다고들 한다. 내가 그런 평가에 수긍하는 이유는 그들이 하루에 커피를 여러 잔 마시기 때문이 아니라, 누구라도 처음 마시면 인상이 찌푸려질 만큼 쓰고 진하게 마시기 때문이다. 핀란드인은 스칸디나비아에 처음 도착한 18세기부터 커피와 관련한 오랜 전통을 가지고 있다. 커피가 워낙 인기가 많아서 1767년에 정부는 이 '건강에 해로운 사치품'을 불법화하려 했다. 그러나 돈 있는 자들은 암시장에서 커피를 구할 수 있었고 마침내 정부도 단속을 포기했다.

19세기 무렵 커피를 마시는 습관이 전국에 퍼졌다. 부유층은 매일 커피를 마셨지만 촌락 사람들은 공식적인 기념일이나 행사 때만 마셨다. 곧 평범한 가정에서도 커피를 원하게 되었고 일요일 예배 후에 커피를 마시는 것이 의식처럼 자리 잡았다. 그러나 불행히도 커피 값이 너무 비싸서 호밀이나 보리, 콩, 완두콩, 민들레 뿌리, 도토리, 치커리 같은 다른 재료를 섞어 가격을 낮추었다. 하지만 흉작이 들어서 먹고 살기 힘든 시기에는 그조차 포기해야 할 사치품이었다.

20세기에 이르러 커피는 하루에 세 번 마시는 국민 음료로 확고히 자리 잡았다. 온갖 종류의 커피 문화가 생겨났고 커피를 설탕, 크림과 함께 마시기 시작했다. 그러다가 가정에서 커피 생두를 구입해 란날리rannali라고 하는 특수 냄비에 볶기 시작했다. 이런 식으로 각 가정에서 커피콩과 혼합한 재료에 따라 저마다의 고유한 맛과 조합을 만들어 냈다. 제2차 세계대전 중에

핀란드 사람들은 커피를 매우 쓰고 진하게 마신다. 사진 속의 컵은 라플란드의 사미족들이
나무 등걸을 직접 깎아서 만든 전통 목기로 쿡사(kuksa) 또는 국시(guksi)라고 부른다.

헬싱키 마켓 광장에 차려진 오픈 카페에서 사람들이 커피와 디저트,
햇빛을 함께 즐기고 있다.

는 커피 공급이 부족해졌다. 1945년에 브라질에서 출항한 컨테이너선 헤라클레스 호가 35톤에 달하는 첫 번째 커피 선적물을 싣고 핀란드에 도착했을 때, 그 날은 거의 국경일 같았다. 커피는 전통적으로 계피와 소두구라는 향신료가 듬뿍 들어간 풀라pulla라는 달콤한 빵과 곁들여 먹었다. 예전에는 풀라가 중심에 구멍이 뚫린 크고 둥근 형태였는데 그 구멍에 보통 7종의 쿠키와 비스킷을 채워서 차려내곤 했다.

카페와 음식점

핀란드 사람들의 엄청난 커피 사랑으로 인해 헬싱키를 비롯한 대도시 번화가에는 카페 문화가 활성화되었다. 만약 헬싱키에 갈 일이 있다면 지금부터 소개할 카페들에 가볼 것을 권한다. 핀란드에서 가장 유명한 카페는 불레바르디 9번지에 위치한 에크베르그Café Ekberg다. 1861년에 문을 연 에크베르그는 가장 유서 깊은 카페이기도 하다. 이곳에서 판매하는 패스트리는 시내에서 가장 알아준다. 코르케아부오렝카투 2에 위치

그건 오해랍니다

핀란드에 거주하는 외국인 디노 데스피제스로부터: 한번은 여자친구와 서점에 가서 베트남 요리책을 찾고 있었습니다. 여자친구가 어떤 책을 읽는 동안 저는 두리번거리다가 거의 모든 책의 표지에 'Keittokirja'라고 표시되어 있는 것을 알아차렸습니다. 저는 kirja가 책이라는 것을 알고 있어서 여자친구에게 keitto가 뭔지 물었습니다. 그녀는 '수프'라고 대답하더군요. 저는 놀랍기도 하고 혼란스러워서 조금은 큰 소리로 이렇게 말했습니다. "이게 전부 수프에 관한 책이란 말이야?" 알고 보니 Keittokirja는 '요리책'이라는 뜻이었습니다.

한 카페 석세스 Café Success에서는 설탕과 계피가루를 채운 전통 헬싱키 방식의 스위트롤 코르바푸스티 korvapuusti를 맛보시라. 또한 카나바카투 Kanavakatu 5에 위치한 로버트의 커피가든 Robert's Coffee Garden은 갓 볶은 커피를 갈아서 제공하는 커피전문점으로 100종 이상의 커피를 제공한다. 한 걸음 물러나 좀 더 우아한 분위기를 찾고 싶다면 탐미니에멘티에 8번지에 있는 장원 영주 저택을 개조한 탐미니에멘티에 카흐빌라 Tamminiementie Kahvila가 제격이다. 이곳은 커피를 무제한 리필해준다. 아니면 에흐렌스트로민티에 Ehrenstromintie 3번지에 위치한 바닷가 카페 우르술라 Café Ursula도 커피를 홀짝이며 세상 돌아가는 것을 지켜보기에 괜찮은 곳이다.

맛있는 음식점을 찾는다면, 헬싱키에 방문한 외국인들에게 무료로 제공되는 영어 잡지 〈헬싱키 해픈즈〉(www.helsinkihappens.com)의 맛집 목록을 참조하면 도움이 될 것이다. 한편 상트페테르부르크에 있는 음식점을 제외하면 헬싱키에 있는 러시아 음식점들은 세계 최고라는 평가를 받고 있으므로 기회가 되면 한번쯤 찾아가볼 것을 권한다.

안난카투 Annankatu와 칼레반카투 Kalevankatu 근처에 있는 라피 라빈톨라 Lappi Ravintola는 헬싱키 속의 작은 라플란드와 같다. 무오니오 Muonio 지역의 라플란드 전통 요리를 제공해 오랫동안 인기를 끌고 있다. 실내는 오로라 이미지와 북부 예술가들이 그린 그림이며 스케치, 순록과 엘크 사진 등으로 화려하게 꾸몄다. 실내 전체를 라플란드에서 가져온 원목으로 만들고 그에 걸맞게 통나무를 깎아 만든 테이블과 의자가 있다. 친절한 직원들이 라플란드 전통 의상을 입고 주문을 받는다.

식료품 구입

핀란드 사람들은 시장에서 장보는 것을 즐긴다. 여름에는 시내에서 매일 야외 시장이 열리고 겨울에는 실내로 옮겨서 열린다. 신선 제품의 선택에는 폭이 제한적이지만 그렇다고 핀란드 제품만 있는 것은 아니다. 슈퍼마켓에서는 육류와 생선부터 치즈, 피자, 우유까지 온갖 종류의 식료품을 구입할 수 있다. 핀란드 슈퍼마켓은 무척 현대적이고 쾌적하며, 다른 스칸디나비아 국가들보다 오히려 영국 상점들과 비슷하다. 냉장·냉동식품도 다양하게 구비되어 있다. 최근 몇 년 사이 리들Lidl 같은 외국계 경쟁자가 들어오면서 상품들도 한결 국제화되었다. 소코스와 스톡만 같은 대형 백화점들도 자체적인 식품전문 판매점을 두고 있으며, 그와 반대로 프리스마와 시티마켓 같은 대형 슈퍼마켓에서는 의류와 신발, CD와 DVD, 전자제품, 잡지, 스포츠 장비까지 판매한다.

헬싱키 항에서는 이런 선상 가게도 만날 수 있다.

핀란드는 필요한 식료품의 85퍼센트를 자체적으로 생산하는데, 대부분 맥주와 엘크 및 순록 고기, 베리류를 포함한 전통 식품들이다. 식품안전을 보장하기 위한 선진적 시스템도 갖추고 있으며, 특히 우유와 계란의 안전성은 유럽 최고 수준으로 인정받는다.

7

핀란드의
문화예술

나는 종종 내 자신이 지겨워질 때가 있다.
그럴 때 여행을 통해 개성을 더하고 나 자신을
조금은 변화시킬 수 있다고 생각한다.
여행에서 돌아온 나는 분명 예전의 나와 똑같은 모습이 아닐 것이다.

— 서머싯 몸, 《거실의 신사》

한 나라를 이해하는 가장 좋은 방법 중 하나는 그 나라 국민들이 누구를 존경하고 숭배하는지 파악하는 것이다. 그들의 영웅은 누구인가? 어린이들이 본받아야 할 인물로 간주되는 인물은 누구인가? 전통과 가르침, 가치관과 방향성을 남긴 이들은 누구인가? 이런 것들을 알고 난 다음에야 그 나라 사람들이 무엇을 하는지 제대로 파악할 수 있을 것이다. 그들은 무엇을 하며 시간을 보내는가? 가장 인기 있는 여가 활동이나 취미는 무엇인가? 그들은 무엇에 열광하는가? 음악을 좋아하는가? 어떤 종류의 예술에 식견이 있는가? 그리고 마지막으로 그 나라를 여행하고 현장을 둘러보면서 한 나라의 지리가 그곳에 어떤 문화를 만들어냈는지 이해할 수 있을 것이다. 이 장에서는 독자들이 간접적으로나마 핀란드 문화를 맛보도록 이런 것들을 하나하나 살펴보려 한다.

핀란드의 영웅과 챔피언들

앞서 언급한 것처럼, 핀란드는 다른 서방 문화에 비해 연예인에게 크게 열광하는 편은 아니다. 그렇다면 과연 그들의 국가적 영웅은 누구인지 살펴보자.

- **알바르 알토** Alvar Alto: 건축가 겸 디자이너. 종종 '모더니즘의 아버지'라고 불린다. 그는 핀란드에서 가장 영향력 있는 건축가

알바르 알토가 1932년에 선보인 혁신적인 디자인 가구.

로 '북구 고전주의'로 알려진 건축 양식을 개발했다. 알토는 가구와 유리제품 디자인에서부터 건축과 회화에 이르기까지 광범위한 분야에서 활동했다. 그의 꽃병 디자인은 세계적으로 유명하다. 알토는 1932년에 구부린 합판으로 만든 새로운 형태의 가구를 발명했다. 알토 가구는 그가 공동창립자로 참여한 아르테크Artek 사에서 제조하고 있으며, 알토 유리제품(아이노 컬렉션과 알바르 컬렉션)은 이탈라Iittala 사에서 생산한다. 알토는 프리모더니즘(북구 고전주의)에서 출발해 국제주의 건축 양식인 모더니즘을 거쳐 좀 더 종합적이고 특이한 접근법들로 다양한 양식을 시도했다. 알바르 알토 공식 홈페이지(www.alvaraalto.fi)에서 그의 이야기를 더 만날 수 있다.

• **장 시벨리우스** Jean Sibelius: 핀란드의 클래식 음악 작곡가로 19세기 말과 20세기 최고의 음악가 중 한 명으로 꼽힌다. 그의 음악은 핀란드가 국가적 정체성을 형성하는 데 중요한 역할을 했다. 가장 잘 알려진 작품으로는 〈핀란디아〉와 〈슬픈 왈츠Valse Triste〉, 〈바이올린 협주곡Violin Concerto〉, 〈카렐리야 모음곡 Karelia Suite〉, 〈투오넬라의 백조Swan of Tuonela〉('레민카이넨 모음곡' 4개 악장 중 하나)가 있다.

- **칼 구스타프 만네르헤임** Carl Gustav Mannerheim: 한때 러시아 제국
군의 정식 장교였던(1889~1917) 그는 핀란드 내전 당시 군
을 지휘해 소련군을 몰아냈다. 그는 새로운 공화국이 선포
될 때까지 핀란드의 섭정(1918~1919)으로 활동했다. 또한 국
방협의회 의장으로서(1931~1939) 카렐리야 지협 일대에 만
네르헤임 전선을 구축했다. 핀란드 군대의 총사령관으로서
(1939~1940, 1941~1944), 러시아-핀란드 전쟁(1939~1940)에
서 전력이 월등한 소련군을 상대로 초반 전투를 성공적으로
이끌었다. 1944년 핀란드 대통령으로 선출된 후 소련과 평화
조약을 협상했다.

- **우르호 케코넨** Urho Kekkonen: 핀란드 총리(1950~1953,
1954~1956)에 이어 대통령(1956~1981)을 역임한 정치가. 케
코넨은 유호 쿠스티 파시키비 Juho Kusti Paasikivi 대통령의 '적극적
중립주의' 정책을 계승했다. 파시키비-케코넨 노선이라고 불
리는 이 정책에 따라 핀란드는 정치적 중립을 유지하면서 북
대서양조약기구 국가들과 바르샤바조약 국가들 모두와 교역
할 수 있었다. 케코넨은 핀란드에서 가장 오래 집권한 대통령
이며, 1924년에 핀란드 높이뛰기 대회에서 우승한 이색적인
기록도 갖고 있다. 그의 이름을 딴 공원과 박물관이 있으며
유로화 이전 핀란드 통화에 얼굴이 그려져 있었다.

- **요르마 올릴라** Jorma Ollila: 1985년 노키아에 들어가기 전에 요
르마 올릴라는 시티뱅크 런던과 헬싱키 지점의 기업금융 부
문에서 8년간 일했다. 노키아에 입사해 맡은 임무는 국제투
자 거래와 관련된 것이었다. 1년 뒤인 1986년, 올릴라는 재무
수석이 되어 당시 CEO였던 카리 카이라모와 함께 노키아의
부흥과 쇄신을 이끌었다. 그리고 1990년에는 이동전화 부문

총책임자로, 2년 뒤인 1992년에는 CEO로 임명되면서 중요
한 경력을 이어갔다. 올릴라가 처음 집권했을 때 회사는 오랫
동안 국제적 분쟁과 재정 위기를 겪고 있었다. CEO가 된 그
는 한때 산업 대기업이었던 노키아를 이동전화와 통신 인프
라 시장의 선도적 기업으로 개혁하기 위한 전략을 주도했다.

핀란드에는 또한 국민들이 영웅으로 생각하는 운동선수들
도 있다.

- **한네스 콜레흐마이넨** Hannes Kolehmainen: 1912년 스톡홀름 올림픽
  에서 5000미터와 1만 미터 달리기, 마라톤에서 3개의 금메달
  을 획득함으로써 '세계지도에 핀란드 육상을 그려 넣은' 인물
  로 인정된다. 그는 위대한 핀란드 장거리 육상선수 세대의 첫
  번째 인물로 간주된다. 당시는 핀란드가 아직 러시아로부터
  독립하기 전이었기 때문에 콜레흐마이넨이 우승했을 때 러
  시아 깃발이 올라갔다. 그래서 그는 '차라리 우승하지 말 것
  을' 하는 생각까지 들었다고 한다.
- **파보 누르미** Paavo Nurmi: 1920~1928년 육상 경기에서의 두드러
  진 활약 때문에 '펄펄 나는 핀란드인(Flying Finn)'이라고 불
  린다. 당시 그는 12번의 경기에 참가해 올림픽 금메달 8개와
  은메달 3개를 획득했다. 오늘날까지도 누르미는 올림픽 육상
  개인통산 최다 메달(총 12개) 수상자로 기록되어 있으며 이
  때문에 종종 역사상 가장 위대한 육상 선수로 꼽힌다.
- **야리 리트마넨** Jari Litmanen: 핀란드 역사상 가장 위대한 축구선
  수로 널리 인정받는 인물. 2003년 11월 UEFA 창립 50주년
  기념 핀란드 골든 플레이어로 선정되었다. 리트마넨은 또한

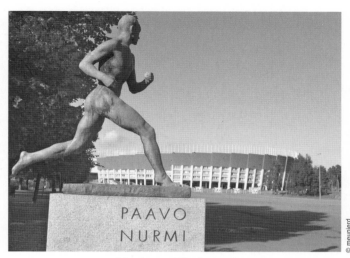

핀란드의 스포츠 영웅, 파보 누르미.

2004년 가장 위대한 핀란드인 100인을 선정하는 투표에서
42위를 기록했다. FC바르셀로나를 비롯한 다양한 국내외 축
구팀에서 활동했다.

• **미카 해키넨** Mika Häkkinen: 세계적으로 유명한 포뮬러원(F1) 레
이서로 두 차례 우승한 바 있다. 전성기에 그는 미하엘 슈마
허의 최대 라이벌로 간주되었으며, 슈마허 역시 자신이 가장
존경하는 라이벌로 그를 꼽았다.

• **테무 셀랜네** Teemu Selänne: 애너하임 덕스에서 활동했던 핀란드
프로 아이스하키 우측 윙 공격수. 그는 데뷔 첫 시즌에 76골
과 56개 도움을 달성해 NHL 역대 신인 최다 득점(132점)을
올렸다. 이 기록은 아직까지 유지되고 있다.

• **마리아─리사 키르베스니에미** Marja-Lisa Kirvesniemi: 전 핀란드 크로
스컨트리 스키선수. 1986년 사라예보 올림픽에서 개인 부문
크로스컨트리 스키 경기(5, 10, 20킬로미터)를 모두 석권하고

195

계주에서도 핀란드에 동메달을 안겨준 대스타였다. 그녀는 같은 또래의 다른 선수들이 은퇴하고 난 한참 뒤에도 대회에 계속 참가해 북유럽 스키 경기의 살아 있는 전설로 불렸다.

- **미코 일로넨**Mikko Ilonen: '얼어붙은 핀란드를 골프의 세계에 각인시켜준' 인물로 인정되는 아마추어 골프 선수. 그는 핀란드 골프 선수로는 최초로 2000년 4대 골프 대회 중 하나에 참여해 이목을 끌었고, 같은 해에 브리티시 아마추어 챔피언십에서 의외의 우승을 거머쥐었다. 이어 2001년에 프로로 전향한 뒤 유러피언 투어 경기에서 핀란드인 최초로 우승을 차지했으며 세계 공식 골프랭킹 100위권 내에 진입했다.

다른 분야에서도 주목할 만한 인물들이 있다.

- **아키 카우리스매키**Aki Kaurismäki: 영화감독이자 제작자이자 시나리오 작가. 수상 기록으로만 따지면 현재까지 카우리스매키 감독의 대표작은 〈과거가 없는 남자The Man Without A Past〉다. 이 영화는 2002년 칸영화제에서 그랑프리를 수상했고, 2003년 아카데미영화제 외국어영화상에 노미네이트되었다. 그러나 카우리스매키 감독은 전쟁 상태인 나라에서 파티를 즐기고 싶은 기분이 아니라며 시상식 참석을 거부했다. 그의 다음 영화 〈황혼의 빛Lights in the Dusk〉 역시 아카데미의 외국어영화상 후보로 선정되었지만 그는 이번에도 조지 W. 부시 대통령의 대외정책에 대한 시위로 시상식 참여를 거부했다.
- **아르미 쿠셀라**Armi Kuusela: 핀란드 미의 여왕. 1952년 5월 24일 전국미인대회인 '핀란드 아가씨'에서 우승한 뒤 미국에서 열린 제1회 미스유니버스대회에 참가해 1위를 차지했다.

핀란드 사람들에게 한여름 햇빛은
너무도 소중한 자연의 선물이다.
맑은 날에 키아스마 현대미술관 앞
에 넓게 펼쳐진 잔디 공원에서는
그늘 하나 없이 온몸으로 햇빛을
즐기는 사람들을 많이 볼 수 있다.

© Mikko Ryynanen

헬싱키 항에서 페리를 타고 가까운 수오멘린나 섬까지 가볼 것을 권한다. 1991년에 유네스코 세계 유산으로 등재된 수오멘린나 해상 요새에는 장인들의 작업실과 다섯 개 이상의 박물관이 있다.

위 사진은 북극권 지역에서만 자란다는 클라우드베리, 아래 사진은 마켓 시장에서 흔히 찾을 수 있는 식재료인 크랜베리와 살구버섯(chanterelles).

절인 청어 살로 야채를 돌돌 말아서 만든 롤몹

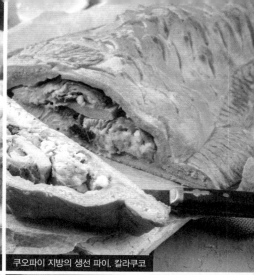

쿠오파이 지방의 생선 파이, 칼라쿠코

크림을 많이 넣어 걸쭉하게 끓인 연어 수프

라플란드 지방의 진미, 순록 스테이크

일상적으로 먹는 호밀빵

목요일에 먹는다는 완두콩 수프

핀란드 사람들은 기본적으로 '숲의 사람들'이다. 도시에서 는 사람들도 시골에 '뫼키'라 부르는 여름 별장을 두고 대 분의 휴일을 이곳에 와서 조 하게 보내는 편이다. 물론 사 나는 꼭 있다.

- **운토 모노넨** Unto Mononen: 1960년대에 가장 성공한 탱고 작곡가
  는 반⁺직업적인 밴드 리더, 운토 모노넨이었다. 모노넨은 생
  계를 위해 농촌 댄스홀에서 연주하다가 1950년대에 많은 곡
  을 발표했는데 1955년에 녹음한 〈사투마 Satumaa〉가 그럭저럭
  성공을 거두었다. 1962년에 레이요 타이팔레 Reijo Taipale가 사투
  마를 다시 녹음했고, 1963년 초 이 음반은 핀란드 최고의 베
  스트셀러 음반이 되었다. 1965년 이후에는 비틀즈가 그의 인
  기를 앞질렀다.

그리고 핀란드에서 두드러진 활동을 한 외국인들도 있다.

- **리처드 D 루이스** Richard D Lewis: 문화간 소통 분야에서 활동하는
  영국인. 일반인에게는 많이 알려져 있지 않지만 세계에 핀란
  드를 홍보하는 데 도움을 주어 정계와 재계, 외교계에서 널리
  존경받는 인물이다. 이 책에 여러 번 인용한 책《핀란드, 고독
  한 늑대의 문화 Finland, Cultural Lone Wolf》가 좋은 평가를 받았다. 그
  는 1997년 3월에 핀란드에 대한 공로를 인정받아 아티사리
  핀란드 대통령으로부터 기사 작위를 받았다.
- **로만 샤츠** Roman Schatz: 독일 태생 핀란드 TV 쇼호스트 겸 작가.
  서독에서 태어난 그는 1986년부터 헬싱키에서 살았다. 그는
  자신이 진행하는 〈Toisten-TV〉를 비롯해 다양한 TV 프로그
  램에 출연했으며 〈댄싱 위드 더 스타즈〉에도 출연했다. 그는
  풍자적인 유머로 핀란드인에 관한 충격적인 얘기를 서슴없
  이 하며 그런 그를 좋아하는 사람이 많다. 그의 책《핀란드에
  서 사랑을 담아서 From Finland with Love》는 유머러스한 통찰로 가
  득하다.

그게 스포츠라고?

핀란드인이 사실은 얼마나 괴짜이고 열광적인지를 독자 여러분께 알리기 위해, 나는 이제부터 그들이 연중에 벌이는 괴상한 행사들을 읊어보려 한다. 앞서 언급한 것처럼 핀란드 사람들은 스포츠에 집착한다. 그리고 모든 것을 스포츠로 만든다. 스포츠를 뜻하는 핀란드 단어 'urheilu'는 용감함 또는 영웅주의와 긴밀하게 연관되어 있다. 그러니까 결국 스포츠란 역경을 딛고 싸워서 이기는 것이며 무엇보다 포기하지 않는 것이 중요하다. 외국인 관찰자의 눈으로 볼 때 가장 중요한 것은 방법이나 얼마나 잘하느냐가 아니라 스포츠를 진지하게 받아들이는 자세인 것 같다. 그러나 과연 다음과 같은 것들에 대해 어떻게 진지해질 수 있을까?

- 세계 모기 죽이기 대회
- 개미탑 대회: 벌거벗고 개미탑에 앉아 가장 오래 버티는 사람이 승자다!
- 국가 꼬리치기 대회
- 독신자를 위한 수작 걸기 대회
- 국제 얼음 수영 대회: 얼어붙은 호수에서 얼음을 잘라내고 수영을 하는 대회로, 매년 다른 곳에서 열린다. 가장 빨리 수영한 사람이 승자가 된다.
- 통나무로 볼링하기
- 늪지 축구
- 키스 축제
- 말싸움 대회
- 손가락 당기기 대회
- 세계 아내 업고 달리기 대회: 매년 여름 손카야르비Sonkajarvi에

서 열린다. 부부가 한 팀을 이루어 참가하는데, 전통적인 업는 방식은 한물가서 점점 기발한 방법들이 나온다. 이것은 전술 게임이며 서툰 사람들에게는 승산이 없다. 설상가상으로 물 엉덩이까지 건너야 한다.

- 숲에서 달리기
- 들판 기어 다니기
- 발차기 썰매 대회: 피에사마키^{Piesamaki}에서 열린다. 24시간 동안 50킬로미터에 걸쳐서 발로 썰매를 찬 것이 기록이다.
- 고무장화 던지기
- 드래곤 보트 대회: 쿠오피오에서 열리는 연중행사다.
- 요엔수 얼음낚시 대회: 하지만 고기를 많이 잡는 사람은 없다.

이밖에도 핀란드 전역에서 진행되는 수많은 소규모 행사들이 있다. 추가적인 정보는 핀란드 관광청 웹사이트(www.mek.fi)와 핀란드 국가 정보를 제공하는 온라인 국영매체 〈디스 이스 핀란드〉(finland.fi)에서 찾아볼 수 있다.

휴일

핀란드 직장인들은 전통적으로 1년에 5주간의 유급휴가를 받으며, 이 기간에 대체로 호숫가 별장에서 여름휴가를 보내거나 하지축제의 긴 일조 시간을 즐기기 위해 시골로 간다. 겨울에는 스키 여행이나 날씨 좋은 지역으로 여행을 떠난다.

연휴 축제에 참가할 생각으로 핀란드에 오려는 외국인들에게 한 가지 경고할 것은, 정작 그 기간에 핀란드 사람들은 도시를 떠나기 때문에 호텔과 음식점, 박물관 등 많은 시설이 문

부활절에 아이들은 색색깔로 칠한 갯버들 가지를 손에 들고
집집마다 돌아다니며 할로윈 놀이를 한다.

을 닫는다는 것이다. 물론 헬싱키는 예외다. 다른 도시에서도
문을 연 작은 호텔을 찾을 수 있을지는 모르지만 함께 시간을
보낼 핀란드 친구가 없다면 별로 할 일이 없을 것이다. 아니면
요즘 인기를 끌고 있는, 내부에 유흥 시설을 갖춘 리조트에 머
무는 것이 한 가지 방법일 수 있다.

　부활절과 크리스마스는 핀란드에서 가장 중요한 휴일이다.
가장 중요한 종교기념일인 부활절에는 사람들이 종교적 공연
들과 예수수난극 그리고 예배를 보기 위해 몰려든다. 부활절
즈음에는 낮도 길어져 사람들은 이 휴일을 최대한 활용한다.
부활절은 말하자면 핀란드식 할로윈이다. 아이들은 마녀나 괴
물 복장을 하고 집집마다 돌아다니면서 사탕을 안 주면 골탕
을 먹이겠다고 요구한다. 초인종이 울려서 문을 열면 할머니
분장을 하고 숄을 뒤집어쓴 채 분홍색, 노란색 깃털로 장식한
갯버들 가지를 손에 쥔 세 명의 소녀를 보게 될 것이다. 소녀

들은 "동전이나 사탕을 내놔"라고 소리칠 것이다. 밤에 아이들이 잠들어 있는 동안 부활절 닭이 부활절 달걀을 낳고(크리스마스 때 선물을 두고 가는 산타크로스처럼) 아이들은 똑같이 신기하고 신나는 경험을 한다. 사람들은 부활절 계란에 그림을 그리고 파샤pasha와 맘미mammi를 먹는다. 맘미는 핀란드에서만 맛볼 수 있는 호밀과 맥아로 만든 계절 케이크로 크림이나 슈거파우더와 잘 어울린다. 부활절에는 전통적으로 양고기를 먹는다.

크리스마스이브와 크리스마스 당일(요울루Joulu)은 주로 가족 행사로 치러진다. 술을 마시며 즐기는 시간이 아니다. 이때는 거의 모든 상점이 문을 닫기 때문에 현지 친구가 없다면 핀란드를 방문하기에 좋은 시기가 아니다. 크리스마스의 주된 식사는 주로 이브 날 오후에 성묘를 다녀온 뒤 저녁 6시 정도에 먹는다. 핀란드에서 크리스마스는 먼저 세상을 뜬 가족의 묘소에 촛불을 밝히는 아주 중요한 날이다. 묘지 곳곳에 밝혀진 촛불이 하얀 눈에 반사되어 묘지가 온통 빛으로 가득해진다. 사람들은 미사에도 참여한다. 선물 교환과 연회는 이브의 밤을 위해 아껴둔다. 온가족이 모여 즐겁게 트리를 장식하고 크리스마스 사우나를 즐긴 뒤 따끈하게 데운 와인과 함께 자두를 채운 별 모양 패스트리와 진저브레드 쿠키 등을 먹는다.

오월제(바푸Vappu)는 요일에 관계없이 항상 5월 1일이다. 전날인 4월 30일에 다양한 축제가 열린다. 5월 1일은 물론 노동절이기도 하지만 핀란드에서는 전통적으로 봄맞이 대축제 날이다. 이날 사람들은 종합학교 졸업식 때 썼던 흰색 학사모를 쓰고 거리를 돌아다니는 것이 전통이다. 긴 겨울을 보내고 봄이 오는 첫 날에 열리는 오월제는 친구들과 파티를 열어 먹고

크리스마스 주간에 도시는
온통 빛으로 가득하다.

마시며 느긋하게 즐기는 시간이기 때문에 다음날 핀란드 전체가 숙취에 시달린다고 한다.

하지 축제(유하누스 Juhannus)도 특별히 중요하다. 이 공휴일은 낮이 가장 긴 날을 기념한다. 장담컨대 사시사철 밤낮의 길이가 크게 차이나지 않는 지역에 사는 사람들에게 핀란드의 '백야'는 몹시 흥분되는 경험일 것이다. 하지에는 핀란드 최남단 지역에서도 햇빛 없는 시간이 한밤중에 땅거미가 지는 90분 정도일 뿐이다. 축제는 항상 6월 20일과 26일 사이 금요일 밤과 토요일에 열린다. 이때 핀란드인은 모두 도시를 떠나 시골에서 축제를 즐긴다. 마을마다 음악과 춤, 먹거리가 가득한 한여름 축제가 열리며 대형 모닥불을 밝히는 것이 전통이다.

독립기념일인 12월 6일도 공휴일이다. 1917년 핀란드가 러시아로부터 독립한 것을 기념하는 엄숙하고 진지한 날이다. 이 날 핀란드 사람들은 가까운 친지들과 레스토랑에서 점심을 먹으며 즐거운 시간을 보낸다. 제과점에서는 핀란드 국기를 상징하는 파란색과 흰색 당의를 입힌 케이크를 만들어 팔고, 상점들은 창문을 파란색과 흰색으로 장식한다. 사람들은 집안 창가에 촛불을 켜서 놓아두고 성묘에 가서도 촛불을 밝힌다. 또한 독립기념일 저녁에는 대통령이 핀란드에 있는 모든 VIP를 초대해 성대한 파티를 여는데 이 장면이 텔레비전에 생방송되어 그날의 하이라이트가 된다.

그리고 다른 나라들과 마찬가지로, 신년 전야(우덴부오데나토 Uudenvuodenaatto)를 기념한다. 연설과 불꽃놀이, 파티와 함께 새해 각오를 다지는 날이다. 한 가지 특이한 풍습이 있는데, 조롱박에 양철을 녹여 찬물이 담긴 양동이에 붓는 것이다. 그렇게 해서 만들어진 형태를 해석해 미래를 점친다.

핀란드에는 특정한 전통이나 인물을 기념하기 위해 국기를 게양하는 날도 아주 많다. 흰색 바탕에 청색 십자가가 그려진 핀란드 국기가 한 번도 게양되지 않고 넘어가는 달이 없을 정도다. 달력에는 국기 게양일(리푸투새이뱃 Liputusäivät)이 표시되어 있고 건물 수위들이 국기를 게양하고 하강할 때를 분명하게 알려준다. 핀란드에서 국기를 게양하는 날은 1년에 총 16일이며 그중 6일은 공식적이고 10일은 비공식적이다. 공식적인 국기 게양일에는 정부기관이 의무적으로 국기를 게양한다. 봄에는 아그리콜라의 날(핀란드어의 아버지, 4월 9일)을 필두로 국기 게양일이 특히 많다. 공휴일 중에 국기를 게양하는 날은 오월제와 독립기념일 단 이틀뿐이다.

산타클로스 만나기

핀란드는 산타클로스의 본고장이며, 따라서 산타클로스를

언급하지 않은 책은 핀란드에 관한 온전한 책이라고 보기 어렵다. '핀란드 판' 산타클로스는 오늘날 많은 나라에서 생각하는 산타클로스의 모습과는 좀 다르다. 우리는 산타클로스를 친절하고 쾌활하고 둥글둥글한 할아버지로 묘사하는 경향이 있다(이런 이미지는 원래 한 핀란드인이 코카콜라 사를 위해 디자인한 것이었다). 그러나 핀란드에서 산타클로스는 특이한 외모의 짓궂은 요정으로 묘사된다. 빨간 옷을 입고 있지만 그것은 우리가 크리스마스카드나 할리우드영화에서 흔히 보는 빨간색과 흰색이 섞인 복장보다는 라플란드 전통의상에 더 가깝다.

산타클로스는 라플란드에 산다. 내가 가봐서 안다. 산타의 마을은 로바니에미 바로 옆, 북극권이 시작되는 지점에 있다. 마을을 가로질러 전선에 주렁주렁 매달린 빨간 전구가 북극권

경계선을 표시하고 있다. 마치 잉글랜드 그리니치에서 두 다리를 벌려 시간 경계선에 걸쳐 있을 수 있는 것처럼, 이곳에서는 한 발은 북극권 안에, 다른 한 발은 북극권 밖에 걸쳐 있을 수 있다.

산타 마을은 핀란드의 기준으로 보면 상당히 상업화되었지만 미국이나 유럽의 인구밀집 지역에 있는 테마파크에 익숙한 사람들에게는 그저 기분 좋은 평온함을 느끼게 할 것이다. 기념품 상점의 물건들은 주로 라플란드 사람들이 손수 만든 수공예품인데, 이 물건들은 디자인이 복잡하고 색상도 다채로우며 다른 어디에서도 살 수 없는 독특함이 있다. 산타 마을에 가면 일단 산타우체국에 들러서 어린 친지들에게 이곳에서 발행한 공식 크리스마스카드를 보내는 것을 잊지 말자. 로바니에미는 한때 산타 마을로의 당일 여행을 위해 콩코드기가 운항되었던 라플란드의 번화가다. 그 모습이 얼마나 장관이었던지! 마치 커다란 은빛 새가 파란 겨울 하늘에서 맴도는 것 같았다.

산타클로스가 실제로 어디에 살았는지에 대해서는 의견이 분분하다. 그에게는 자신이 진짜 산타클로스라고 주장하는 적수가 있는데 역시 라플란드 지역에 있는 코르바툰투리 Korvatunturi라는 곳에 산다. 여기서도 산타클로스와 그의 아내와 조수를 만날 수 있다. 그리고 여기서도 우체국에 들르는 것을 잊지 말자. 말이 나온 김에 한 가지 더 언급하자면, 11월과 12월에 핀에어 항공기를 이용하면 산타 마을에서 산타클로스가 보내는 편지를 신청할 수 있다. 몇 년 전에 나는 양손자들에게 이런 식으로 편지를 보냈는데 아이들이 무척 기뻐했다. 해외에서 보낸 그 편지가 정말로 산타클로스가 보낸 것처럼 보였

로바니에미에 있는 산타 마을의 전경. 세계의 아이들에게 보내는 크리스마스 편지들과
익살스러운 산타 인형이 눈길을 끈다.

기 때문이다.

이제 산타클로스는 놀라운 외국어 지식을 지닌 대단한 인물
이 되었다. 산타클로스를 보기 위해 줄을 서 있는 동안, 나는
그가 어떤 일본 어린이들에게 일본어로 말하는 것을 들었다.
그는 불어도 했고 물론 내 딸에게는 영어로 말했다. 우리는 거
기서 산타클로스와 기념사진을 찍었고 불과 몇 초 만에 그 사
진이 인화되어 나왔다. 사진은 물론 평생 소중히 간직해야 할

보물 중 하나다.

핀란드에서는 '공식' 산타클로스나 산타클로스 조수를 고용해 크리스마스에 아이들을 찾아가게 할 수 있다. 이런 사람들을 톤투Tonttu라고 부르는데, 산타클로스 역할을 하도록 공식적으로 등록해 면허를 받은 사람들이다. 이 서비스에는 수수료가 있다. 그런데 놀랍게도 사람들이 산타클로스 서비스를 단지 크리스마스 때만 의뢰하는 것이 아니라고 한다.

로바니에미 외곽에는 산타 파크도 있는데 동굴을 뚫어 지은 테마파크다. 디즈니랜드 같은 곳을 상상하지는 마시라. 사실 나는 그곳이 아주 어린 아이들을 대상으로 한 것 같다는 인상을 받았다. 조금 큰 어린이나 어른들은 그리 즐길 거리가 많지 않았다. 그럼에도 한번쯤 가볼 만한 흥미로운 곳이며 이곳에 가면 핀란드 사람들이 산타클로스를 어떻게 생각하는지를 어느 정도 짐작할 수 있다. 앞서 언급한 것처럼 핀란드 사람들은 산타클로스를 독특한 생김새의 짓궂은 요정쯤으로 생각하며 실제로 산타 파크는 그런 인식을 토대로 지어졌다.

산타클로스의 연락처

산타에게 편지를 쓰려면 다음 주소로 연락하면 된다.
Joulupukki, 96930 Napapiiri, Finland.
또는 산타의 웹사이트를 방문할 수도 있다(www.santaclaus.posti.fi).

취미생활

음악

핀란드는 음악 문화가 확실하게 자리 잡혀 있으며 재능 있는 클래식 작곡가가 많다. 국제적 관점에서 시벨리우스는 핀란드의 음악적 정체성을 대표하는 대명사이자 핀란드 문화를 지배하는 음악가다. 그의 작업 중 상당 부분이 자신의 민족과 문화를 찬양하기 위해 작곡되었고, 특히나 대표작인 〈핀란디아〉는 핀란드인의 애국심과 긍지를 강하게 표현했다. 시벨리우스는 핀란드가 러시아 대공국이었을 당시에 음악을 작곡했고 그의 음악은 압제자에 대한 저항을 촉구하는 외침으로 보였다. 오늘날 헬싱키에는 시벨리우스 아카데미가 있는데, 우수한 젊은 작곡가와 지휘자, 음악가들을 많이 배출한다고 국제적으로 정평이 나 있다.

핀란드 음악과 전통의 풍부함은 13개 직업 교향악단과 18개 반직업 교향악단 그리고 수많은 합주단을 통해 목격할 수 있다. 헬싱키에는 2개의 핀란드 방송교향악단과 헬싱키 필하모닉 오케스트라가 있다. 또한 국제적 명성을 누리는 많은 오페라단과 발레단, 독주 연주자들도 있다. 인구가 그렇게 적은 나라치고는 다양한 예술적 기교를 자랑하는 세계적 지휘자와 작곡가, 연주가가 상당히 많은 편이다.

여름이면 많은 도시의 교회나 야외에서 좋은 클래식 연주회를 만날 수 있다. 이런 연주회는 대부분 무료이며 아주 인기가 있다. 또한 헬싱키에서는 1년 내내 재즈 공연을 볼 수 있고 그 외 지역에서도 주로 여름에 재즈 공연과 록 공연이 큰 인기를 누린다. 공원에서는 각종 핀란드 음악을 보여주는 수많은 야외 공연이 열린다.

핀란드의 여름 페스티벌은 전 세계 공연자를 불러 모은다. 가장 유명한 재즈 페스티벌은 6월에 포리와 탐페레, 에스포에서 열린다. 헬싱키 바로 북쪽의 야르벤파Jarvenpaa(시벨리우스의

헬싱키 시벨리우스 공원에 거대한 파이프오르간 조형물과 함께
설치되어 있는 장 시벨리우스의 얼굴 조각상.

고향)에서는 푸이스토 블루스 페스티벌 Puisto Blues Festival 이 열린다.
한편 오울루의 쿠스로크 Kuusrock 와 피흐티푸다스 Pihtipudas 의 사
파스얄카로크 Saapasjalkarock 에서는 최고의 록 페스티벌을 경험할
수 있다. 2만 5000명 이상의 관객을 모으는 대형 페스티벌도
있다. 세이나요키에서 6월에 열리는 프로빈시로크 페스티벌
Provinssirock Festival 은 3개의 무대에서 펼쳐지며 밥 딜런과 빌리 아

이돌, R.E.M 같은 스타들이 공연을 펼친 바 있다. 이곳 뮤지션들에게 마약 문제는 거의 또는 전혀 없다.

국제적으로 가장 호평을 받는 페스티벌 중 하나는 쿠오피오에서 매년 열리는 댄스 앤 뮤직 페스티벌로, 전 세계에서 온 공연자들이 무대에 오른다. 가장 영향력 있는 오페라 무대는 사본린나Savonlinna 오페라 페스티벌이다. 중세 시대 궁정에서 세계적인 공연자들이 펼치는 이 공연은 결코 잊지 못할 경험이 될 것이다. 또한 핀란드의 많은 현대 오페라가 전 세계에서 성공적인 공연을 펼치고 있다.

핀란드 전통의 민속 음악에는 동서양의 문화적 요소들이 혼

사본린나 오페라 페스티벌이 펼치지는 올라빈린나 성.
1475년에 지어진 아름다운 중세의 성이다.

합되어 있다. 바이올린과 클라리넷, 아코디언 그리고 칸텔레 kantele 라고 하는 핀란드 전통 악기를 특징으로 하며, 실제로 카렐리야식 포크 음악은 이 시대에도 팝과 록 음악에 대한 인기 있는 대안으로 받아들여진다. 기본적으로 핀란드 사람들에게는 음악적 끼가 잠재되어 있는 듯하다. 다양한 음악가들이 이를 증명하는데 구슬픈 탱고 가수며 엔카 가수, 스윙타임 가수, 재즈 밴드와 로큰롤 밴드, 그리고 야리 실란패 Jari Sillanpää 와 에이노 그뢴 Eino Grön, 아리아 코리세바 Arja Koriseva 같은 핀란드 팝가수들이 세계적으로 활발한 활동을 펼치고 있다. 한편 2006년 유로비전 송 콘테스트에서는 괴물 분장을 한 핀란드 록밴드 로르디 Lordi 가 〈하드록 할렐루야〉로 우승하기도 했다.

춤

핀란드 사람들은 춤추는 것을 좋아하며 수준급 사교댄스를 추는 실력자도 많다. 도시마다 손님들이 왈츠와 탱고, 훔파와 엔카, 폭스트롯을 추는 댄스 레스토랑이 있고, 이런 곳에는 대개 국민 애창곡을 연주하는 작은 악단이 있다. 지역 호텔에서도 저녁에 댄스타임이 있

으며 수요일과 금요일, 토요일 댄스타임이 가장 인기 있다. 주중 댄스파티는 '나이스텐탄싯Naistentanssit'이라고 부르는데, 여기서는 여성이 먼저 춤을 청한다. 여성이 남성에게 춤을 추자고 청하면 남성은 기꺼이 응해야 한다. 이와 마찬가지로 댄스 레스토랑에서 남성들은 부담 없이 숙녀에게 춤을 청할 수 있다. 이런 청은 거절하지 않고 응하는 것이 예의라고 간주되며, 보통 두 곡을 함께 춘 다음에 남성이 여성을 원래의 좌석으로 데려다준다.

핀란드의 여름에 놓치지 말아야 할 것 중 하나는 '라바탄싯Lavatanssit'이라고 하는 야외무대 댄스파티로, 지역에서 활동하는 가수와 밴드가 음악을 연주하고 사람들이 춤을 추는 일종의 축제다. 핀란드에서 인적이 뜸한 곳에서는 항상 이런 시끌벅적한 춤의 무대가 있을 것만 같다. 이런 자리에서 특히 인기 있는 춤은 핀란드 전통 춤인 훔파다. 훔파는 소란스러운 사교춤과 미국 중서부에서 추는 경쾌한 춤이 혼합된 형태로, 주로 아코디언과 바이올린 반주에 맞춰서 춘다.

스포츠

스포츠라는 말을 빼고는 핀란드 사람들에 대해 논할 수 없다. 핀란드인은 스포츠에 열광하고 운동선수를 숭배한다. 또

한 핀란드 사람들에게는 야외 활동이 즐거운 삶의 일부분이다. 스포츠가 핀란드의 생활양식에서 차지하는 큰 비중은 이토록 작은 나라가 국제 스포츠 경기에서 그렇게나 좋은 성적을 거두어온 이유를 설명해준다. 핀란드는 F1과 랠리, 크로스컨트리를 막론하고 각종 자동차 경주에서도 두각을 나타낸다.

전반적으로 핀란드 사람들은 아주 빠르게 걷는다. 사실 그들의 걸음걸이는 내가 본 다른 어느 나라 사람들과도 다르다. 거의 모든 사람들이 상체를 꼿꼿이 편 채 팔다리를 빠르게 흔들면서 걷는다. 1998년에 핀란드에서는 꼭 눈밭길이 아니어도 스틱을 이용해서 걷는 것이 유행이었는데, 이를 다른 많은 나라들에서 '노르딕 워킹'이라고 부르며 건강한 습관으로 따라했다. 말하자면 이것은 스키 없이 크로스컨트리 스키를 타는 것과 비슷하다. 핀란드 사람들은 바닥에 눈이 있건 없건 스키 스틱으로 규칙적으로 빠르게 땅을 찍으면서 걷는데, 이런 방식은 건강에 아주 좋은 데다 보통 걸음걸이로 걸을 때보다 칼로리가 두 배나 소모된다.

트레킹은 핀란드에서 인기 있는 여가 활동이며, 숲속마다 방문자들을 위한 산장과 긴 산책로가 조성되어 있다. 호숫가는 낡은 증기 연락선을 타고 유람하기에 좋은 목가적인 장소이고, 물길을 탐험하고자 한다면 카누와 카약을 대여할 수 있다. 호숫가나 해안 지역에서는 보트 외에 자전거를 타는 것도 주된 여가 활동이다. 또한 핀란드 사람들은 여름이건 겨울이건 낚싯대를 늘 가까이 두고 산다. 핀란드에서 낚시를 하려면 종류에 따라 허가증이 필요한데, 보통은 우체국이나 은행에서 발급해주고 지역 낚시터에서 시간이나 날짜 단위로 판매하는 경우도 있다.

겨울이 긴 핀란드에서 가장 인기 있는 스포츠는 아이스하키다.
한담을 별로 즐기지 않는 핀란드 사람들도 빅 경기가 있는 날은
남녀노소 가리지 않고 스포츠 이야기를 즐긴다.

눈의 나라 핀란드에서 가장 열광하는 스포츠는 아이스하키다. 아이스하키는 말하자면 국민 스포츠로, 다른 유럽 국가들에서 축구가 누리는 인기와 맞먹는다. 큰 경기는 텔레비전에서 생중계되며 그때마다 국가 전체가 정지하는 듯 보인다. 1년에 핀란드에서 열리는 스포츠 대회 중에 가장 하이라이트는 아이스하키 세계선수권대회로 오월제만큼이나 중요한 봄철 행사로 꼽힌다. 과묵한 핀란드 사람들이 아이스하키에 대한 '한담'을 인사말처럼 나눌 정도이니 핀란드가 이 스포츠에 얼마나 몰입하고 있는지를 짐작할 수 있다.

여름철에 인기 있는 스포츠는 축구이며 대부분 지역이 리그에서 뛰는 축구팀을 두고 있다. 야리 리트마넨Jari Litmanen과 요나탄 요한손Jonatan Johansson, 사미 휘피아Sami Hyypia 같은 선수들이 아약스와 FC바르셀로나, 글래스고 레인저스와 찰스턴, 리버풀 등 유명 해외 팀에서 보여준 활약이 축구에 대한 열광을 부

추겼다. 핀란드 내 많은 지역에서 세계적인 축구팀들이 친선 경기를 벌이는 것을 자주 볼 수 있으며, 핀란드 최초의 축구 전용 경기장이 헬싱키에 세워졌다.

골프는 점점 더 많은 관심을 끌고 있다. 다른 나라에 비해 골프 철이 짧은 편이지만 여름에는 하루 24시간 동안 언제라도 칠 수 있다는 장점이 있다. 핀란드 사람들은 자신의 나라가 '골프의 천국'이라고 홍보하며 외국인 친구들에게 심야 골프를 권장하고 있다. 열성분자들을 위한 겨울 골프도 있는데, 얼어붙은 호수에서 빨간 공으로 하는 것이 특징이다.

영화

극장은 핀란드의 크고 작은 모든 도시에서 쉽게 찾을 수 있으며 국제 시장에서 배급되는 최신 영화를 상영한다. 상영작의 80퍼센트 이상이 해외에서 수입된 영화로, 핀란드어 자막과 함께 원어 그대로 상영된다. 아주 외딴 마을에서도 최신 영화를 볼 수 있으며, 최신 블록버스터 영화가 미국에서 상영되기 전에 핀란드에서 먼저 개봉하는 경우도 종종 있다. S등급은 전체 관람가, K등급은 16세 또는 18세 이상 관람으로 제한된다. 대표적인 외화 수입국은 미국이며 프랑스와 영국, 스웨덴이 뒤를 잇는다.

여행

핀란드에 입국하는 사람들은 대부분 항공편으로 헬싱키 국제공항에 도착한다. 아마도 십중팔구는 도착하자마자 자신이 아주 질서정연하고 문명화된 사회에 도착했다는 안도감이 들 것이다. 개인적으로 내가 핀란드에서 좋은 점 중에 첫째로 꼽는 것은 공항에서 사용하는 손수레다. 슈퍼마켓의 쇼핑 카트와 비슷하게 생겼고 외투와 손가방 정도를 담을 수 있는 아담한 크기인데 써보면 정말 편리하다. 비행기에서 내리자마자 게이트 바로 옆에서 찾을 수 있다.

배편으로 핀란드에 오는 사람들도 있다. 이들은 에스토니아나 스웨덴에서 보트나 소형 유람선을 타고 사실상 도심에 있는 헬싱키 항구로 곧바로 들어온다. 또는 상트페테르부르크나 그 밖의 러시아 지역에서 기차나 버스를 타고 역시 도심에 있는 헬싱키 역으로 들어오는 이들도 있다.

어떤 수단으로 입국하건, 다음 행선지로 가는 교통수단을 쉽게 이용할 수 있다. 몸이 건강한 사람이건 불편한 사람이건, 핀란드는 여행하기에 좋은 곳임을 느끼게 될 것이다. 장애인들도 불안해할 필요가 없다. 사실 미국을 제외하면 내가 가본 나라 중에 장애인을 위한 편의시설이 가장 잘 되어 있는 나라가 핀란드다.

국내선 이용법

핀란드는 유럽에서 가장 저렴한 국내선 항공편을 제공한다. 주요 국내 항공사는 핀에어이며 저가 항공사인 블루1도 영업 중이다. 골든에어는 몇몇 소도시로 운항한다. 이들 항공사는 핀란드의 주요 중심지로 항공편을 운항하지만 모든 노선이 헬싱키를 경유하도록 되어 있다. 그러므로 비행기를 타고 핀란드·동부에서 서부로 곧장 가는 것은 불가능하며 일단 헬싱키에 들러 환승해야 한다. 가장 작은 항공기는 승객이 별로 없는 노선이나 심야 비행에 이용되는데, 불행히도 일반 제트기보다 비행시간이 오래 걸린다. 그러나 나는 착륙에 있어서만큼은 핀에어 조종사가 세계 최고라고 자신 있게 말할 수 있다. 그렇게 부드러울 수가 없다!

목적지 공항에 도착하면 어려움 없이 호텔이나 다른 곳으로 이동할 수 있다. 작은 공항의 경우 기내에서 승객에게 택시를 원하는지 묻고 예약해준다. 큰 공항에는 밖에 택시가 대기하고 있다. 아니면 공항택시를 잡아타거나 핀에어 버스를 이용할 수 있다. 핀란드 공항들은 규모가 작은 편이라 탑승수속을 위해 몇 시간 전부터 공항에 나가 있을 필요도 없다. 일반적으로 국제선 연결편에 탑승할 때도 이륙 30분 전 도착이면 충분하다. 헬싱키를 경유해 해외로 갈 경우, 짐을 최종 목적지로 곧바로 부치고 짧은 시간 내에 탑승수속을 할 수 있다.

만일 목적지 공항의 수하물 컨베이어벨트에서 짐이 나오지 않을 경우, 대처하는 방법은 다음과 같다. 일단 핀에어 데스크

헬싱키 공항에 대한 정보

헬싱키 공항은 도심에서 20킬로미터 떨어진 반타(Vantaa)에 있다. 국내선은 제1터미널을 이용하고, 국제선은 제2터미널에서 출발한다. 제2터미널은 어느 탑승수속 구역으로 들어가느냐에 따라 제3터미널과 제4터미널이라고도 불린다. 하지만 엉뚱한 곳으로 들어가도 걱정할 것은 없다. 공항이 크지 않아서 제 위치를 찾아가는 데 몇 분밖에 걸리지 않는다.

공항에 도착하면 핀에어 공항버스나 시내버스(615번과 617번) 또는 택시를 타고 헬싱키 시내로 갈 수 있다. 핀에어 공항버스는 25분이면 헬싱키 중심에 도착한다. 이 버스는 터미널 바로 밖에서 출발하므로 짐을 들고 오래 걸을 필요가 없고, 인터콘티넨털호텔과 헬싱키 중앙역 핀에어 시내 공항 터미널(Finnair City Air Terminal) 앞에 선다. 승객이 요청하면 중간에 내려주기도 한다.

를 찾아간다. 대개는 출국하는 승객을 위한 탑승수속 데스크일 것이다. 분실한 수하물이 몇 개인지 신고하고, 안내에 따라 다양한 사진 중에서 케이스의 형태를 고른다. 낮 시간에 도착했다면 아마도 짐이 다음 비행기로 도착할 수 있으므로 3시간 이내

에 찾을 수 있다. 그러나 밤늦게 도착했다면 일박용 여행가방 (overnight bag)을 요구해야 한다. 이 가방에는 남녀 세면도구와 속옷 같은 필수품이 들어 있다. 다음날에도 수하물을 찾지 못하면 핀에어에 편지를 써서 보상 청구를 할 수 있다.

이런 정보는 아무도 알려주지 않는다. 그러니 일박용 여행가방을 받을 수 있다는 것과 장시간 분실된 가방에 대해 보상을 청구할 수 있다는 사실을 본인 스스로 알고 있어야 한다. 여행 중에 가방이 파손된 경우에도 도착하자마자 핀에어 데스크에 이를 알린다. 몇 가지 서류를 작성해야 하는 번거로움은 있지만, 그러면 현지 가방 상점에서 새 가방과 교환할 수 있는 상품권을 받을 수 있다. 새 가방을 고르고 상품권과 교환하기만 하면 된다.

호텔 및 숙박업소

핀란드 호텔을 국제적인 별 등급으로 비교하기는 어렵다. 별 등급은 상황에 맞게 해석되어야 하며, 어느 나라에서 4성

급인 호텔이 다른 나라의 3성급 수준일 수도 있다. 따라서 다음에 소개할 내용은 어디까지나 나의 주관적인 의견일 뿐 어딘가에 명시된 '공식적'인 평가는 아니다. 나의 의견은 영국과 다른 유럽 국가들에서 내가 가본 호텔의 별 등급과의 비교를 토대로 작성한 것이다.

핀란드에는 호화 호텔이 많지 않다. 헬싱키에서 가장 호화로운 호텔은 아마도 캄프 호텔Hotel Kamp일 것이다. 유럽 대도시의 취향을 헬싱키로 옮겨놓기 위해 1887년에 문을 연 이 호텔은 10여 년 전 원래의 모습대로 복원되었다. 그 외 대부분의 호텔은 비즈니스맨을 주 고객으로 삼는 스칸딕Scandic과 소코스Sokos, 쿠물루스Cumulus 같은 몇몇 호텔 체인에 속한다. 나는 이런 호텔들을 조금 낮은 수준의 4성급으로 분류하는 편이다. 일반적으로 이런 호텔에는 수영장과 사우나, 레스토랑과 나이트클럽이 있으며 그 시설들은 인근에서 가장 인기 있는 곳일 가능성이 크다. 단, 핀란드 호텔의 수영장은 물이 얼음장처럼 차가우니 주의하시라! 나는 처음 호텔 수영장에 갔을 때 여유로운 수영을 즐길 기대에 부풀어 수영장에 곧바로 뛰어드는 실수를 저지르고 말았다. 핀란드 호텔에서 수영장은 사람들이 사우나에서 나와 몸을 식히는 용도다. 어쩌면 나처럼 아무것도 모르는 외국인들이 물에 뛰어들었다가 깜짝 놀라 비명을 지르는 재미있는 광경을 연출하는 것이 또 다른 존재 이유일지도 모르겠다.

핀란디아 그룹에 속하는 독립 소유 호텔들도 있다. 사실 이 호텔들은 다른 나라에서라면 2성급 또는 3성급 숙박업소에 해당한다. 첫인상은 썩 좋지 않을지 모르지만 그리 꺼릴 필요는 없다. 내 경험에 의하면 객실 수준은 항상 보통 이상이었으며, 물론 핀란드 호텔이니만큼 모든 것이 깨끗하고 청결하다. 이런 호텔은 가격도 저렴하고 편의시설이 많지 않지만 적어도 레스토랑은 있다.

여름이 끝나갈 무렵에는 호텔 요금이 크게 인하된다. 주말(금요일에서 일요일까지)에도 마찬가지다.

핀란드 숙소의 아침식사는 항상 뷔페식이며 치즈와 햄, 삶은 달걀, 절인 생선, 신선한 야채샐러드, 견과류, 시리얼, 오트밀과 죽 등으로 이루어져 있다. 그리고 핀란드식 스크램블 에그나 미트볼 또는 프랭크소시지 같은 따뜻한 음식을 제공하는 경우도 많다. 핀란드 빵은 맛있고 다양하며 버터도 맛이 좋다. 핀란드에서는 항상 천연 요구르트와 따뜻한 죽이 담긴 큰 그릇을 찾을 수 있다.

호텔에 체크인할 때 프런트에서 흡연실 또는 금연실을 원하는지 물을 것이다. 핀란드인은 이런 문제에 대해 무척 엄격하다. 욕조를 원한다면 미리 요청해야 한다. 모든 객실에 샤워기는 있지만 욕조가 있는 객실은 많지 않다. 호텔 객실에 카펫이 깔려 있는 경우는 드물고, 따라서 슬리퍼를 신을 것을 권한다. 내 경험에 비추어보면 핀란드 호텔의 객실 온도는 생각보다 높지 않아서 앉아 있으면 한기를 느끼기 쉽다. 핀란드에서 체온을 유지하는 비결은 몸을 외부에 노출시키지 않는 것이다. 이불은 무척 가벼워서 처음에는 그리 안락하거나 따뜻해 보이지 않지만 일단 몸 위에 덮고 체온으로 달구면 금세 훈훈해진다. 내 경우는 항상 따뜻한 물병을 끌어안고 잔다.

여름철에 핀란드를 방문할 경우, 핀란드의 여름 별장 뫼키를 임대하는 것도 고려해볼 만하다. 어쩌면 이것이야말로 진정으로 핀란드를 경험할 수 있는 방법이다. 간혹 전기와 수도 시설이 없는 경우도 있으므로 꼼꼼히 확인해야 한다. 한편 농가나 임대 숙소, 또는 트레킹을 하면서 산장에 머무는 것도 대안이 될 수 있다. 이런 시설들에 대한 추가 정보는 지역 관광 안내소에서 얻을 수 있을 것이다.

핀란드의 주요 지역들

라플란드

라플란드는 사미족의 조상들이 살던 고장이다. 이곳은 백야의 땅이기도 하다. 핀란드 전체 땅덩어리의 약 1/3을 차지하며 거의 대부분이 북극권에 속해 있다. 넓은 툰드라 지대와 구릉지, 고요한 호수와 흐르는 강 그리고 자작나무 숲이 곳곳에 펼쳐져 있다. 여름이 짧고 10월부터 이듬해 5월까지 눈에 덮여 있다. 방목 중인 순록이 자유로이 돌아다닌다. 순록 방목은 사미족의 전통적인 생계수단이었다. 요즘은 관광업과 임업에 종사하는 사미족도 있다. 들리는 얘기에 따르면 이 지역의 별미 또는 전통 중 하나는 간이식당에서 삶은 달걀과 커피를 사먹는 것이라고 한다.

카렐리야

카렐리야 북부는 러시아와 국경을 접하고 있다. 제2차 세계대전의 결과로 카렐리야 남부는 소련에 양도되었다. 그래서 카렐리야는 국가적 애국주의의 상징으로 간주된다. 800년 전 라도가 Ladoga 호수의 한 섬에 세워진 발라모 Valamo 동방정교회 수도원이 핀란드 영토에 속하는 지금의 위치로 이전되었다. 라플란드가 백야의 고장이라면 카렐리야는 노래의 고장이다. 핀란드 전통 악기인 칸텔레가 이 지역에서 유래했다. 주도

라플란드에서는 약
간의 교육 후에 설
상차를 직접 몰아볼
수도 있다.

© Jorg Hackemann

는 요엔수이며 근교의 쿠사모 시에 콜리 산을 최고봉으로 하는 아름다운 오울랑카^{Oulanka} 국립공원이 있다.

호수 지역

핀란드 중부의 주된 특징은 울창하고 푸른 숲과 수천 개에 이르는 호수다. 그리고 이 호수들이 독특한 지역 풍광을 만들어낸다. 카누와 래프팅, 보트 타기 등을 즐길 수 있는 다양한 수로와 급류와 개울이 많다. 가장 인상적인 국립공원 몇 곳이 이 지역에 있다.

사본린나에는 1475년에 지어진 아름다운 올라빈린나 성이 있는데, 이곳에서 핀란드의 가장 유명한 여름 축제 중 하나인 사본린나 오페라 페스티벌이 열린다. 쿠오피오는 이 지역 상업의 요지로 숲이 우거진 멋진 호숫가에 위치해 있다. 이 도시를 즐기기에 가장 좋은 방법은 저녁에 선상 레스토랑에 앉아 유람선 여행을 하는 것이다. 또한 푸이요 산에 있는 회전식 타워에서 최고의 시내 풍경을 감상할 수도 있다. 이 타워는 여름철에 레스토랑으로 운영된다.

핀란드 남부

핀란드에서 가장 인구가 많은 지역이다. 핀란드의 과거와 풍부한 문화적 다양성을 상기시켜주는 많은 흔적이 남아 있다. 오래된 성과 요새와 교회, 그리고 핀란드의 옛 수도였던 투르쿠를 비롯한 역사적 도시들을 방문할 수 있다. 투르쿠에는 핀란드 유일의 중세 시대 대성당이 있다. 이 성당은 화재와 적들의 공격을 겪은 뒤 여러 차례 개축된 국가적 성지로서, 핀란드 국민의 정체성 형성에 있어 막대한 중요성을 갖는다. 또한 포리 ^{Pori} 근처에 있는 500년 전통의 마을 라우마 ^{Rauma}는 유네스코 세계문화유산에 등재되어 있다. 이 지역의 시골 풍경은 무척 평화롭다.

핀란드의 유명 도시들

헬싱키 Helsinki

핀란드의 수도인 헬싱키는 종종 '발트 해의 하얀 수도' 또는 '발트 해의 딸'로 불린다. 바위 곳 위에 자리 잡아 사방이 바다와 푸른 숲으로 둘러싸여 있다. 인구는 약 100만 명이며 주변의 에스포, 반타와 함께 헬싱키 광역권을 형성한다.

핀란드 독자 하누 시보넨으로부터: 저와 아내는 먼 나라에서 핀란드를 방문할 계획인 외국인을 만나면 스톡홀름으로 비행기를 타고 와서 주변을 둘러본 다음 헬싱키 행 보트를 타고 선상에서 인상적인 스톡홀름 군도를 감상할 것을 권합니다. 그리고 헬싱키 관광의 연장선상에서 탈린과 상트페테르부르크도 가보라고 권하죠. 스톡홀름(스웨덴)과 탈린(에스토니아)과 상트페테르부르크(러시아)는 모두 헬싱키의 명소라고 볼 수 있습니다.

핀란드가 러시아의 대공국이었던 1812년에 알렉산더 황제가 수도를 상트페테르부르크 가까이(따라서 스웨덴에서 더 멀리) 이전하기로 결정함에 따라 헬싱키는 투르쿠에 이어 핀란드의 수도가 되었다. 그에 앞서 1808년 대형 화재로 사실상 이 도시의 모든 주요 공공건물이 파괴되었지만 즉각적인 재건축이 이루어져 오늘날 헬싱키 도심에서 볼 수 있는 대부분의 건물들이 완성되었다.

5월 1일은 헬싱키를 방문하기에 아주 좋은 때다. 이 날 헬싱키는 바푸라고 부르는 오월제가 한창일 것이다. 오월제 축제는 전날 저녁 오후 6시에 시작되는데 학생들이 마켓 광장의

우펜스키 대성당은 러시아 건축가 알렉세이 고르노스타에프의 설계로
헬싱키에 지어진 동방정교회 성당이다. 이 성당은 1862년 그가 사망한 이후에야
완성되었으며, 지리적으로 북유럽에 속해 있음에도 불구하고
서유럽 최대의 동방정교회 성당이라고 이야기된다.

마켓 광장의 하비스 아만다 조각상. 이 아름다운 처녀상의 머리에
흰색 학사모를 씌우는 것으로 오월제가 본격 시작된다.

하비스 아만다 조각상에 흰색 학사모를 씌우는 의식을 행한
다. 그때부터 나머지 저녁 시간은 시내를 돌아다니며 다양한
행사에 참여한다. 다음날인 오월절 아침에는 카이보푸이스토
Kaivopuisto (카이보 공원)에서 단체 피크닉에 참석하는 것이 필수
다. 늦어도 오전 10시에는 도착해야 한다. 여기서 더없이 특별

한 광경이 여러분을 맞이할 것이다. 공원 전체가 흰색 학사모를 쓰고 피크닉을 즐기는 사람들로 가득할 것이다. 노동 계급의 행사에서 시작된 오월제는 점차 모두를 위한 봄맞이 축제로 발전했다. 핀란드 사람들은 이 날만큼은 어느 도시에서나 날씨에 관계없이 야외공원에 모여 봄을 한껏 즐긴다. 긴 겨울이 지나고 바로 봄이 시작된 오늘이기 때문이다.

1월과 2월이면 원로원 광장에는 눈으로 만든 거대한 교회가 세워진다. 매년 짓는 이 교회는 중요한 관광 명소다.

- **원로원 광장**Senate Square: 신고전주의 건물들에 둘러싸인 이 광장은 헬싱키 시의 정신을 상징한다. 이곳에서 대성당을 찾을 수 있다.
- **우펜스키 대성당**Upenski Cathedral: 13개의 금빛 둥근 지붕이 있는 이 인상적인 붉은 벽돌 구조물은 항구 근처에 위치해 있다. 서유럽 최대의 그리스정교 성당이다. 정교한 성상과 그림, 촛대로 화려하고 생동감 있게 장식된 내부를 꼭 구경해야 한다.
- **시벨리우스 기념비**Sibelius Monument: 핀란드의 가장 유명한 작곡

가 시벨리우스를 기념해 에이야 힐투넨의 설계로 만들어졌다. 아름다운 시벨리우스 공원에 자리 잡고 있다.

- **템펠리아우키오 교회**Temppeliaukio Church: 이 교회는 단단한 바위면을 깎아서 만들었으며 거친 화강암 벽과 압연한 구리 지붕이 있다. 건축물 자체로 하나의 예술작품이다. 이곳에 가서 연중 내내 열리는 음악회를 감상해보자.

- **수오멜린나**Suomelinna **섬 요새**: 유네스코 세계유산에 등재되어 있는 스칸디나비아 최대의 고대 바다 요새다. 여전히 사람들이 살고 있으며 헬싱키 항의 마켓 광장 앞에서 페리가 운행된다. 역사가 서린 그림 같은 풍경이 경외감을 자아낸다. 멋진 산책로와 동굴, 절벽과 해안에 대포가 설치되어 있다. 박물관과 방문자 센터, 교회와 카페도 있다.

- **코르케아사리**Korkeasaari: 코르케아사리라는 그림 같은 섬에 헬싱키 동물원이 있다. 마켓 광장과 하카니에미에서 페리를 타고 간다(페리는 여름철에만 운항되며 겨울에는 대중교통을 이용해 찾아갈 수 있다).

- **아테네움**Ateneum: 핀란드 국립 미술관으로, 핀란드에서 가장 오래된 미술관이다.

- **키아스마**Kiasma **현대미술관**: 세계적으로 유명한 건축가 스티븐 홀이 설계한 매혹적인 건물에 자리 잡고 있다. 이 미술관은 전시물 못지않게 건축물 및 내부 설계의 미학적 특성 때문에도 유명하다. 1층에 있는 키아스마 카페도 방문할 가치가 있다.

- **세우라사리**Seurasaari **옥외 박물관**: 17세기에 지어진 핀란드 여러 지역의 민속 건물들로 구성된 널찍한 옥외 박물관. 핀란드의 전통적인 시골 생활을 보여주며, 산책과 피크닉은 물론 해

안가에서 수영을 하기에도 훌륭한 장소다. 5월에서 9월 말까지 문을 연다.

- **핀란드 스포츠 박물관**: 올림픽 스타디움에 위치한 핀란드 스포츠와 체육 전문 박물관. 올림픽 게임의 역사와 챔피언들의 추억을 담고 있다.

- **마켓 광장(카우파토리 Kauppatori)과 실내 시장**: 헬싱키 항에 접해 있는 마켓 광장은 헬싱키에서 가장 유명한 명소 중 하나다. 흥미롭고 그림 같은 건축물들에 둘러싸여 있으며, 인근에 위치한 실내 시장은 진기한 옛날 건물 안에 있다. 이곳에서 지역 별미를 꼭 맛보시라! 꽃에서부터 라플란드 사냥칼에 이르기까지 없는 게 없다.

- **하카니에미 Hakaniemi 시장**: 마켓 광장과 극명한 대조를 이루는 이 시장은 헬싱키의 노동 계급 지역의 중심에 있다. 다채로운 좌판들과 신선한 농산물이 풍성하다. 하카니에미 마켓 광장 옆에 하카니에미 실내 시장도 있다.

- **히에탈라흐티 Hietalahti 벼룩시장**: 고물에서 보물에 이르기까지 없는 게 없는 곳. 신선한 과일과 꽃, 다과도 있다. 하카니에미 마켓 광장 옆에 예술 작품과 골동품을 파는 실내 시장도 있다.

- **히에타니에미 Hietaniemi 해변**: 현지에서는 히에추 Hietsu라고도 불리며, 헬싱키 주민들이 가장 즐겨 찾는 해변이다. 수영과 일광욕, 소박한 다과를 즐길 수 있다. 주차하기 불편하니 도보 또는 버스를 이용할 것을 권한다.

- **피흘라야사리 Pihlajasaari 해변**: 일상으로부터 도피하기에 안성맞춤인 곳으로, 최근까지 헬싱키에서 가장 잘 보존된 비경을 펼쳐 보인다. 멋진 해변과 풍부한 모래, 수많은 나무와 돌, 배와 다과를 즐길 수 있다.

- **우니사리**Uunisaari **해변**: 시내 해안가에서 배로 5분 거리에 있는 작은 섬. 메리사타마란타의 콤파시Kompassi 부두에서 출발한다. 카페와 레스토랑, 테라스, 사우나까지 있다(사전 예약 필수).
- **위리왼카투 스위밍 홀** Yrjönkatu Swimming Hall: 도심 한가운데에 있는 무척 인기 있는 수영장. 수십 년 동안 핀란드 유일의 실내 대중 수영장이었다. 수영장 건물은 1920년대 고전주의의 인상적인 예로, 역사적으로나 건축학적으로 중요하게 여겨진다. 여성과 남성이 각기 다른 시간에 이용하도록 되어 있어

헬싱키에서 열리는 연간 행사 목록

- 신년 전야, 12월 20일, 원로원 광장
- 오월제 전야와 오월제 당일, 4월 30일과 5월 1일(5월 1일 카이보푸이스토에서 열리는 전통적인 피크닉을 포함해 국가적인 기념행사)
- 요트 철 시작, 5월 초
- 카이사니에미 공원에서 열리는 투스카 페스티벌(북유럽 지역에서 열리는 가장 큰 헤비메탈 행사)
- 세우라사리에서 열리는 하지 축제, 6월
- 헬싱키의 날, 6월, 도심 전체에서 기념행사
- 에스플라나데 공원에서 열리는 재즈 에스파(에스파 무대에서 매일 오후 4~6시에 재즈 공연), 7월
- 헬싱키 컵(국제 주니어 축구 경기), 7월
- 헬싱키 시 마라톤, 8월
- 수오멘린나에서 열리는 비아포리 재즈, 8월
- 반타 바로크의 주, 8월 초
- 예술의 밤(도심 전체에서 늦은 밤까지 각종 문화 행사가 헬싱키 거리를 가득 채운다), 8월.
- 헬싱키 페스티벌(댄스, 음악, 연극 축제), 8월 말~9월
- 발트 해 청어 시장 개장, 10월
- 알렉산테린카투에서 크리스마스 등불 설치, 11월
- 핀란드 독립기념일 기념행사와 축제, 12월 6일
- 헬싱키 대성당에서 핀란디아 홀까지 루시아 퍼레이드, 12월 13일
- 12월 크리스마스 시장(에스플라나데 공원에서 성 토마스 크리스마스 시장, 반하 사타마에서 부녀자 크리스마스 시장이 열린다)

수영복을 입을 수도, 안 입을 수도 있다. 2001년 9월부터 수영복을 입는 것이 허용되었다.

투르쿠Turku

투르쿠는 핀란드의 역사적 중심지로서 문화적 정체성을 갖는다. 그도 그럴 것이 이곳은 아주 오랫동안 핀란드에서 가장 큰 도시였다. 2011년에는 유럽 문화 수도로 선정되었다.

- **투르쿠 성**: 1289년에 건설된 인상적인 회색빛 성이다. 핀란드에 현존하는 가장 큰 중세 건물일 뿐 아니라 스칸디나비아 지역에 현존하는 중세 성들 중에서도 최대 규모에 속한다. 투르쿠 성은 남서핀란드라는 역사적 지역의 중심이자 핀란드 전체의 행정 중심지였다. 튼튼한 성벽과 지하 감옥 때문에 수세기 동안 국가 감옥의 역할을 했다. 이 성의 전성기는 핀란드 공작 요한(훗날 스웨덴의 국왕 요한 3세)과 그의 아내 카타리나 야겔로니카Katarina Jagellonica가 통치했던 16세기 중반이었다. 지금은 핀란드에서 가장 많은 사람들이 찾는 박물관이 되었다.
- **루오스타린매키**Luostarinmäki **수공예 박물관**: 200년 전의 공예 기술을 보여주는 30여 개의 산업화 이전 작업장이 있는 야외 박물관이다. 여름철에는 장인들이 박물관 작업장에서 실제로 매일 작업한다. 박물관 내에는 연중 운영되는 상점과 우체국, 카페테리아가 있다. 가장 큰 연중행사는 8월에 있는 '수공예의 날'이다. 이곳은 1827년 대화재 당시 투르쿠에서 살아남은 유일한 구역이다.
- **크리스마스 도시**: 1996년에 투르쿠시위원회는 투르쿠를 핀란드의 크리스마스 도시로 선포하기로 결정했다. 재림절 첫

역사적인 도시 투르쿠에서는 옛 생활상을 재현하며 물건을 파는 중세 마켓이 열리기도 한다.

날에 시작해 1월 13일 성 크누트의 날까지 6주에 걸쳐 일련의 행사들이 펼쳐진다. 100명의 이벤트 종사자가 총 400여 개의 행사 기획과 집행에 참여한다.

- **무민 월드**: 토베 얀손이 만들어낸 무민 캐릭터 전용 테마파크다. 카일로 섬의 난탈리 Naantali 인근에 있는 블루베리 색깔의 무민 하우스가 주요 명소다. 관광객들은 5층 전체를 자유롭게 둘러볼 수 있다. 헤물렌의 노란 집은 무민 하우스 바로 옆에 있다. 무민 월드에서는 무민 엄마의 도넛 공장과 소방서, 팬케이크 공장, 스너프킨의 야영지, 무민 아빠의 보트 등도 볼 수 있다. 또한 무민 캐릭터나 오두막의 마녀도 만날 수 있다.

- **시벨리우스 박물관**: 위대한 작곡가 장 시벨리우스와 관련된 전시물과 전 세계에서 가져온 수백 점의 악기가 전시되어 있다. 정기적인 라이브 공연이 이 음악 박물관의 특징 중 하나다.

- **에트 헴** Ett Hem **박물관**: 알프레드와 헬렌 야콥손 Hélène Jacobsson은 카를 루드비히 엥겔이 설계한 2층집을 박물관으로 기증했다.

이것은 19세기 초 투르쿠 상류 사회의 생활을 보여주는 좋은 본보기다.

작지만 생동감 있는 도시 탐페레는 급류가 만나는 2개의 호수 사이에 위치해 있으며, 신선하고 혁신적인 요리와 신기한 박물관 그리고 유럽에서 가장 흥미롭게 개조해 사용하고 있는 산업 건물들로 유명하다.

- **탐페레 대성당**: 1907년에 완성된 회색 화강암 외벽은 핀란드의 낭만주의 건축 양식의 가장 좋은 예로 꼽힌다. 한때 논란이 되었던(12명의 소년들을 묘사한) 〈생명의 화환〉과 〈그리스도의 부활〉 같은 프레스코 벽화들도 이제는 걸작으로 간주되고 있다.
- **피스팔라** Pispala: 작은 목재 가옥들이 옹기종기 모여 있는 매우

핀란드의 낭만주의 건축 양식을 보여주는 탐페레 대성당.

다채롭고 독특한 주택가다. 이곳은 19세기 후반에 건설된 산 동네였는데 그 독특한 특성을 보존하기 위해 보호구역으로 지정되었다. 피스팔라는 더 이상 노동자의 마을이 아닌 예술가와 작가, 음악가들의 창작 공간으로 유명해졌다. 아름다운 호수 나시야르비 Nasijarvi와 피하야르비 Pyhajarvi가 내려다보이는 전망 때문에 땅값도 매우 비싸다.

- **새르캔니에미** Särkänniemi **놀이공원**: 가족들이 즐겨 찾는 핀란드 유일의 종합 놀이공원으로 내부에 7곳의 명소가 있다. 놀이 기구와 수족관, 동물원과 돌고래 수족관, 천문관, 내신네울라 Näsinneula 전망 타워(핀란드에서 가장 높음), 사라 힐든의 미술관 이 그것이다. 1년 내내 개장하지만 놀이 기구와 동물원은 여름에만 연다.

- **바프리키** Vapriiki **박물관 센터**: 한때 탐펠라 회사 공장지구였던 곳에 자리 잡았다. 현대미술과 기술에서부터 공예품과 자연

전통적인 공업 지대였던 탐페레에는 옛 산업 건물을 흥미롭게 개조해서 쓰는 사례가 많다.
사진은 핀란드의 대표적인 섬유 회사인 핀라손의 옛 생산 공장으로
지금은 문화 · 비즈니스 센터로 개조해 사용하고 있다.

물에 이르기까지 35만 점의 작품을 전시하고 있다.

- **첩보 박물관**: 첩보의 역사와 오늘날의 첩보, 유명한 첩보원과 첩보장비 그리고 치명적인 독침 우산 모음도 놓치지 마시길!

- **유람**: 핀란드 실버라인 호 선상에서 즐기는 3시간에 걸친 유람선 여행. 나무가 즐비하게 늘어선 해안과 예쁜 호숫가 집을 지나면 12마일 북쪽으로 렘팰래 Lempäälä 운하 수문에 이른다. 여기서 잠시 걸어서 이동하면 유명한 하카리 저택 Villa Hakkari 레스토랑이 있다. 200년 된 목조 저택에서 젊지만 숙련된 요리사가 훌륭한 현지 요리를 준비한다. 이 마을에는 미용 전용 박물관을 비롯해 대여섯 곳의 박물관이 있다. 렘팰래에서 71번 버스를 타면 다시 탐페레로 돌아올 수 있다.

- 탐페레 영화제가 매년 3월 중순에 열리고, 여름철에는 야외 콘서트가 많다.

- **비킨사리** Viikinsaari: 온가족이 찾는 여름 휴양 섬으로, 도심에서 배를 타고 20분이면 갈 수 있다. 배는 라우콘토리 Laukontori 부두에서 매 시간 출발한다. 섬의 서쪽은 매력적인 자연보호구역이며 동쪽에서는 여름 내내 다양한 활동과 행사가 펼쳐진다. 놀이터와 수영장, 게임장, 야외극장, 댄스장과 작은 항구, 공동 캠프파이어 구역과 같은 매혹적이고 흥미로운 곳들을 찾아보시라. 페탕크와 크로켓, 배드민턴과 다트, 축구공과 배구공을 빌릴 수도 있다.

쿠오피오 Kuopio

쿠오피오는 핀란드 동부 지방에 위치해 있으며 아름다운 호수와 숲으로 둘러싸여 있다. 매력적이고 생기 넘치는 이곳에는 볼거리도 즐길 거리도 많다. 겨울 스포츠 광들에게 잘 알려진 곳이기도 하다.

- **푸이요** Puijo **산과 전망 타워:** 푸이요 타워에서 내려다보는 파란 호수와 푸른 숲이 만들어낸 끝없는 모자이크 전경! 쿠오피오를 방문한 사람이라면 절대 놓치지 말아야 할 장관이다. 도심에서 1.5킬로미터 거리에 위치한 타워는 지역 특선요리를 판매하는 회전식 레스토랑을 갖추고 있다. 이 타워와 산자락에 있는 호스텔은 독특한 원시 숲으로 둘러싸여 있다.
- **푸이요 스포츠센터:** 크로스컨트리 스키와 스키 점핑, 활강 스키를 비롯한 겨울 스포츠로 특히 잘 알려진 명소. 세계 최고의 스키 점프 선수들이 푸이요에서 경합을 벌이고, 최고 수준의 크로스컨트리 경기도 매년 열린다. 센터에는 숙련자용과 초보자용 슬로프가 따로 있다. 구내 서비스 및 편의시설로는

푸이요 전망 타워에서 내려다본 자연 경관. 쿠오피오 주변은
숲과 호수에 파묻혀 한적하게 야외 활동을 즐기기에 아주 좋다.

장비 대여와 스키 교실, 카페가 있다.

- **동방정교회 박물관**: 금은 제품, 화려한 자수로 장식된 직물, 귀중한 성상을 특징으로 하는 전시품들은 대부분 제2차 세계 대전으로 영토의 일부가 소련에게 넘어간 핀란드 남동부 카렐리야 지역에 있던 수도원과 교회에서 가져온 것들이다.

- **쿠오피오 옛날 박물관**: 11채의 목재 고택이 하나의 블록으로 구성되어 있다. 가장 오래된 건물은 18세기에, 가장 최근 건물은 19세기 말에 지은 것이다. 고택들의 내부는 19세기에서 1930년대에 이르기까지 다양한 부류의 가정과 작업장의 모습을 보여준다. 이 블록에는 약국 박물관과 다과를 즐길 카페도 있다. 또한 옛 쿠오피오의 사진도 전시되어 있다.

- **쿠오피오 댄스 페스티벌**: 핀란드에서 가장 오래 되고 가장 장기간 지속된 댄스 페스티벌이다. 대여섯 건의 주요 공연 외에도, 전문 춤꾼과 열성적인 아마추어 춤꾼과 초보자를 위한 30~40건의 댄스 강좌와 세미나, 그리고 마켓 광장과 페스티벌 클럽에서의 다양한 행사와 주변 행사가 열린다. 일류 공연과 아울러 관중들에게도 많은 참여의 기회가 주어진다.

- **자연 · 조류 관찰 및 도보여행**: 쿠오피오 지역은 산책과 도보여행, 가벼운 등반, 보트 타기 등에 이상적인 곳이다. 한마디로 한적한 시골에서 평온하고 조용하게 야외 활동을 즐기기에 안성맞춤이다. 가벼운 소풍을 즐기는 것도 좋다. 또한 조류학자들의 낙원으로, 광대한 습지대를 찾아오는 많은 희귀 새들을 만날 수 있다.

8

핀란드의
언어와 문학

모든 나라는 저마다 사물을 지칭하는 방식이 있다.
중요한 것은 사람들의 말 뒤에 숨어 있는 것이다.

― 프레야 스타크, 《여행의 메아리》

핀란드에서 만나게 될 또 하나의 매혹적인 모순은 언어에 관련된 것이다. 앞서 언급한 것처럼 핀란드는 2개의 공식 언어가 있다. 700년에 걸친 스웨덴 통치의 산물로 인구의 약 6퍼센트가 쓰고 있는 스웨덴어와 핀란드어가 그것이다. 그런데 핀란드어는 오래된 언어인 동시에 새로운 언어다. 구어로서 핀란드어는 오랜 세월 동안 존재해왔으며 평민들의 언어로 간주되었다. 핀란드어가 글로 쓰이기 시작한 것은 미카엘 아그리콜라Mikael Agricola(1510-1557)가 최초의 핀란드 알파벳을 만들면서다. 그 후로 수백 년이 더 흐른 1863년에야 핀란드어는 비로소 진정한 언어, 글로 쓰는 언어, 문화적이고 공식적인 언어로 승격되었다. 그때까지 핀란드 민간전승은 모두 구어적 전통이

핀란드어 알파벳을 처음 만든 미카엘 아그리콜라의 동상. 한때 핀란드 땅이었고
지금은 러시아 상트페테르부르크 주에 속한 비보르크(핀란드어로는 비푸리)에 있다.

었고 초기 문학은 스웨덴어로, 학술적인 작품은 라틴어로 쓰였다.

현대에 이르러 핀란드 사람들은 외국어를 아는 것이 경제적 번영을 위해 필수적임을 알게 되었다. 그래서 대다수 핀란드인이 비즈니스 거래에서 영어를 쓰고 있으며(필자의 개인적 경험에 따르면 접해본 사람들의 98퍼센트) 많은 사람이 독일어와 러시아어를 할 줄 안다.

언어

핀란드의 초기 거주자들은 러시아의 우랄 산맥을 건너온 것으로 알려져 있는데 이들은 우랄 어족의 일부인 핀-우그리아 어족에 속하는 언어를 가져왔다. 이 어족과 관련된 다른 언어로는 에스토니아어와 헝가리어, 라플란드어와 기타 소수 민족이 쓰는 몇 가지 변형된 러시아어가 있다. 모두 수천 년 동안 사용된 언어들이다. 핀란드어는 기원 전 3000년 경 핀란드 지역에서 형성되었다. 헝가리아어와 핀란드어가 서로 관련이 있는 것으로 보이지만 두 언어는 지난 6000년에 걸쳐서 별도의 언어로 발전해 지금은 전혀 달라졌다.

깔개와 벌레

핀란드에 사는 외국인 메이토로부터: "핀란드어를 말할 때 저는 단일자음과 이중자음을 구분하기 어렵습니다. 예를 들어 matto(깔개)와 mato(벌레) 같은 건데요. 한번은 친구들과의 파티에서 누군가 내게 핀란드어에서 무엇이 마음에 드는지 묻더군요. 그래서 제가 핀란드어로 대답했죠. "사람들이 벌레를 두드려서 터는 게 재미있어요." 그러자 방안 곳곳에서 웃음이 터져 나왔어요. 그때부터 내 별명은 '벌레'가 되었죠."

다양한 민족들 간의 오랜 접촉과 상호작용을 증명이라도 하듯, 오늘날 핀란드어에는 이웃 국가들에서 차용해

● 핀란드 아이들은 '받아쓰기'라는 것을 모른다. 단어를 구성하는 모든 문자를 발음하기 때문에 소리를 듣고 단어의 철자를 정확히 알기 때문이다.

온 단어가 많다. 핀란드어는 발트어와 독일어, 슬라브어를 통해 인도유럽어의 영향을 받았고, 에스토니아어와 카렐리야어, 루드어, 벱스어, 리보니아어, 보트어 같은 발트-핀 언어를 통해 핀-우그리아어의 영향을 받았다. 근대 핀란드어는 스웨덴어의 영향을 가장 많이 받았으며 독일어, 스칸디나비아어도 기여했다. 핀란드어가 다른 언어들로부터 많은 단어를 차용하긴 했지만 차용한 단어를 아예 핀란드식으로 변형해 흡수해 버렸기 때문에 그것들이 '외래어'임을 눈치 채기는 거의 힘들 정도다. 예를 들어 커피는 카흐비 kahvi, 베이컨은 페코니 pekoni가 되었다. 핀란드어는 여전히 의식적으로 창조되고 있으며 단어들을 서로 '붙일' 수 있는 언어 자체의 유연성 덕분에(핀란드어는 교착어다⁹) 국제적인 단어들은 최소 수준에 머문다. 텔레비전은 핀란드어로 텔레비시오 televisio인 반면, 컴퓨터는 티에토코네 tietokone(지식 기계), 전화는 푸헬린 puhelin(말하는 것)이다.

핀란드어는 단어를 구성하는 모든 문자를 전부 발음하는 표음성이 높은 언어다. 다른 언어에서 차용한 언어는 핀란드어의 표음 체계에 맞게 개조된다. 모음조화 역시 문법 구조에 영향을 줄 수 있다. 또한 명확하게 발음하기 위해 이중자음이나 이중모음을 이용하는 것이 독특한 특징이다. 따라서 여덟 개의 모음 a, e, i, o, u, ä, ö, y와 많은 자음이 종종 이중으로 쓰여서 장음을 나타내며, 문자를 하나만 쓸 경우 단음이 된다. 한 예로 '꽃'을 뜻하는 kukka는 '쿡카'로 '누구'를 뜻하는 kuka는

'쿠카'로 발음된다.

　핀란드어는 성인 외국인이 배우는 것이 거의 불가능할 만큼 어렵기로 악명 높다. 그러나 핀란드어는 무척 논리적인 언어라고도 이야기된다. 어렵다기보다 다른 언어라는 의미이겠다. 그러나 개인적으로 나는 이 말에 동의하지 않는다. 나는 4개의 격을 가진 독일어를 배우느라 애를 먹었고, 어떤 이들은 6개의 격을 가진 라틴어를 배우기가 무척 어려웠다고 한다. 그러니 무려 15개의 격을 가진 핀란드어를 배우는 것은 거의 불가능한 일이 아니겠는가! 핀란드어는 단어 조합의 융통성이 풍부해서 단어의 어근에 접미사와 전치사, 후치사를 자유자재로 붙인다. 원래 형태에 수많은 요소가 부가되니 기본 어휘를 배우고 인식하는 것만도 보통 일은 아니다. 이런 부가요소들은 문법적 관계를 보여주기 위해 이용되며 시간과 장소, 소유, 목적어, 방식 등을 나타낸다. 따라서 핀란드어는 접미사를 이용해 문법적 관계를 표현하고 새로운 단어를 도출할 수 있기 때문에 종합어(synthetic language)라고 볼 수 있다.

　핀란드어로 한 단어인 talossanikin은 영어로 'in my house (나의 집에서도)'라고 번역된다.

talossanikin	in my house
talo	'house'를 뜻함
-ssa	영어 전치사 'in' 또는 'on'에 해당
-ni	'my'를 뜻함
-kin	영어 단어 'too'에 해당
-lla	on 또는 at
-lle	to

asema	station
asemalla	at the station
kaupa	shop
kaupalle	to the shop

핀란드어 단어는 믿을 수 없을 만큼 길고, 번역하려면 여러 개의 영어 단어가 필요한 경우가 많다. kirjoitettuasi를 번역하면 'after you had written(당신이 쓴 후에)'이 된다. 각각의 명사나 단어가 문법적 관계를 보여주는 많은 부가요소를 갖기 때문에, 핀란드어에서 어순은 영어에서만큼 중요하지 않다. 예를 들어 영어로 'Peter hates John(피터가 존을 증오한다)'은 'John hates Peter(존이 피터를 증오한다)'와는 전혀 다른 뜻이지만, 핀란드어에서는 'Pekka vihaa Jussia(페카가 유시아를 증오한다)'를 'Jussia Pekka vihaa'로 써도 무방하다. 직접 목적어가 분명해서 Jussi가 증오의 대상이라는 것을 누가 봐도 알 수 있기 때문이다.

핀란드어에는 여전히 우랄어의 기원을 보여주는 많은 특징이 있다. 한 가지 예는 성별 구분이 없다는 점이다. 똑같은 핀란드 대명사 hän이 '그'를 뜻하기도 하고 '그녀'를 뜻하기도

나는 사람들이 핀란드어를 말하는 것을 처음 들었을 때 경이로움을 느꼈다. 처음에 떠오른 이미지는 이탈리아어였다. 말소리에 운율이 있고 부드럽고 예뻤다. 어떤 이들은 핀란드어가 웨일스 말이나 폴리네시아 말처럼 들린다고 말한다. 모든 단어가 'i(이)'나 그 밖의 모음으로 끝나서 마치 노래하는 것 같은 인상을 주었다. 사실 핀란드어의 문법 구조에는 모음조화에 관한 규칙이 있어서 왜곡은 나타나지 않는다. 어떤 이들은 그것이 교향곡처럼 들린다고 말한다. 핀란드어에서 가장 흔한 소리는 모음 'a(아)'이고 가장 흔하지 않은 소리는 'o(오)'다.

한다. 그래서 핀란드인이 영어를 말할 때는 남성형과 여성형 대명사를 종종 혼동해 쓰기 때문에 그들이 말하는 이름을 주의 깊게 들어야 한다. 또한 핀란드어는 영어에서 'the'와 'a'에 해당하는 정관사와 부정관사가 없다. 'have'에 대응하는 동사도 없

● 핀란드 독자 하누 시보넨으로부터: 핀란드어에서 수동태는 다른 모든 문법적 형태가 그렇듯 어미를 이용해서 만들어지지만 다른 인도유럽어족 언어와 똑같은 의미를 갖습니다. 오히려 다른 언어에서보다 수동태가 더 많이 쓰이지요. 이는 나서기를 싫어하는 핀란드인의 성격 때문이에요. 그래서 사람들은 '내가 이렇게 저렇게 했어'라는 표현보다 '일이 이렇게 저렇게 되었어'라고 표현하는 것을 좋아합니다. 그게 가끔은 좀 웃기게 느껴질 때도 있어요.

으며, 인도유럽 언어의 수동태에 직접 상응하는 형태도 없다. 물론 수동태는 존재하고 흔히 이용되지만 그것은 어미를 이용해 만들어진다. 또한 핀란드 사람들이 부정형을 표현할 때 영어 단어 'not'에 상응하는 단어를 이용하기는 하지만 이는 동사 역할을 하며 인칭에 따라 변한다. 또한 의문문은 동사 뒤에 접미사 '-ko'를 붙여서 만들 수 있다.

핀란드어는 아주 보수적인 언어라고 이야기된다. 변화가 더디고 많은 차용어가 여전히 원래의 어근을 갖고 있기 때문이다. 예를 들어 왕을 뜻하는 핀란드어 kuningas는 여전히 원래의 차용어와 동일한 어근을 갖는다. 그것은 게르만어 kuningaz에서 차용되었는데, 이 단어는 수백 년을 거치며 다른 언어에서는 형태가 크게 변해 영어에서는 king, 스웨덴어로는 kung, 독일어로는 köning이 되었다.

핀란드어 배우기

핀란드어는 생활 속에서 자연스럽게 익힐 수 있는 언어가

아니다. 키토스^{kittos}(감사합니다)와 퀼라^{kylla}(예), 히배 후오멘타^{hivää huomenta}(안녕하세요) 같은 일상적인 단어를 기억하는 것조차 꽤 오랜 시간이 걸린다. 외국인들에게 특히

● 로만 샤츠는 핀란드어가 아름답고 실용적인 언어라고 말하며 마치 1000개의 조각이 모두 들어맞는 레고 블록과도 같다고 표현했다. 모든 단어가 저마다 중요한 의미를 갖는다. 핀란드어는 다른 언어로 표현하기 불가능한 아주 미묘한 차이까지 표현한다.

힘든 점은 아주 단순한 정보조차 걸 수 있는 연결고리가 없다는 것이다. 한마디로 새로운 지식을 기존 지식과 연결할 만한 연관성이나 유사성을 찾을 수 없다. 물론 내가 그동안 배운 언어가 유럽 언어에 국한되기는 하지만, 그런 언어 지식이 핀란드어를 배우는 데 조금이라도 도움이 될 법도 한데 사실은 전혀 그렇지 못하다. 나는 두 번에 걸쳐서 단기간에 집중적으로 핀란드어를 배운 적이 있다. 그리고 단언컨대, 그것은 무척 도전적인 동시에 매혹적인 경험이었다. 언어 학습에 열심인 사람이라면 아마 넋을 잃고 빠져들 것이다. 그러니 핀란드어를 배우고 싶은 사람이 있다면 정말 행운을 빌어주고 싶다.

그러나 꾸준하고 절제된 노력은 엄청난 성과를 가져오지만 간헐적인 학습과 중단의 반복은 별로 도움이 되지 않을 것이다. 언어 구조의 논리와 과정은 수학에 비유되며, 핀란드어를 공부하는 것은 그와 비슷한 도전으로 볼 수 있다. 이 시점에 나는 핀란드어를 분명하고 복잡하지 않게 설명해준 핀란드인 동료 티모에게 감사를 전하고 싶다(비록 3년이 지난 지금, 그도 나를 거의 포기한 상태인 것 같지만 말이다).

다음은 리처드 루이스의 책《핀란드, 고독한 늑대의 문화》중에서 '독특한 핀란드 언어' 부분을 요약한 내용이다. 핀란드어의 규칙 및 구조는 다음과 같다.

- **성 구별이 없다**: 인도유럽 어족처럼 '그'와 '그녀'를 구분하지 않으며 두 성별 모두에 대해 '핸^{hän}'이라는 대명사를 쓴다.

- **정관사와 부정관사가 없다**: 예를 들어 탈로^{talo}(집)는 house(그 냥 집)를 뜻할 수도, a house(집 한 채)를 뜻할 수도, the house(그 집)를 뜻할 수도 있다.

- **모든 단어의 첫음절에 강세를 둔다**: 예를 들어 Hélsingki, Róvaniemi

- **모음이 많다(8개)**: a(아), e(에), I(이), o(오), u(우), ä(애), ö(외), y(위)

- **자음이 적다**: 21개 문자 중 13개. 그리고 b(ㅂ), c(ㅅ, ㅋ), f(ㅍ), q(ㅋ, 크), w(ㅂ), z(ㅅ, 스)는 외래어 이외에는 쓰이지 않는다.

- **'have'에 해당하는 단어가 없다**: 대신 'be'를 이용한다. 소유자 는 여격 또는 처소격으로 표시된다.

isä	father(아버지)
on	is (는 ~이다)
talo	a house(집)
isällä on talo	아버지는 집을 한 채 소유하고 있다.

- **전치사가 없다**: 현대 핀란드어에는 몇 가지 전치사가 생겼지 만(예를 들어 ilman: without) 이는 대부분 게르만어의 영향 때 문이다. 전치사가 필요 없는 어형 변화 체계가 존재한다.

talo	hose(집)
talotta	without a house(집 없이)
talossa	in the house(집에서)
talon	to the house(집으로)

| talosta | from the house(집으로부터) |

• **복합명사:** 현대 핀란드어에서는 2개 이상의 단어를 연결할 수 있다.

talo	house(집)
ryhmä	group(무리)
taloryhmä	group of houses(한 무리의 집)

예를 들어 다음과 같다.

sanoma	word(말)
lehti	leaf(종이, 페이지)
toimisto	place of activity(사무실)
sanomalehtitoimist	press office(공보실 또는 언론사)

• **동사 활용:** 핀란드어 동사 활용은 라틴 계열 언어와 비슷한 방식이다.

ostan	I buy(나는 산다)
ostat	you buy(너는 산다)
hän ostaa	she/he buys(그/그녀는 산다)
ostamme	we buy(우리는 산다)
ostatte	you buy(당신은 산다)
he ostavat	they buy(그들은 산다)

• **변화하는 부정사:** 핀란드어로 'not'에 해당하는 말은 영어에서보다 훨씬 더 복잡하다. 그 부정사는 'no'를 뜻하는 'ei'에서 나왔지만 인칭에 따라 어미의 형태가 변한다.

puhun	I speak(나는 말한다)
en puhu	I don't speak(나는 말하지 않는다)
puhut	you speak(너는 말한다)
et puhu	you don't speak(너는 말하지 않는다)
hän puhuu	he speaks(그는 말한다)
hän ei puhu	he dosen't speak(그는 말하지 않는다)
puhumme	we speak(우리는 말한다)
emme puhu	we don't speak(우리는 말하지 않는다)
puhutte	you speak(당신은 말한다)
ette puhu	you don't speak(당신은 말하지 않는다)
he puhuvat	they speak(그들은 말한다).
he eivät puhu	they don't speak(그들은 말하지 않는다)

- **의문사:** 단어에 ko와 kö를 더해서 쉽게 의문형을 만든다.

Tulet	You are coming(넌 오고 있다)
Tuletko?	Are you coming(너 오고 있니)?
Menen	I am going(난 갈 거다)
Menenkö?	Am I going(내가 갈까)?
Menet keskustaan	You go to the city centre(너는 도심으로 간다)
Menetkö keskustaan	Do you go to the city centre?(너 도심으로 가니?)

문학

16세기까지 핀란드어는 구전으로 세대에서 세대로 전해진, 민간전승 노래와 시가 풍부한 언어였다. 미카엘 아그리콜라가 핀란드 알파벳을 만들기 전까지 문자 형태의 언어는 없었다. 투르쿠의 주교였던 그는 루터교의 명분을 더욱 강화할 수단으로 핀란드 전통 신들을 연구하고 그 과정에서 민간전승 문학을 핀란드어 문자 형태로 기록했다. 포르보Porvoo의 주교 다니엘 유슬레니우스Daniel Juslenius(1676~1752)는 18세기 학자들 중에 최초로 핀란드 문화와 민족, 언어를 조사한 인물로 알려져 있다. 당시는 스웨덴이 강대국이 되어 핀란드의 정치 구조를 지배하던 때였다. 그의 연구는 핀란드 민족에 대한 예찬으로 일관했다. 언어와 문화적 전통 그리고 독특한 국민적 정체성은 상당 부분 한 민족이 문자도 없이 초자연적이고 전설적인 인물들에 관한 설화를 수백 년 간 입에서 입으로 전하며 지켜낸 구전 전통에 빚지고 있었다. 유슬레니우스는 민요를 고대 핀란드 문명의 증거로 이용했고, 그의 연구는 많은 학자들의 애국적 공감을 이끌어냄으로써 이후 그의 발자취를 따르게 만들었다.

핀란드 시에 대한 최초의 상세한 연구서《페니카의 시De Poesi Fennica》는 1778년 헨리크 가브리엘 포르트한Henrik Gabriel Porthan에 의해 쓰였다. 그의 접근법은 동일한 노래의 이형들을 비교 검토하는 것이었다. 이 연구는 핀란드 문학사에서 가장 중요한 걸작으로 꼽히는 뢴로트의 《칼레발라》(1835)를 위한 토대를 놓았다. 포르트한은 역사와 민간전승에 관심이 있었지만 한

핀란드는 거친 남자와 여자들의 나라다. … 그들이 거친 언어를 좋아하는 것도 당연한 논리적 귀결이다. 대부분 문화에서 욕설은 금기시된다. 그러나 핀란드에서 그것은 효과적인 의사소통에서 필수적인 일부분이다. 진정으로 말을 통해 핀란드인과 상호작용하기를 원한다면 전달하려는 메시지에 감정과 깊이와 의미를 더하는 그런 특별한 용어들로 어휘를 보강할 필요가 있다.

– 로만 샤츠, 《핀란드에서 사랑을 담아》

'국가'로서 핀란드에 관한 글을 쓰지는 않았다. 그러나 민족주의 사상은 핀란드 학계에 퍼져나가기 시작했으며 오로라협회로 알려진, 포르트한이 설립한 문학협회를 통해 표현되었다. 핀란드 언어와 문화의 홍보는 그들의 애국주의적 이상을 표현했다. 포르트한은 사후 60년 만에 국민 영웅으로 인정받았고 투르쿠에 그의 동상이 세워졌다.

1809년, 거의 700여 년에 걸친 스웨덴 통치 후에 핀란드는 러시아의 손으로 넘어갔다. 알렉산드르 1세는 핀란드에 자치 대공국의 지위를 부여했다. 핀란드의 민족주의 운동이 깨어나기 시작한 것은 바로 이 시기다. 진정한 핀란드 민속 문화에 대한 연구는 국가적 독립 운동을 위한 영감을 불어넣었다. 민간전승은 국민적 정체성을 발전시키는 데 있어 중요한 역할을 했다. 1800년대 초반에서 중반까지는 투르쿠 낭만주의 시대로 알려진 시기였다. 투르쿠 대학의 많은 학자들이 민간전승 자료를 수집하고 출판했지만 특히 핀란드 사회를 흥분시킨 것은 엘리아스 뢴로트라는 학자였다. 뢴로트는 새로 창설된 핀란드 문학회(Suomalaisen Kirjallisuuden Seura)에서 100루블의 보조금을 받아 러시아 카렐리야로 가서 민족시를 수집했다. 그는 핀란드와 러시아 국경을 몇 차례 오갔으며 1834년에는 편지에 이렇게 썼다. "민족시들을 정리하고 통합하고 싶은 열망, 핀란드 신화에서 아이슬란드의 에더(북유럽의 신화/시가집)에 상응할 만한 그 무언가를 끌어내고 싶은 열망이 내 안에서 깨어났다."

다섯 번째 여행에서 뢴로트는 65세의 유명한 가수를 만나게 된다. 어린 시절 아버지에게 노래를 배웠다는 그 가수는 광범위한 레퍼토리를 갖고 있었다. 그는 이틀 동안 4000개가 넘는 시구를 노래로 불러주었고 뢴로트는 그것을 매개로 훗날 《칼

《칼레발라》는 40개 언어로 번역되었다. 핀란드에서는 2월 28일을 칼레발라의 날로 기념하고 있다. 이 핀란드의 민족서사시는 천지창조와 함께 시작된다. 주인공은 마법의 목소리를 가진 배이내뫼이넨(Väinämöinen)이라는 이름의 늙은 바다의 신이다. 그는 여행을 떠나 이런 저런 시련을 겪는데 그 과정에서 그가 타고 있던 말이 요우카하이넨(Joukahainen)이라는 못된 젊은 주술사가 쏜 화살에 맞기도 한다. 요우카하이넨은 마법의 노래 경연에서 배이내뫼이넨에게 도전하고, 배이내뫼이넨이 노래를 부르자 늪에 빨려 들어간다. 익사 직전에 요우카하이넨은 목숨을 부지할 묘안을 떠올린다. 배이내뫼이넨에게 예쁜 여동생 아이노(Aino)를 주겠다고 약속한 것이다. 배이내뫼이넨은 제안을 받아들이지만 아이노는 그 늙은 남자와 결혼하느니 차라리 바다에 몸을 던지는 쪽을 택한다. 배이내뫼이넨은 폭풍에 휩쓸려 바다로 나가지만 마침내 육지에 도달해 포횰라(Pohjola)의 여주인 로우히(Louhi)에게 환대를 받는다.

레발라》를 쓰게 된다.

핀란드 민족 운동의 발전 속에 문학적으로 가장 중요한 사건은 1835년 엘리아스 뢴로트가 《칼레발라》를 출판한 것이었다. 이것은 그가 연구한 핀란드 민속시를 편집해 민족서사시로 만든 작품이었다. 이 책의 출판과 함께 핀란드 언어와 핀란드 문학의 위상이 높아졌다. 또한 이 책에 쏟아진 긍정적인 반응 덕분에 뢴로트는 다른 학자들이 수집해 제공한 자료까지 연구 범위를 확대할 수 있었다. 그리하여 1849년에는 《신新 칼레발라》라고 알려진 새로운 판본이 출판되었다.

"나는 외로움에 이끌리고
나의 이성이 재촉하네.
노래를 시작해야 한다고,
어서 낭송을 시작하라고.

나는 사람들의 전설과
국가적 민요를 노래하겠네.
나의 입에 노랫말이 흐르고
혀가 재빨리 모양을 만들자마자
이 사이로 나타나
살포시 떨어지네."

— 칼레발라 제1편 도입부 1~10행

1800년대 말에 접어들어 핀란드 민간전승과 문화에 대한 연구는 큰 중요성을 띠게 되었다. 그것은 핀란드인에게 자의식을 심어주었고 마침내 정치적 운동을 조직하는 것을 가능케 했으며 국가 건설의 과정에 이바지했다.

알렉시스 키비 Aleksis Kivi 는 핀란드 근대 문학의 창시자로 간주된다. 그는 교육과 문명을 피해 숲으로 도망치려는 7형제에 관한 《일곱 형제들 The Seven Brothers》을 집필했다. 1945년에 출판된 미카 왈타리 Mika Waltari 의 《이집트인 The Egyptian》은 세계적인 베스트셀러다. 그의 책은 파라오가 통치하는 고대 이집트를 너무도 생생하게 묘사해 오늘날에도 여전히 걸작으로 인정받고 있다(놀랍게도 그는 평생 이집트에 가본 적이 한 번도 없었다).

가장 널리 번역된 핀란드 작가는 아르토 파실린나 Arto Paasilinna 다. 그는 주로 악한을 소재로 한 소설을 쓰는데, 특히 프랑스에서 인기가 많다. 그의 작품으로는《토끼의 해 The Year of the Rabbit》와《울부짖는 밀러 The Howling Miller》《여우가 매달린 숲 The Forest of the Hanged Foxes》《매력적인 대량 학살 Charming Mass Suicide》《독약을 요리하는 상냥한 노부인 The Sweet Old Lady who Cooks Poison》등이 있다. 한편 토베 얀손 Tove Jansson 은 무민 가족에 관한 책으로 전 세계에 알

알렉시스 키비는 당대의 가장 위대한 핀란드 작가 중 하나로 간주된다. 12편의 희곡과
시집 한 권을 출판했다. 이 동상은 1939년에 그를 기념하기 위해 국립박물관 앞에 세워졌다.

려진 작가다. 무민 캐릭터들이 크게 인기를 끌어 40개국에서
120여 종의 잡지와 신문, 아동 도서와 만화책 그리고 심지어
총 74부로 이루어진 일본 TV 시리즈에까지 등장한다.

핀란드 민간전승

핀란드 민간전승에서 신들은 자연현상이다. 신은 인간에게
숭배를 받는 대자연 자체로 간주되며 인간 역시 신으로부터
존중받는다. 타피오 Tapio는 숲의 신이며, 아흐티 Ahti는 호수와
수로를 지배한다. 신들 중에 가장 오래된 신은 대장장이 일마
리넨 Ilmarinen으로 하늘보다 더 오래되었다고 이야기된다. 그는
밤에 태어났고 동이 틀 무렵에 이미 숙련된 대장장이가 되었
다. 세상이 아무것도 없이 텅 비어 있어서 그는 셔츠로 대장간
을 만들고 팔뚝을 망치로 썼으며, 바지를 화로 굴뚝으로 변신
시켰고, 무릎을 모루로 썼다. 여기에서 시작해 일마리넨은 하

늘과 별을 만들고, 기나긴 겨울밤에 경이로움을 더하기 위해 오로라를 창조했으며, 여명과 일몰도 만들었다. 배이내뫼이넨은 일마리넨보다도 오래된 신이며 고대의 현자이자 《칼레발라》의 영웅이다. 그는 바다의 신이다. 서사시의 마지막에 그는 핀란드를 떠나며 언젠가 자신의 도움이 꼭 필요해질 날이 올 거라고 선언한다.

신들 외에도 수많은 각종 도깨비와 요정, 땅속 요정, 악귀가 있는데 이들은 특히 선물을 남기면 사람들을 도와준다. 이런 신화적 캐릭터들에게 도움을 얻기 위해 곡식이나 우유, 심지어 돈을 남기는 것은 흔한 일이다. 중세 시대에 핀란드인은 마법으로 유명했다. 유럽 내에 웬만한 크기의 숲에는 핀란드 마녀가 살았으며, 사람들이 수 마일을 여행해 그들을 찾아와 조언을 구하거나 점괘를 들었다고 이야기되었다. 그들은 특히 사랑의 주술로 유명했다!

핀란드 속담

핀란드어에는 속담과 격언이 풍부하다. 이런 말들은 구전이라는 유서 깊은 방식으로 세대에서 세대로 전해졌다. 예를 들면 다음과 같은 말들이다.

- 방문객에게는 두 가지 선택이 있다. 오거나 떠나거나.
- 커피는 뜨거울 때 즐기고, 아가씨는 젊을 때 즐겨라.
- 나이가 지혜를 주는 것은 아니며, 단지 천천히 가게 할 뿐이다.
- 아내 없는 성탄절보다는 차라리 젖소 없는 여름이 낫다.
- 사랑은 눈이 멀게 하고, 결혼은 눈을 크게 뜨게 한다.
- 말들도 좋아하는 사람 앞에서는 발을 구른다.

- 진실은 불 속에서도 타버리지 않는다.
- 바보는 말馬 자랑을 하고, 미친 자는 아내 자랑을 하고, 무능한 자는 자식 자랑을 한다.
- 집집마다 각자의 풍습대로 산다.
- 사우나에서 교회에 있을 때처럼 행동하라.
- 갈등 없는 친밀함은 무덤에서나 가능하다.
- 오래 웃으면 눈물이 나오고, 더 오래 웃으면 방귀가 나온다.
- 한번 뱉은 말은 주워 담을 수 없다.
- 돈은 사회로 들어가는 길을 열어주지만 말은 그곳에 직접 데려다준다.
- 용감한 자가 수프를 먹고 소심한 자는 굶어죽는다.
- 바다에 나간 사람은 돌아오지만 땅에 묻힌 사람은 돌아오지 않는다.
- 질투는 바다 속 물고기도 죽인다.
- '당신도 다른 사람과 똑같다'는 사우나 벼룩들의 말을 기억하라.
- 고양이의 즐거움은 쥐의 괴로움이다.
- 도랑에 이르기도 전에 점프하지 말라.
- 나무에 오르려는 자는 바닥에서 시작해야 하고 위에서는 날아야 한다.
- 신발 직공의 자식에게는 신발이 없다.

9

핀란드에서
일하기

우리가 그저 말만 듣고 거기에 우리의
습관적인 가치를 부여한다면 우리는 길을 잃게 될 것이다.
– 프레야 스타크, 《여행의 메아리》

주의할 것이 있다. 핀란드 사람들은 비즈니스를 대단히 중요하게 생각한다. 그들은 수백 년 동안 곳곳을 돌아다니며 거래를 해왔다. 영국의 헨리 8세도 새로운 함대를 만들기 위해 핀란드인에게 타르를 샀으며, 핀란드는 여전히 수익성 좋고 성공적인 조선 산업을 갖고 있다.

핀란드인과 서로에게 이익이 되는 거래를 했다고 생각할 만큼 순진한 사람은 사실 그 거래에서 이익을 본 것은 핀란드인이라는 사실을 조만간 알게 될 것이다. 이런 일이 일어나는 이유는 핀란드인이 어떻게든 상대를 이기려고 기를 써서가 아니라 워낙 상황 판단이 빠르고 노련하기 때문이다. 그들은 여러 세대 동안 변통수로 살아야 했다.

핀란드인은 마음먹은 것은 무엇이건 성취하는 무서운 존재일 수 있다. 타고난 성품이 워낙 겸손하고 소박하기 때문에 자칫 상대는 그들이 자신보다 부족하다고 느끼기 쉽다. 하지만 조심해야 한다. 곧 현실이 드러날 것이다. 핀란드 사람들은 완벽주의자이며 관리자들은 고도로 숙련된 기술자나 엔지니어들이다. 그들은 첨단 업무 환경과 최신 테크놀로지를 갖춘 훈련 센터를 갖고 있다. 또한 스포츠 시설과 사우나, 창조적인 사고의 공간, 보조금을 지원 받는 구내식당을 비롯해 생산성을 향상시키기 위한 모든 것을 갖췄다.

세계 경제의 미래를 결정짓는 힘을 고려할 때 이런 사실을 간과해서는 안 된다. 1999년에 나는 이렇게 썼다. "핀란드인은 세계 상업의 미래에서 크게 성공할 만한 모든 속성을 갖추고 있다." 그리고 이제 그들은 많은 부분에서 정상에 우뚝 서 있거나 적어도 세계 10위권에 진입했다. 제한된 천연 자원과 경제적 자원 그리고 대규모 소비자 시장에서 멀리 떨어진 위치, 이런 불리한 조건들 때문에 핀란드는 상업 세계에서 경쟁하기 위해 다른 방법을 찾아야 했다. 유럽과 미국이 소비재 대량생산 시장에서 경쟁하는 동안 핀란드는 그들과의 경쟁에서 성공을 기대할 수 없음을 인식하고 고가품 판매에 집중했다.

그들은 양보다 질을 팔았다. 그들은 응용된 지식을 팔았다. 그리고 작전은 주효했다. 그렇다면 그들이 이처럼 대성공을 거두게 만든 속성들은 무엇인가?

- 상품의 품질에 대한 세심한 관심
- 깨끗함과 위생, 순수함에 대한 집착
- 첨단 기술과 현대적인 것에 대한 집착
- 자연과 자연의 힘에 대한 존경심
- 근면한 노동과 넘치는 스태미나
- 양심적이고 믿을 만한 성품
- 솔직하고 꾸준하고 상식적인 기질
- 훌륭한 기술
- 교육에 대한 존중
- 철저한 안전의식
- 뿌리 깊은 상업 · 거래 기술
- 내재적인 정직성과 윤리적 태도
- 부채에 대한 혐오
- 혁신과 '독창적' 사고

- 인상적인 언어 기술

- 빠른 판단력

- 소비자의 요구에 응하는 유연성

- 삶 속에서 자신의 위치를 존중하는 태도

- 타인에 대한 관용

- 모든 것을 창조하고 개조하고 개선한다!

- 1800년대에 미국에 존재했던 것과 같은 국가 건설을 향한 개
  척 정신

무엇보다 핀란드는 첨단 기술 환경을 갖고 있다. 핀란드인
은 첨단 통신 인프라와 세계에서 가장 높은 이동전화 가입률
과 인터넷 연결망을 가진 세계 최고의 정보 사회다. 핀란드 사
람들은 기술에 정통하고 기술 혁신에 잘 반응하며 그것이 업
무와 가정생활에 가져올 수 있는 이점을 환영한다. 몇몇 부문
에서 그들을 세계 지도자로 만들어온 것은 바로 이런 신속한

핀란드인을 첨단 기술 환경에 가장 강한 국민들로 만드는 데 큰 역할을 했던 노키아.
아쉽게도 21013년 노키아의 주요 사업 부문이 마이크로소프트에 매각되었지만,
핀란드 사람들은 특유의 '시수' 때문인지 미래를 그리 암울하게 바라보지 않는다.

© Vytautas Kielaitis

신기술의 채택이다. 그러니 핀란드인이 온라인 상거래와 의료, 금융 등의 전자 서비스에 늘 빠르게 적응하는 것은 별로 놀라운 현상이 아니다.

내가 볼 때 사업에 대한 핀란드인의 좌우명은 이것이다. '불가능하다고 말하는 사람들에게 귀를 닫으면 해결책이 보인다.' 그들의 시수(sisu)가 드러나는 좌우명이다. 시수란 역경에 맞서는 핀란드인의 끈질긴 집념을 말한다.

그러나 핀란드인은 그들의 발목을 잡고 세계 제패를 가로막는 몇 가지 단점도 가지고 있다. 첫째, 그들은 마케팅에는 영 젬병이다. 밀어붙이는 능력이 없다. 그들은 수줍음과 내향성 그리고 적극적인 사람을 떠버리로 여기는 태도를 극복할 필요가 있다. 그들이 청렴성을 잃지 않고 정직한 사람으로 남으면서도 자신의 의사를 외부 세계에 좀 더 잘 전달할 수 있다는 사실을 깨달아야 한다.

둘째, 핀란드인은 제휴관계라는 개념을 편하게 받아들이지 못한다. 여전히 뭔가를 공유한다는 것에 대한 내재적 의심이 있어 보인다. 물론 상황이 변하고는 있지만 핀란드에서 국제적 제휴관계 수립이 예외가 아닌 일상이 되려면 조금은 더 시간이 필요하지 않을까 싶다. 셋째, 핀란드인은 모든 고객의 요구와 필요가 다를 수 있음을 이제 막 인식하기 시작했다. 그들은 오랫동안 제품의 품질만 중시할 뿐, 고객이 사든지 말든지 알아서 하라는 식이었다. 그런 관습과 전통 때문에 적극적인 판매에 익숙하지 않다(앞에서 말한 것처럼 그런 행위를 사생활 침해로 여긴다). 이런 점은 좀 더 적극적인 '밀어붙이기' 전략을 구사하는 나라들과 경쟁할 때 치명적인 약점이 될 수 있다.

넷째, 그들은 한담을 나누고 관계를 형성하는 데 취약하다. 한 관리자가 내게 이런 말을 한 적이 있다. "난 사업을 하러 여기에 온 거지 그 사람의 아내가 어떻게 지내는지 궁금해서 온

한번은 홍콩에 출장을 갔던 핀란드 독신 여성에 대한 이야기를 들은 적이 있다. 그녀가 볼 때 그 출장은 총체적 난국이었다. 거기서 만난 사람들은 출장 기간 내내 서로의 가족과 집, 취미 따위를 물어보며 시간을 보냈다. 반면에 그들은 그녀가 너무 냉담하고 무심하다고 생각했다. 그녀는 오직 사업 얘기만 했으며 그들의 가족에 대해 단 한 번도 묻지 않았기 때문이다. 홍콩에 있는 사람들은 어떤 사업을 진행하기 전에 관계부터 형성하려는 경향이 있는데 그녀는 곧장 본론으로 들어가려 했다. 한쪽에서는 신뢰와 유대를 쌓으려는 반면, 다른 한쪽에서는 전형적인 '서양식' 효율성으로 거래를 하려 한 것이다. 이는 자칫 위험할 수 있는 상황이다.

게 아니라고요." 세계 인구의 90퍼센트가 사실상 감정에 따라 뭔가를 사고 이성으로 그것을 정당화한다. 이런 점에서 핀란드인은 아직 배워야 할 것이 많다.

핀란드 사람들은 어려서부터 세계의 지리와 경제, 시사에 관해 많은 교육을 받았는데 세상은 그들에 대해 아는 것이 별로 없다는 사실에 실망한다. 그래서 그들과 이야기할 때는 핀란드의 유명한 운동선수나 레이싱 드라이버 이름을 대거나 그 밖에 핀란드에 대해 알고 있는 몇 가지 사실을 언급하면 무척 환영받을 것이다. 핀란드에 대해 묻고 싶은 것을 마음껏 물으시라. 그들은 자신의 나라에 대해 이야기하는 것을 정말로 즐긴다. 아마도 그때가 핀란드인의 열정적인 모습을 볼 수 있는 거의 유일한 시간일 것이다(적어도 공적으로는).

핀란드식 악수

핀란드인과 사업상의 거래를 할 때 기억해야 할 점 중 하나는 악수를 잘해야 한다는 것이다. 그들 문화는 만나고 헤어질 때마다 매번 악수를 한다. 적어도 서로를 잘 알게 되어 허물없이 편하게 지낼 수 있을 때까지는 그렇다. 이때 한 가지 주의할 점이 있는데, 영국에서는 자기소개를 할 때 이름을 먼저 밝힌 후 악수를 위해 손을 내밀면서 "어떻게 지내세요?"라고 묻는 반면에, 핀란드에서는 악수를 위해 손부터 내민 다음에 이름을 말한다. 그리고 서로의 이름을 말하는 내내 맞잡은 손을 흔든다. 나처럼 핀란드식 이름에 익숙하지 않은 외국인이라면 이 악수가 꽤 길어질 수도 있다.

본론으로 바로 들어가기

핀란드인과 악수를 한 후 곧장 본론으로 들어가 사업 이야기를 시작하면 좋은 인상을 줄 수 있다. 그들은 아주 솔직하고 간단명료하게 말하지만 상대가 상황 판단을 위해 알아야 한다고 생각하는 모든 정보를 놓치지 않고 전달한다. 동시에 상대도 그와 같이 준비했기를 기대한다. 그들은 좀처럼 질문을 하지 않는 편인데, 중요한 정보라면 상대가 이미 말했을 것이라고 믿기 때문이다.

나는 핀란드 사람들 앞에서 처음으로 프레젠테이션을 했던 순간을 생생하게 기억한다. 내 계획은 30분가량 프레젠테이션을 한 뒤 질의응답 시간을 갖는 것이었다. 나는 제법 흥미롭고 괜찮은 프레젠테이션을 전달하고는 핀란드어 몇 마디로 발표를 끝맺었다. 그들은 내가 핀란드어를 말했다는 사실만으로도 무척 흐뭇해하고 감탄하는 듯 보였다. 그러나 정작 질의응답 시간에는 아무도 말을 하지 않고 어색한 침묵만 흘렀다. 그들의 표정은 아주 엄숙했고 나는 죽을 맛이었다. 마침 업체 사장이 나와 눈을 맞추고는 살짝 미소를 지으며 고개를 끄덕여서 나를 안심시켰다. 그렇게 회의가 끝났다. 나중에 알고 보니 사람들은 내 프레젠테이션에 만족했고 추가로 일도 의뢰했다.

핀란드인을 상대로 한 세 번째 프레젠테이션에서도 나는 마지막으로 사람들에게 질문이 있느냐고 물었다. 한동안의 침묵 뒤에 그들의 얼굴에 함박웃음이 떠올랐다. 누군가 웃으며 물었다. "데비, 지금까지 우리가 핀란드인이라고 말해준 사람이 없던가요?" 나는 영문을 몰라 핀란드인인 것과 질문을 하는 것이 무슨 관계냐고 물었다. 그때 대답과 함께 깨달음이 찾아왔다. "그게 말이죠, 우리 핀란드인은 질문을 하지 않아요. 말할 필요가 있는 모든 것을 말할 기회를 주고, 중요한 말이라면 상대가 이미 했을 거라고 생각하죠. 그런 다음 상대의 말로 평가할 뿐 질문은 하지 않아요. 내용이 마음에 들지 않으면 다른 사람을 찾아서 다시 들으면 그뿐이죠." 이 말을 듣고 핀란드에서 사업을 시작하는 것은 힘든 일이겠다는 생각이 들었다. 그러나 이 사례는 한 가지 중요한 사실도 보여준다. 핀란드인은 말을 들으면서 생각을 한다는 것이다. 그리고 더 중요한 것은 그들이 생각과 말을 동시에 하지 않는다는 사실이다.

핀란드 사람들은 스스로 전문가로 보이고 싶어 하며, 장담컨대 대다수는 자신의 분야에서 일할 만큼의 충분한 자격과 경험을 갖추고 있다. 그들은 전문가이며 그래서 남에게 멍청해 보이는 것도, 사람들 앞에 나서는 것도 싫어한다. 한 작가는 핀란드 사람들이 체면을 잃는 것을 참지 못하는 극동아시아 사람들과 비슷하다고 비유했다. 전형적인 핀란드 전문가는 느리고 차분하고 목소리를 크게 내지 않는다. 그는 자신의 분야를 잘 알고 품질이 좋으면 물건이 알아서 잘 팔릴 것이라고 생각한다. 한편으로 핀란드 사람들은 특이한 사람들과 그들의 우스운 습관에 대해 무척이나 관대하다. 그들은 격식을 그리 따지지 않으며, 그래서 대체로 아주 편하게 비즈니스를 함께 할 수 있다. 별다른 계산 없이 상대를 있는 그대로 받아들인다는 점도 핀란드인의 장점이다.

약속과 만남

사업상 만남의 자리에는 정시에 도착하는 것이 중요하다. 몇 분 늦는다고 치명적일 것은 없지만, 아무튼 핀란드 사회에서 시간 엄수는 중요한 미덕이다. 사무실 근무 시간은 대체로 평일 오전 8시에서 오후 4시까지이며 사업상의 만남은 주로 오전 8시 30분이나 9시에 잡힐 가능성이 높다. 오후에 만날 경우 3시 30분 이전에는 만남을 정리하는 것이 매너다. 사람들이 근무를 마치기 전에 마무리 통화를 할 시간을 주어야 하기 때문이다. 핀란드 직장인들은 금요일 오후에는 책상을 정리하고 조금 일찍 퇴근하고 싶어 한다. 그러니 그 날 오후에 누군

영업시간

- 은행은 평일 오전 10시~오후 4시 30분(지역별로 다를 수 있음)
- 우체국은 평일 오전 9시~오후 6시(중앙우체국은 오후 8시까지)
- 일반 사무실은 평일 오전 8시~오후 4시
- 상점은 대부분 평일 오전 9시~오후 5시, 토요일은 오전 9시~오후 3시에 문을 열고, 백화점 같은 대형 상점은 평일에 오후 8시까지, 토요일은 오후 4시까지 문을 연다.
- 주류 매장(Alko)은 평일 오전 9시~오후 8시, 토요일은 오전 9시~오후 6시

가를 만나게 된다면 신속하게 일을 처리하시라. 그렇게 함으로써 당신이 그들의 일과 생활의 균형을 존중하고 있음을 보여줄 수 있다.

핀란드인은 열심히 성실하게 일하고, 많은 사람이 오후 4시를 넘겨서까지 일하기도 한다. 저녁 5시나 5시 30분까지 자리를 지키는 사람들도 흔히 볼 수 있다. 몇 시에 사무실을 방문하건 커피와 차, 패스트리를 대접받게 될 것이며, 당신은 외국인이기 때문에 약간의 담소를 나누게 될 것이다. 그런 다음 단도직입적으로 사업 얘기로 들어갈 수 있다. 안건이 있으면 효율적으로 이야기가 진행된다. 회사 식당에서 점심을 함께 하자는 제안을 받을 수도 있는데 이때 술은 제공되지 않는다. 대부분 사람들은 물이나 우유, 과일 주스를 마신다. 핀란드 사람들은 방종과 낭비를 싫어하므로 점심은 되도록 가볍게 먹는다. 그리고 생활 속에서 진정한 평등정신을 실현하듯, 너나 할 것 없이 자신이 먹은 그릇은 직접 치워서 다음 사람들을 위해 식탁을 깨끗이 비워놓는다.

협상

핀란드인에게 뭔가를 팔고 싶다면 그 제품의 기술적 측면을 제대로 숙지하고 있어야 한다. 앞서도 언급했듯이 핀란드 문화는 기술자 중심이어서 영업사원보다는 기술자를 핀란드로 보내는 편이 낫다. 담당자는 관련 정보와 수치를 제공할 수 있어야 하며, 아주 세부적인 사양까지 알고 있는 것이 좋다.

길고 피곤한 협상은 없으며 단도직입적으로 본론에 돌입하게 될 것이다. 핀란드 사람에게는 솔직하게 속내를 털어놓아도 그 때문에 손해를 보는 일은 거의 없다. 핀란드인은 상대가 이익을 얻는 것이 상대에게 좋을 뿐 아니라 그들 자신에게도 좋은 일이라는 것을 알고 있다. 그들은 기만적이지 않다. 그들이 하는 말은 액면 그대로 받아들여도 좋다.

핀란드에서 사업상의 거래는 보통 친근한 악수로 성사되며, 계약서라고 해봐야 쌍방의 의무와 마감일 따위를 짧고 간략하게 요약한 정도에 불과하다. 그러나 요즘은 EU의 경험으로 계약서를 꼼꼼하게 쓰는 법을 배우고 있는 것 같다. 기억하시라! 핀란드인은 상황 판단이 빠르고, 정직함으로 상대를 무장해제시키며, 대체로 거래에서 손해를 보지 않는다.

결정과 행동

핀란드인이 어떤 결정을 내릴 때는, 비록 여러 명이 개입되어 있더라도 신속하게 결정에 도달한다. 다른 북유럽 국가들과 달리 그들은 위원회를 통해 결정을 내리지 않는다. 핀란드 조직은 수평적인 구조를 갖고 있어서 누구든 사장에게 직접 찾아가 의견을 말할 수 있다. 사장은 모두의 의견을 수렴해 종종 회의를 열기도 하지만 최종 결정권자는 바로 자신이라는 것을 잘 알고 있다. 사장이 일단 모든 정보를 얻으면 신속하게 결정이 내려지고 즉시 필요한 행동에 들어간다.

내 경험에 비추어 보면, 핀란드 사람들은 다른 유럽 국가들이 결정을 내리고 행동하는 방식을 참기 힘들어 한다. 왜 그렇게 시간이 오래 걸리는지 이해하지 못하는 것이다. 그들은 다른 유럽 사람들보다 훨씬 자발적이고 즉흥적이다. 핀란드인과 사업을 하려면 약속을 하거나 거래가 이루어지는 즉시 그것을 이행할 준비가 되어 있어야 한다. 이것이 바로 그들이 사업가의 진실성을 평가하는 척도다.

핀란드인은 자기 절제가 강하고 협동 작업과 공동체 정신을 좋아하는 근면한 개인주의자들이다. 종종 풍부한 창의력과 수평적 사고를 보이기도 한다. 또한 책임을 맡고 책임을 지고 이익을 책임지는 조직에서 일하는 것을 좋아한다. 독자적으로 일하는 것을 좋아하기 때문에 책임과 권한을 분명하게 규정한다. 그들은 시시콜콜 감독당하는 것을 극도로 싫어한다. 그들은 또한 자신의 지식과 전문성을 공공연히 공유한다. 이것이 그들의 문화다. 따라서 조직적인 학습이 핀란드 비즈니스의 주요 특징이라 할 수 있다. 그들이 첨단 환경을 창조해낸 것도 전혀 이상한 일이 아니다.

핀란드 사람들에게 좋은 비즈니스란 올바른 말보다는 올바른 행동이다. 그들이 어떤 행동을 할 때는 그것이 마땅히 해야 할 올바른 일이기 때문에, 그리고 그것이 최선의 결과를 가져올 것이라고 믿기 때문에 한다. 그들은 좋은 재료로 요리하면 언제나 맛있는 음식이 만들어진다는 본능적인 믿음을 갖고 있다. 이것은 단순히 경영 철학이 아니라 그들 정신의 일부, 핀란드인의 마음 속 깊은 곳에 자리 잡은 감정의 일부다.

올바른 행동의 일례를 들어보겠다. 핀란드에는 소와 돼지, 가금류 등에 대한 동물건강관리 제도가 확립되어 있다. 이 제도의 목적은 목장 차원에서 식품 안전과 동물 건강, 동물 복지에 관한 대책을 개선, 관리하고 가축 생산의 경제적 효율성을 개선하는 것이다. 국가는 전산화된 데이터베이스 시스템을 구축해 이 제도가 현장에서 어떻게 운영되고 있는지 정보를 수집한다. 전국에서 수의사와 농부들이 직접 데이터를 입력할 수 있게 되어 있다. 핀란드는 동물 전염병에 대해 '무관용 접근법'을 채택한 나라다. 닭과 돼지고기의 살모넬라와 돼지콜레라를 뿌리 뽑기 위해 세계에서 가장 엄격한 관리를 시행하는 나라로, 최근 한 설문조사에서는 핀란드가 '무질병 상태'라고 표현했다. 다른 EU 국가들은 그와 달리 위험억제 전략을 채택하고 있다.

합의

핀란드에서는 논쟁적인 토론을 좋게 받아들이지 않는다. 사람들은 비판과 논쟁을 개인적인 공격으로 받아들인다. 따라서 그들에게 갈등을 일으키는 접근법을 선택했다가는 자칫 큰 반목을 살 수 있다. 그보다는 합의에 기초한 접근법을 시도하고, 함께 일하는 사람들이 다 같이 문제를 해결하게 하는 편이 언제나 더 권할 만하다. 핀란드 사람들이 아시아인들만큼이나 '체면'을 중시한다는 사실을 잊지 마시라. 그들은 생각이 깊고 감정을 잘 드러내지 않아서 누군가로 인해 기분이 상해도 정작 상대는 그것을 눈치 채지 못할 수 있다.

세계 여러 나라에서 활동한 경험이 있는 어느 사업가는 '핀란드식 효율성'을 중요한 장점 중 하나로 꼽았다. 이들이 빠르게 결정하고 효과적으로 실행에 옮길 수 있는 것은 바로 그 능력 때문이다. 핀란드 경영자는 사람 지향이기보다는 생산 지향적이며 특히 스웨덴 경영자와 비교하면 그렇다. 사장과 직원의 관계에 허물이 없어 남유럽에서라면 불가능할 정도로 직원들이 사장이나 경영진에게 쉽게 다가가 의견을 개진한다. 핀란드 사람들은 또한 직언을 좋아해서 누군가의 문제점을 지적할 때도 아주 솔직하게 말한다.

핀란드인 경영자는 해외에서도 환영받는다. 그들은 누구에게도 자신의 뜻을 강요하려 들지 않는다. 지위고하

를 막론하고 조직 내 모든 이들의 말에 귀 기울이며, 남들이 최선의 방법을 알고 있을지 모른다고 기꺼이 믿는다. 해외에서 일할 때 그들은 아주 실용적인 접근법을 택하는데 그것은 바로 받아들이고, 맞추고, 개선하는 것이다. 이런 접근법은 누구에게나 잘 맞는 것처럼 보인다.

프레젠테이션

프레젠테이션을 진행함에 있어 미국 및 앵글로색슨 스타일과 핀란드 스타일은 큰 차이가 있다. 이 부분은 분명히 주목할 가치가 있다. 핀란드 사람들은 구조와 사실에 관심이 많다. 그들은 자신의 회사가 핀란드에서 정확히 어느 지역에 있는지를 알려주려고 지도에서 공장의 위치를 짚을 것이다. 또한 조직도를 보여주고, 회사의 연매출 성장을 백분율이 아닌 수치로 보여주고, 주로 파워포인트로 많은 정보와 수치를 제시할 것이다. 제품의 품질에 관한 정보와 좋은 디자인에 대해 말하고 그 모든 것에 최신 기술이 결합되어 있음을 설명할 것이다. 그리고 해당 업계 사람들이 일주일에 35시간을 일하고 1년에 6주간 휴가를 떠난다는 사실도 알려줄 것이다. 프레젠테이션을 듣는 상대방이 제품의 품질뿐 아니라 그 회사의 업무 관행에

대해서도 알게 된다는 뜻이다.

핀란드 기업들이 프레젠테이션을 하는 목적은 청중에게 정보를 주고 그들을 교육하기 위함이다. 이 모든 것은 프레젠테이션 전문가에 의해 조용하고 차분하게 전달된다. 이를 통해 상대는 그들의 제품과 서비스가 최고라는 결론을 끌어내기에 충분한 정보를 얻고, 마지막으로 그것을 구매할지 여부만 결정하면 된다. 프레젠테이션에서 발표자가 개인적인 일화를 말하는 경우는 거의 없으며 그 제품이나 서비스를 이용함으로써 얻을 수 있는 효과를 홍보하려 들지도 않는다. 그가 전달하려는 내용은 무척 명백하며 감정에 호소하지 않는다. 따라서 많은 핀란드인은 미국이나 앵글로색슨 방식의 프레젠테이션을 들으면 알맹이가 없다고 느낀다. 잘 알다시피 그들은 주로 제품을 구입함으로써 얻을 효과를 강조하고, 발표자의 일화를 이용해 주장을 뒷받침하고, 감정에 호소하고, 또한 차분한 핀란드인과는 달리 무대를 정신없이 왔다 갔다 하며 프레젠테이션을 진행한다. 이 모든 것이 핀란드 사람들에게는 혼란스럽고 외국인을 신뢰하기 어려운 존재로 보이게 한다.

서신과 이메일

핀란드 사람들과의 비즈니스에서 서신과 이메일은 자칫 혼란과 짜증과 오해를 불러일으킬 수 있다. 불행히도 핀란드인이 쓴 서신을 보면 그것을 명령이나 요구로 오해하게 되는 경우가 종종 생긴다. 이 또한 핀란드식 효율성 때문인데, 그들은 편지를 쓸 때도 꼭 필요한 말 외에는 하지 않아서 '부드러운' 인사말조차 생략하는 경우가 많다. 관련 정보를 제대로 전달

하는 데만 집중하느라 서신을 '꾸미는' 일에는 소홀하다. 이런
극도의 간단명료함 때문에 핀란드인은 종종 오만하고 까다로
운 사람들로 비춰지곤 하는데, 그들에게 상대의 기분을 상하
게 할 의도가 있었던 것은 결코 아니다.

　핀란드식 비즈니스는 거의 전화나 직접 대면을 통해 이루어
진다. 이메일은 부연이나 확인을 위한 용도이고, 서신은 최종
적인 마무리나 합의에 도달한 내용을 정리하기 위해 보낸다.
여기서 주목해야 할 한 가지 흥미로운 사실이 있다. 영국에서
는 뭔가가 제대로 되었을 때 ☑로 표시하는데, 핀란드 사람들
은 ☒로 표시한다. 여기서 X는 잘못된 것을 뜻하지 않는다. 또
하나 간과하지 말아야 할 것은, 핀란드 사람들은 소수점을 마
침표가 아닌 쉼표로 표시하는 대륙식 숫자 표기 방식을 이용
한다는 것이다. 예를 들어 2500만 유로를 표기할 때 영국인들
은 '2.5 million Euros'라고 표기하는 반면, 핀란드인들은 '2,5

million Euros'라고 표시한다. 사소하고 대수롭지 않은 일처럼 보일 수 있지만 나는 이로 인해 치명적인 오해가 발생할 뻔한 경우를 여러 번 목격했다.

지불 조건

세상 사람들 모두가 핀란드 사람들처럼 거래한다면 세상이 한결 좋아질 것이다. 만일 그들에게 7일 이내에 지불을 청구하는 송장을 보내면 정말로 7일 이내에 돈을 받을 것이다. 그들은 돈을 빨리 지불하는 편이며 지불 기일을 넘기는 법은 거의 없다(통상 30일 이내). 참고로 핀란드의 평균적인 월급날은 24일이다.

그러나 핀란드 사람들은 순진하게도 다른 나라에서는 자신들처럼 그렇게 깔끔하게 결제하지 않는다는 것을 잘 모른다. 그들은 돈을 달라고 재촉하거나 날마다 항의하는 일에도 익숙하지 않기 때문에 어떤 회사들은 그런 점을 악용해 핀란드인을 기만하기도 한다. 하지만 그런 일도 딱 한 번뿐이다. 핀란드인은 절대로 그런 회사와는 다시 거래하지 않기 때문이다.

부패

앞서 말한 것처럼 정직성과 진실성은 핀란드인의 중요한 속성이며, 따라서 부패도 드물다. 정부 관료와 연관된 뇌물이나 부패 의혹이 조금이라도 있다면 당장 신문에 대문짝만하게 실릴 것이다. 핀란드인은 모든 관련자가 '검은돈'을 기대하는 어떤 국가들과는 거래하는 것을 껄끄러워한다. 선택의 여지가 있다면 그들은 차라리 거래를 포기하는 쪽을 택할 것이다. 핀란드인은 뇌물이라는 개념 자체를 전적으로 부정한 것으로 본다. 최근 실시된 전 세계 국가들의 상대적 부패 수준에 관한 설문조사에서도 핀란드는 가장 부패가 없는 나라로 선정되었다.

일상생활에서도 팁 같은 것은 없다. 팁을 주는 것은 핀란드 문화가 아니다. 택시 기사나 웨이터, 미용사에게도 팁을 줄 필요가 없다. 심지어 호텔 짐꾼도 팁을 기대하지 않는다. 혹시라도 그들을 생각한답시고 침대에 동전 몇 개를 남겨두지 말기를 바란다. 그들은 진정으로 그것을 모욕으로 받아들인다. 평등주의 사회에서는 모두들 상대의 직업을 존중한다. 택시 기사는 택시를 운전해서 돈을 버는 것이 마땅하고, 일을 하면서 정중하고 예의바른 것이 당연하다. 그러니 팁을 받을 필요도 없고 바라지도 않는다. 그러나 핀란드인 중에 돈을 지불하고 몇 센트 정도의 우수리를 받지 않는 경우는 종종 있다.

돈과 은행

핀란드는 유로를 통화 단위로 사용한다. 은행은 보통 평일 오전 10시에서 오후 4시 30분까지 연다(지역에 따라 더 오래 문을 여는 은행도 있다). 외국돈은 공항과 주요 우체국, 외환거래소(Forex)에서 환전할 수 있다. 현금지급기(ATM)는 'SOLO'라는 기호가 새겨져 있으며, 은행이 아닌 곳에도 있고 아주 작은 마을의 거리에서도 찾을 수 있다. Visa, Eurocard, Plus Cirrus, Euro가 표시된 외국 은행 카드를 취급하지만 이 나라에서 현금을 쓸 일은 거의 없다. 핀란드 사람들은 대부분 ATM과 BAC(은행자동화결제서비스)를 이용해 은행 거래를 한다.

IT 강국인 핀란드는 세계 전자뱅킹 서비스를 선도하고 있다. 1982년에 세계 최초로 텔레뱅킹을 도입하더니 1992년에는 휴대전화를 통한 뱅킹을, 1996년에는 인터넷뱅킹을, 그리고 1999년에는 WAP 전화를 통한 뱅킹 서비스를, 2009년에

© Grisha Bruev

헬싱키에서 가장 인기 있는 거리 중 하나인 클루비카투.
스톡만 백화점과 핀란드를 대표하는 브랜드 쇼룸, 소문난 맛집들이 몰려 있어서
핀란드 사람들의 취향 변화를 가장 빨리 감지할 수 있는 곳이다.

핀란드의 전통 있는 수제 캔디류 전문점 파세르(Pazer)에서
무민 테마 컬렉션을 기획해 전시했다.
인기 캐릭터 '무민(moomin)' 역시 핀란드를 대표하는 브랜드 중 하나다.

는 스마트폰을 통한 모바일뱅킹 서비스를 시작했다. 그 결과 현재 핀란드 내의 전체 국내 은행거래 중 10에서 15퍼센트만이 은행 창구에서 이루어진다. 핀란드는 여전히 인터넷뱅킹의 발전을 선도하고 있으며 고객 확보와 제공되는 서비스 면에서 대륙의 라이벌들을 한참 앞서 있다. 핀란드 사람들은 시간과 장소에 구애받지 않고 일반전화나 휴대전화, 개인용 컴퓨터 또는 노트북이나 태블릿, 스마트폰 같은 무선 단말기로 은행 업무를 볼 수 있다. 이는 은행이 하루 24시간 문을 열고 있는 것과 마찬가지이며, 고객들은 다양한 서비스 중에 자신에게 맞는 것을 선택할 수 있다.

근로허가증 신청

핀란드에서 유급 고용을 원하는 외국인은 고용인용 거주허가증이 있어야 하며, 자영업이나 전문 직종에 종사하는 사람은 자영업자용 거주허가증을 받아야 한다. 그러나 이 규칙에는 몇 가지 예외가 있다. 예를 들어 EU 회원국 시민이나 그에 상응하는 사람은 해당 거주허가증이 없어도 된다. 그리고 EU 회원국 시민에게 적용되는 이동 권한에 대한 비슷한 규정이 아이슬란드와 리히텐슈타인, 노르웨이, 스위스에도 적용된다 (www.uvi.fi 참조).

구직 활동

다음 정보가 핀란드에서 일자리와 고용 기회를 찾는 데 도움이 될 것이다. 모두에게 행운을 빈다!

- **핀란드 직업알선 기관**: 아래는 핀란드에서 운영되는 몇 가지 직업알선 기관 및 서비스다.

  - www.aarresaari.fi : 유아교육 네트워크다.
  - www.monster.fi
  - www.mercuri-urval.com
  - www.proselectum.fi
  - www.mps.fi : 'Työpaikat'를 클릭한다.
  - www.eurojobs.com
  - www.jobsite.co.uk : 'Finland'를 검색한다.
  - www.cimo.fi
  - www.cvonline.net : 'Avoimet työpaikat'(구인)을 클릭한다. 이 사이트는 영어로 제공된다.

www.uranus.fi에 방문해볼 것을 권한다. 이 웹사이트는 핀란드에서 고용 기회를 찾는 외국인들에게 아주 유용할 만한 많은 정보들을 영어로 제공한다.

- hwww.rekry.com : 'Uusimmat työpaikat'(신규 일자리)를 클릭한다.

- **핀란드 노동부**^{Työministeriö}: 핀란드 노동부 웹사이트(www.mol.fi)
  에서 핀란드에서의 근로 생활에 대한 정보를 찾을 수 있다.
  웹사이트는 핀란드어와 스웨덴어, 영어로 볼 수 있다. 핀란드
  의 구인업체 목록도 있는데 불행히도 대부분 목록이 핀란드
  어나 스웨덴어로 되어 있다.

- **대중매체 구인광고**: 핀란드어로 인쇄된 많은 신문들에는 구할
  수 있는 일자리를 열거하는 '구인란'이 있다. 특히 핀란드의
  주요 신문 중 하나인 〈헬싱긴 사노마트〉는 일요판에 광범위
  한 구인란을 제공한다(www.hs.fi).

- **핀란드 회사 구인 웹사이트**: 오늘날 대부분의 회사는 웹사이
  트에 구인란을 두고 빈 일자리를 광고하거나 지원자에게 이
  력서를 보낼 것을 권하고 있다.

10
핀란드 속성노트

이 세상의 문제는 사람들이 아는 게 너무 적다는 것이 아니라,
너무 많은 것을 잘못 알고 있다는 것이다.
— 마크 트웨인, 《철부지의 해외여행기》 중에서

국가명 핀란드

수도 헬싱키

국기 흰색 바탕에 청색 십자가

인구 약 547만 명(2015년 현재)

언어 핀란드는 공식적으로 2개 언어 사용 국가다. 인구의 92퍼센트가 제1언어인 핀란드어를 사용하고 6퍼센트는 스웨덴어를 쓴다. 약 6500명에 이르는 라플란드 거주자는 사미어(라플란드어)를 쓴다. 많은 사람들이 영어를 말할 줄 알기 때문에 외국인의 의사소통이 한결 수월하다.

면적 약 33만 8000km^2. 핀란드는 유럽에서 러시아, 우크라이나, 프랑스, 스페인, 스웨덴, 독일에 이어 일곱 번째로 큰 국가다.

국경 스웨덴과 586km, 노르웨이와 727km, 러시아와 1269km를 접하고 있다.

시간대 핀란드는 그리니치 표준시GMT보다 두 시간 앞선다. 한국보다는 7시간 느리다.

기타 지리적 정보 18만 7888개의 호수와 17만 9584개의 섬(그중 9만 8050개는 호수에 있다). 핀란드 남서 해안에 유럽 최대의 군도가 있으며, 스웨덴어를 유일한 공식어로 사용하는 핀란드 자치령 올란드 제도도 이 군도의 일부다.

기후 사계절, 백야, 극야, 적설

만인의 권리(이동의 자유) 만인의 권리는 핀란드와 다른 북유럽 국가의 지배적 개념이다. 기본적으로 이것은 우리가 타인의 사생활을 침해하거나 말썽을 일으키거나 기물을 훼손하거나 쓰레기를 투기하지 않는 한, 원한다면 육로나 수로를 이용해 국내 어느 곳이든 갈 수 있는 권리다. 따라서 사유지인 숲들도 얼마든지 드나들며 공유 자산인 열매와 버섯들을 채취할 수 있다.

통화 핀란드는 유럽 단일통화 참가국이며, 따라서 통화 단위는 유로(€)이고, 작은 단위는 센트(100분의 1유로)다.

전기 핀란드의 표준 전기는 220V(230V) 50Hz이며, 유럽식 2핀 플러그를 쓴다.

측량 핀란드에서는 측량을 위해 미터법을, 온도는 섭씨온도를 이용한다. 옷과 신발은 유럽식 치수를 이용한다.

인터넷 서비스 보통은 도서관(kirjasto)에서 무료 인터넷 접속이 가능하며 예약이 권장된다. 많은 지역 카페에서도 인터넷 서비스를 제공한다.

전화 요즘은 공중전화가 많이 남아 있지 않은 데다 국제 전화카드를 구하는 것이 쉽지 않을 수 있다. 전화를 걸 수 있는 가장 간단한 방법(특히 국제전화)은 텔레 센터를 찾는 것이다. 모든 공중전화는 전화 카드로 이용할 수 있는데, 예를 들어 도시 전역에 있는 R-키오스크에서 선불 카드를 구입할 수 있다. 한편 핀란드에서 휴대전화를 사용하려면 유럽 표준 전화기와 SIM 카드가 필요하다. 모든 외국인 방문객은 출국 전 통신사에 전화를 걸어 로밍 계약과 관련한 세부사항을 문의하는 것이 좋다.

우체국 및 우편 서비스 우체국은 보통 평일 오전 9시에서 오후 6시까지 문을 연다. 유럽 내의 우편물은 2~4일이 걸리며 미국과 캐나다, 호주의 경우 최대 2주까지 걸릴 수 있다. 도로에 노란색 우체통이 있어서 날마다 우편물이 수거되며, 우표는 우체국과 서점, R-키오스크, 역과 호텔에서 판매한다.

문 · 화 · 퀴 · 즈
CULTURE QUIZ

◎ **CASE 1**

당신은 핀란드 사람들에게 프레젠테이션을 하려 한다. 핀란드 사람들을 만나는 것은 이번이 처음이다. 프레젠테이션은 잘 진행되는 것 같다. 마지막에 사람들에게 질문이 있느냐고 물었는데 방 안이 쥐죽은 듯 조용하다. 아무도 반응하지 않고 아무런 질문도 없다. 이럴 때 당신이라면 어떻게 하겠는가?

A. 프레젠테이션을 완전히 망쳤다고 생각하고 밖으로 뛰어나간다.

B. 인내심을 갖고 잠시 기다렸다가 명함을 돌리며 나중에 물을 것이 있으면 연락하라고 권한다.

C. 다시 질문이 있는지 묻고 질문을 하도록 강요한다.

조언 정답은 B. 핀란드인은 아주 내성적이다. 그들은 군중 사이에서 눈에 띄는 행동을 하는 것을 좋아하지 않는다. 아마도 청중은 당신의 프레젠테이션이 마음에 들고 물어볼 것이 많지만 소심해서 차마 묻지 못할 가능성이 크다. 명함을 나눠줌으로써 그들에게 프레젠테이션에 대해 일대일로 이야기할 기회를 주는 것이 바람직하다.

◎ CASE 2

당신은 차에 기름을 넣기 위해 주유소에 왔다. 주유구에 주유기 호스를 넣고 손잡이를 쥐었지만 어찌된 일인지 아무런 반응이 없다. 이럴 때 어떻게 해야 할까?

A. 주유소 직원에게 도와달라는 시선을 보낸다.

B. 주유기가 고장 났다고 판단하고 다른 주유기로 간다.

C. 핀란드는 첨단 기술이 발달한 나라임을 기억하고, 혹시 자신에게 잘못이 없는지 살핀다.

조언 정답은 C. 핀란드의 주유기는 한 번의 작동으로 지불과 주유를 동시에 한다. 주유할 때 신용카드나 현금을 삽입하거나 휴대전화 버튼을 이용해 계산해야 한다. 그러면 주유기에서 기름이 나온다(현금을 낸 경우에는 남은 돈을 챙겨 가도록 한다).

◎ CASE 3

핀란드인의 집을 방문할 때, 다음 중 적절하고 예의바른 행동은 어느 것일까?

A. 신발을 벗지 않는다.

B. 신발을 벗는다.

C. 신발과 양말을 벗는다.

조언 정답은 B. 핀란드 사람들은 신발은 실외에서만 신는다. 실내에서는, 심지어 사무실에서도 양말이나 샌들을 신고 다닌다. 실내화를 따로 준비하지 않았을 때는 적어도 신발을 벗겠다는 말이라도 해야 한다.

◎ CASE 4

핀란드 전통 방식으로 사우나를 한다는 것은 다음 중 어떤 의미일까요?

A. 중간 중간 얼어붙은 호수에 구멍을 뚫어 얼음수영을 즐기고 벌꿀 등을 몸에 바르고 자작나무 가지로 몸을 두드린다.

B. 젊잖게 수영복 차림으로 따뜻한 증기 속에서 느긋한 낮잠을 즐긴다.

C. 따뜻한 곳에서 나체 상태로 이성을 만날 기회이다.

조언 정답은 A. 핀란드에서 전통적인 사우나 방식은 남성과 여성이 따로 들어가는 것이다. 사우나에서 수영복을 입는 것은 건강에 좋지 않다고 생각해 일반적으로 입지 않는다. 사우나에 잠시 있다가 차가운 수영장이나 호수에 뛰어들거나 샤워를 한 뒤 다시 사우나에 들어간다. 한겨울에도 마찬가지다. 몸에 벌꿀이나 약초 반죽을 바르는 것은 치유 효과가 있다고 여겨지며 혈액순환을 돕기 위해 자작나무 가지로 가볍게 몸을 두드린다. 찬물도 도움이 된다.

◎ CASE 5

당신은 헬싱키에서 주말을 보내고 있다. 핀란드인 친구가 당신이 혼자라는 것을 알고 커피를 마시자고 초대한다. 어떻게 행동하는 것이 좋을까?

A. 말쑥한 차림으로 작은 선물을 가져가되, 조금 늦게 도착한다.

B. 정중하게 차려입고 정시에 도착하되, 커피 초대일 뿐이므로 빈손으로 간다.

C. 편안한 차림으로 여주인을 위해 꽃을 사들고 정시에 도착한다.

조언 정답은 C. 핀란드에서 식사 초대를 하는 경우는 드물지만 커피를 마시자는 초대는 자주 한다. 이때 전통적으로 커피와 함께 7가지 케이크와 쿠키가 차려진다. 약속시간에 늦는 것은 금물이다. 조금이라도 늦을 것 같으면 주인에게 전화를 걸어서 알리는 것이 예의다. 또한 핀란드 사람들은 옷을 편안하게 입으므로 말쑥한 것은 좋지만 너무 차려입지는 말자. 커피 초대에는 꽃을, 식사 초대에는 꽃이나 와인을 가져가는 것이 좋다.

◎ CASE 6

당신은 인적이 드문 교외에서 열린 여름 축제에 왔다가 다시 도시로 돌아가려 한다. 그래서 콜택시를 부른다. 그런데 생각해보니 현금이 부족할 것 같기도 하다. 이럴 때 어떻게 하는 것이 좋을까?

A. 출발하기 전에 택시 기사와 요금을 협상한다.

B. 택시 기사가 외국인인 당신에게 바가지를 씌울 것이라고 생각하고 도착하자마자 택시 요금을 깎는다.

C. 그가 정직하다는 것을 믿고 요금을 묻는다. 신용카드로 계산할 수 있으므로 걱정하지 않는다.

조언 정답은 C. 핀란드 택시는 인상적인 통신 시스템을 갖추고 있다. 어느 곳에서건 택시 운전사가 특정 위치까지의 요금을 조회하면 컴퓨터가 정확한 요금을 알려준다. 차에 설치된 원격 전자미터기를 통해 신용카드 지불도 가능하다. 택시 기사는 신뢰할 만하며 팁을 기대하지 않는다.

◎ CASE 7

당신은 10여 명의 사람들과 저녁식사를 하고 있다. 바로 옆에 있는 사람들과 당신이 주문한 음식들이 먼저 나왔다. 이럴 때 어떻게 하는 것이 좋을까?

> **A.** 음식이 식기 전에 먹기 시작한다.
>
> **B.** 모두의 음식이 나올 때까지 기다린다.
>
> **C.** 절반 정도 인원의 음식이 나오면 먹기 시작한다.

조언 정답은 A. 전통적인 예의범절이 무엇이건, 같은 테이블에 앉은 4인의 음식이 차려지면 먹기 시작하는 것이 일반적이다.

◎ CASE 8

핀란드식 화이트와인(코스켄코르바)으로 건배를 할 때 대체로 어떻게 할까?

> **A.** 술을 단숨에 들이켜고 잔을 벽난로에 던진다.
>
> **B.** 지금 마시고 있는 것이 훌륭한 보드카임을 떠올리며 예의바르게 홀짝홀짝 마신다.
>
> **C.** 술을 단숨에 들이켜고 "키피스!" 하고 외친다.

조언 정답은 C. 코스켄코르바는 훌륭한 보드카이며, 핀란드 사람들은 그것이 치명적일 수 있는 독주라는 것에 긍지를 느낀다. 그러나 이 핀란드식 화이트와인으로 건배할 때는 한 번에 다 마셔야 한다. 키피스 Kiipis는 '건배'와 같은 뜻이다.

◎ CASE 9

당신은 공항에서 탑승 안내방송을 들었다. 모두들 탑승권을 가지고 있으며 당연히 항공기에 좌석이 있다. 그런데 탑승구에 사람들이 줄을 길게 늘어서 있다. 이럴 때는 어떻게 하는 것이 좋을까?

A. 맨 뒤에 줄을 서서 순서를 기다려 탑승한다.

B. 사람들을 밀치고 앞으로 나간다.

C. 국내선에는 좌석 배정이 없으며 자기 몫은 알아서 챙겨야 한다는 것을 떠올린다. 그러므로 최대한 빨리 비행기에 타야 한다.

조언 정답은 A. 국내선에 좌석 할당이 없기는 하지만 사람들은 질서정연하게 줄을 서서 탑승한다. 새치기를 하면 곱지 않은 시선을 받게 된다. 우체국과 은행, 약국, 슈퍼마켓, 여행사 등 많은 곳에 번호표 발급기가 있지만 공항에는 아직 없다.

해야 할 것과
하지 말아야 할 것
DO'S AND DON'TS

Do »»»

역사와 문화

• 핀란드가 독립국가가 되기 위해 얼마나 힘겨운 투쟁을 해왔는지, 그리고 이 나라가 아직 상대적으로 얼마나 젊은 나라인지를 이해한다.

• 핀란드는 1990년대 중반에 유럽연합에 가입할 때까지 사실상 폐쇄된 국가였 다는 사실을 기억한다.

• 핀란드는 다른 유럽 국가들에 비해 규모가 크지 않다는 것을 기억한다. 인구 가 아직 550만 명에도 못 미친다.

• 핀란드 남부(헬싱키-투르쿠-탐페레 삼각형 지역)의 문화가 다른 지역보다 훨씬 도시적이고 국제적이라는 것을 고려한다.

• 스웨덴에 대한 농담을 해도 좋다. 핀란드인은 스웨덴인과 애증 관계에 있으 며, 전통적으로 스웨덴인은 핀란드식 유머의 대상이었다.

비즈니스

• 약속을 지킨다. 핀란드인은 약속을 잘 지키며 당연히 상대도 그러하기를 기 대한다.

• 거래할 때 악수는 계약서에 서명하는 것 못지않은 효력이 있음을 기억한다.

• 핀란드 도매업자들은 텃세가 강하고 마진이 높다는 것을 인식한다. 그들이 허락하지 않으면 절대 시장에 들어갈 수 없다.

- 핀란드 여성들은 정치와 경제에서 상당히 성공적이고 힘이 세다는 것을 기억한다.

- 핀란드가 인터넷 접속 면에서 세계 최고의 자리에 있지만 핀란드 시장에 신제품을 소개할 때는 여전히 신문과 잡지, TV가 최고 매체임을 기억한다. 매출에 가장 큰 영향력을 행사하는 것은 뭐니 뭐니 해도 TV 광고다.

대화

- 핀란드인과 대화할 때는 단순한 표현과 짧은 문장을 사용한다.

- 많은 핀란드인이 영어를 생각보다 잘한다는 것을 기억한다.

- 핀란드인은 한담에 익숙하지 않다는 것을 기억한다.

- 핀란드 사람들은 스포츠광이라는 것을 기억한다. 현재 유명한 핀란드인이 누구인지 알아둔다. 항상 카레이싱 선수일 것이다.

- 아이스하키는 핀란드에서 아주 인기 있는 스포츠임을 기억한다. 특히 남성들끼리는 사업 협상 중에 아이스하키 얘기를 하는 경우도 드물지 않다.

라이프스타일

- 현지 음식을 먹어본다(핀란드 친구들이 말하는 것처럼 '먹어도 죽지 않는다').

- 커피를 아주 많이 마실 것을 각오한다.

- 사우나에 익숙하지 않다면 방해가 되지 않고 밖으로 나갈 수 있도록 문에서 가장 가까운 자리에 앉는다.

- 추위에 대비한다. 겨울에 적어도 한 번은 영하 30도까지 기온이 내려간다.

- 겨울에 운전할 때는 동계용 타이어가 의무사항이라는 것을 기억한다. 핀란드 사람들이 빙판길에서 광란의 질주를 하는 것처럼 보이지만, 그들은 그런 상황에 원래 익숙한 사람들이다.

- 운전을 하려면 음주를 자제한다. 핀란드의 혈중알코올농도 허용 한계는 0.05퍼센트로 아주 낮다.

Don't »»»

역사와 문화

- 핀란드와 러시아를 동시에 언급하지 않는다. 핀란드인은 러시아인에 대해 오랫동안 혐오와 불신을 품어왔으며 그들과 연관 지어지는 것을 싫어한다.

- 겨울에 핀란드를 방문할 계획이라면, 날씨가 항상 추울 거라고 단정 짓지 않는다. 지역별로 상당한 기온 차이가 있을 수 있다.

- 낯선 사람에게 미소를 지었는데 그가 똑같이 화답하지 않아도 신경 쓰지 않는다. 핀란드 사람들은 미소 짓는 외국인들에게 익숙하지 않다. 하지만 고개를 살짝 끄덕이는 정도의 반응은 할 것이다.

- 핀란드인이 휴대전화를 너무 많이 사용한다는 사실에 놀라지 않는다. 그들에게 문자 메시지는 무척 인기가 좋다. 그뿐만 아니라 자판기나 주유기, 세차 기계도 휴대전화로 작동할 수 있다.

- 핀란드 젊은이들이 예전 세대처럼 조용하고 부끄러움이 많을 것이라 생각하지 않는다. 요즘 젊은이들은 CNN과 MTV, 인터레일과 함께 성장했으며, 영국이나 미국에서 체류한 경험이 있는 젊은이도 상당히 많다.

- 빨간 신호등을 무시하고 길을 건너지 않는다. 핀란드 어머니들은 아이들에게 반드시 푸른 신호등이 켜질 때까지 기다리라고 가르친다.

비즈니스

- 약속에 늦지 않는다. 늦을 것 같으면 미리 연락한다.

- 사업상의 만남에 너무 격식을 갖춰 차려입지 않는다(핀란드에서 정장을 하는 일은 드물다).

- 핀란드 동료가 영어를 잘한다는 이유로, 당신의 이메일이나 메시지를 당신의 의도대로 잘 해석했으리라고 당연하게 가정하지 않는다.

- 핀란드 회사가 업무상 편지나 팩스에 답할 것을 기대하지 않는다. 대신 휴대전화로 문자메시지를 보낸다.

대화

- 누군가에게 뭔가를 요구할 때 "Would you……?", "Could you……?" 하는 식으로 완곡하게 표현하지 않는다. 핀란드인은 그런 표현이 요구라는 점을 이해하지 못한다.

- 말할 때 영미식의 '절제된 표현'이나 반어법을 사용하지 않는다. 틀림없이 잘 못 해석될 것이다.

- 핀란드인이 직언을 할 때 개인적인 모욕으로 받아들이지 않는다. 그들이 뭔가를 하라고 요청할 때 명령처럼 들릴 수 있다. 그들은 자신이 원하는 것을 그대로 말하고, 상대가 말하는 것을 그대로 믿는다.

- 거리를 표현할 때 시간을 기준으로 말하지 않는다. 예를 들어 쿠오피오에서 헬싱키까지의 거리는 400킬로미터라고 정확히 표현한다. '자동차로 약 4시간 거리'라고 애매하게 표현하지 않는다.

- 침묵이 동의일 것이라고 단정 짓지 않는다. 오히려 그 반대인 경우가 더 많다. 상대의 기분을 상하게 하지 않기 위해 아무 말도 하지 않는 것이다.

라이프스타일

- 옷차림이나 매너를 보고 핀란드 사람들을 판단하지 않는다. 그들은 이런 면에 자신감이 없으며, 자신의 환경을 벗어난 곳에서 어떻게 옷을 입어야 할지, 어떻게 행동할지 확신하지 못하는 경향이 있다. 그러나 그들은 항상 완벽하게 예의바르며 상대의 기분을 맞추려 애쓴다.

- '코스킨코르바'라고 하는 핀란드식 화이트와인은 독한 보드카이므로 마실 때 방심하지 않는다.

- 사우나에서 수영복을 입지 않는다.

- 공공장소에서 시끄럽게 떠들지 않는다. 아이들이 소리 지르며 뛰어다니도록 놔두지 않는다.

- 택시 기사나 웨이트리스 등에게 팁을 주지 않는다.

일반적인 인사말과 표현

Hyvää huomenta	휘배 후오멘타	안녕하세요?(아침)
Paivää	파이배	안녕하세요?(오후)
Hyvää iltaa	휘배 일타	안녕하세요?(저녁)
Näkemiin	내케민	안녕히 계세요
Kyllä/Ei	퀼래/에이	예/아니요
Kiitos/Hei!	키토스/헤이	감사합니다/여보세요
Halpa/kallis	할파/칼리스	싸네요/비싸네요
Kylmä/lämmin	퀼매/램민	추워요/더워요
Enemmän/ vähemmän	에넴맨/배헴맨	더/덜
Herra/rouva	헤라/로우바	선생님/부인
mies/vaimo	미에스/바이모	남편/아내
Nainen/mies	나이넨/미에스	여자/남자
poika/tyttö	포이카/튀퇴	소년/소녀
Missä/tuolla	미새/투올라	어디/거기
millain/kuka	밀라인/쿠카	언제/누구
En ymmärrä	엔 윔매래	이해가 안 가네요.
Paljonko se maksaa?	팔리온코 세 막사?	얼마인가요?
Ostan sen	오스탄 센	이걸 사겠어요.
Puhuuko kukaan englantia?	푸후코 쿠칸 엥글란티 아?	영어하시는 분 계세요?
Olen kotoisin Englannista	올렌 코토이신 엥글란 니스타	잉글랜드에서 왔습니다.
yksi/kaksi/kolme	윅시/칵시/콜메	하나/둘/셋

neljä/viisi/kuusi	넬리애/비시/쿠시	넷/다섯/여섯
seitsemän/ kahdeksan	세잇세맨/카흐덱산	일곱/여덟
yhdeksän/ kymmenen	위흐덱샌/큄메넨	아홉/열
kaksitoista/viisitoista	칵시토이스타/비시토이스타	12(열둘)/15(열다섯)
kaksikymmentä/ viisikymmentä	칵시큄멘태/비시큄멘태	20/50
sata/viisi sataa	사타/비시 사타	100/500
tuhat/viisi tuhatta	투핫/비시 투하타	1000/5000
kymmennen tuhatta	큄멘넨 투하타	1만
viisikymmentä tuhatta	비시큄멘태 투하타	5만
sata tuhatta/miljoona	사타 투하타/밀리오나	10만/100만
Kello kahdelta	켈로 카흐델타	2시에
Huomenna	후오멘나	내일
Kauanko minun pitää odottaa?	카우안코 미눈 피태 오돗타?	얼마나 기다려야 하나요?
Saapumisaika	사푸미사이카	도착 시간
Lähtöaika	래흐퇴아이카	출발 시간

외식

Saanko ruokalistan	산코 루오칼리스탄	메뉴판 좀 주세요.
Saanko laskun	산코 라스쿤	계산서 좀 주세요.
Kuitin/lisätuolin	쿠이틴/리새투올린	영수증/추가 의자
Onko teilla vapaita pöytia?	옹코 테일라 바파이타 푀위티아?	빈 테이블 있나요?
Missä on vessa?	미새 온 베사?	화장실이 어디입니까?

Haluaisin tilata paikallisia ruokia	할루아이신 틸라타 파이칼리시아	지역 특선 음식을 주문하고 싶습니다.
Tuokaa minulle jotain hyvää mitä teillä on valmiina	투오카 미눌레 요타인 휘배 미태 테일래 온 발미나	준비된 것 중에 좋은 걸 주세요.
Ravintola/pikaruoka	라빈톨라/피카루오카	레스토랑/페스트푸드
Kahvi/tee/tuoremehu	카흐비/테/투오레메후	커피/차/오렌지 주스
Olut/viini/maito	올룻/비니/마이토	맥주/와인/우유
vesi/koskenkorva	베시/코스켄코르바	물/보드카
Leipä/juusto/voi	레이패/유스토/보이	빵/치즈/버터
Suola/sokeri/pippuri	수올라/소케리/피푸리	소금/설탕/후추
Ketsuppi/sinappi	케추피/시나피	케첩/겨자
Salaatti/keitto/vihannekset	살라티/케이토/비한넥셋	샐러드/스프/야채
Peruna/ranskalaiset perunat	페루나/란스칼라이셋 페루낫	감자/감자칩
Liha/pihvi	리하/피흐비	고기/비프스테이크
Lammas/vasikka/sika	람마스/바시카/시카	양고기/송아지고기/돼지고기
makkara/kala	마카라/칼라	소시지/물고기
Keitetty/paistettu	케이테티/파이스테투	삶은/튀긴
Leivottu/grillattu	레이보투/그릴라투	구운/그릴에 구운
Jälkiruoka/hedelmat	얠키루오카/헤델맛	디저트/과일
Savukkeet/tuhkakuppi	사부켓/투흐카쿠피	담배/재털이

Vasen/oikea/suoraan	바센/오이케아/수오란	왼쪽/오른쪽/직진
Missä on…?	미새 온…?	…이 어디 있습니까?
Kuinka kaukana on …?	쿠잉카 카우카나 온…?	…가 얼마나 멀리 있습니까?
Voisitteko neuvoa tien	보이시테코 네우보아 티엔	…로 가는 길 좀 알려주시겠습니까?
Keskusta	케스쿠스타	도심
Kaupungintalo	카우풍인탈로	시청
Kauppahalli	카우파할리	실내 시장
Kauppatori	카우파토리	마켓 광장
Museo	무세오	박물관
Taide Galleria	타이데 갈레리아	미술관
Teatteri	테아테리	극장
Posti/rautatieasema	포스티/라우타티에아세마	우체국/기차역
Linja-autosema	리냐-아우토세마	버스 정거장
Poliisi/atama/lentokenttä	폴리시/아타마/렌토켄태	경찰서/항구/공항
Tulli/passi	툴리/파시	세관/여권
Autopaperit	아우토파페릿	자동차 등록증
Auto/linja-auto/rekka	아우토/리냐-아우토/레카	자동차/버스/트럭
Juna/lentokone	유나/렌토코네	기차/비행기
Vene/laiva/lautta	베네/라이바/라우타	보트/배/페리
Rautatie	라우타티에	철도
Tunturi/Kukkula	툰투리/쿠쿨라	언덕
Vuori	부오리	산

Jarvi	야르비	호수
Joki	요키	강
Saari	사리	섬
Puisto	푸이스토	공원
Tie	티에	도로
Katu	카투	길
Talo	탈로	집
Kirkko	키르코	교회
Linna	린나	성
Kaupunki	카우풍키	시내
Kyla	퀼라	마을
Hotelli/leirintäalue/mökki	호텔리/레이린태알루에/뫼키	호텔/캠핑장/별장
Huone yhdelle/kaski yotä	후오네 위흐델레/카스키 요태	하루/이틀 묵을 방
Kahdelle/neljälle	카흐델레/넬리얠레	2인용/4인용
Kylpyhuone/suihku/TV	퀼퓌후오네/수이흐쿠/테베	욕실/샤워기/TV
Kerros/huone	케로스/후오네	바닥/방
hiss/portaat	히스/포르탓	엘리베이터/계단
Vartioitu parkkipaikka	바르티오이투 파르키파이카	주차장
Aamiainen/lounas/baari	아미아이넨/로우나스/바리	아침/점심/바

표지판

Sis äänkäynti	시스 앵퀜티	출입구
WC		화장실
Naistenhuone/naiset	나이스텐후오네/나이셋	숙녀

Miestenhuone/ miehet	미에스텐후오넨/미에헷	신사
Saapuminen	사푸미넨	도착
Saapuvat	사푸밧	도착편
Lähtöminen	래흐퇴미넨	출발
Lähtevät	래흐테뱃	출국편

건강

Lääkari	래카리	의사
Sairaala	사이랄라	병원
Ensiapu	엔시아푸	응급 처치
Apteekki	압테키	약국
Lääke	래케	약
Sairas	사이라스	병
Pahoinvoiva	파호인보이바	구역질
Kipu	키푸	고통
Pänsärky	팬새르퀴	두통
Vatsakipu	바차키푸	복통
Keho	케호	몸
Käsi Varsi	캐시 바르시	팔
Käsi	캐시	손
Jalka	얄카	다리/발
Niska	니스카	목
Pää	패	머리
Silmät	실맷	눈
Korvat	코르밧	귀
Nenä	네내	코
Kurkku	쿠르쿠	목
Kurkkukipu	쿠르쿠키푸	후두염

Kipe	키페	아픈
Kutina	쿠티나	가려움
Ihottuma	이호투마	발진
Näppylät	내퓔랫	구진
Iho	이호	피부
Auringossa Palanut	아우링고사 팔라눗	햇볕 화상
Vamma	밤마	상처
Haava	하바	자상
Tikit	티킷	쑤심
Kipsi	킵시	석고
Antiseptinen(Voide)	안티셉티넨(보이데)	소독약(크림)
Desinfiointiaine	데신피오인티아이네	살균제

업무

Kokous	코코우스	모임
Tapaaminen	타파미넨	약속
Sopimus	소피무스	계약
Neuvottelu	네우보텔루	협상
Mihin aikaan? Milloin? Koska?	미힌 아이칸? 밀로인? 코스카?	몇 시에요?
Liikevaihto	리케바이흐토	총매출
Voitto	보이토	이익
Pankki	팡키	은행
Posti	포스티	우체국
Pääkonttori	패콘토리	본부
Omistaja/Johtaja	오미스타야/요흐타야	소유주/경영자
Toimitusjohtaja	토이미투쇼흐타야	대표 이사

Talousjohtaja	탈로우쇼흐타야	최고재무책임자
Puhelin	푸헬린	전화
Kännykkä	캔뉘캐	휴대전화
Osoite	오소이테	주소
Puhelin-numero	푸헬린-누메로	전화번호
Yhteyshenkilo	위흐테위스헨킬로	연락 담당자
Nimi	니미	이름
Kallis	칼리스	비싼
Halpa	할파	싼
Vastinetta Rahoille	바스티네타 라호일레	돈 값/비용 대비 가치
Kuinka Paljon?	쿠잉카 팔리온?	얼마인가요?
Monta?	몬타?	몇 개나요?
Hyvä Laatu	휘배 라투	좋은 품질
Luotettava	루오테타바	신뢰할 수 있는
Toimittaja	토이미타야	공급자
Asiakas	아시아카스	고객
Valmistaja	발미스타야	제조자
Tukkumyyjä	투쿠뮈얘	도매업자

응급 전화

- 일반 112
- 경찰 112
- 앰뷸런스와 화재 112
- 24시간 의료서비스 정보
  전화: (09) 10 023 / 웹사이트: www.0910023.fi

응급의료 서비스

- **응급 상황: 헬싱키 대학 중앙병원**
  심각한 사고인 경우 톨로 병원(Toolo Hospital, Topeliuksenkatu 5 위치, 전화: 4711)을, 약품과 수술이 필요한 경우에는 메일라호티 병원(Meilahti Hospital, Haartmaninkatu 4, 전화: 4711)을 이용한다. 기타 병원과 건강 센터에 관한 연락 정보는 모든 호텔에서 구할 수 있다. 비응급 방문 시에 특히 외국인은 메힐래이넨 클리닉을 이용하면 된다(www.mehilainen.fi).

- **응급 치과치료**
  윔퓌라탈로 치과병원(Ympyratalo Dental Clinic, Siltasaarenkatu 18a, 전화: 010-414-0200, 24시간 전화: 010-414-3030)과 24시간 영업하는 덴탈 클리닉 오럴(www.hammassairaala.fi)을 이용한다.

- **약국**
  'Apteekki'라고 표시된 간판을 찾는다. 만네르헤이민티에 96번지에 위치한 윌리오피스톤(Yliopiston) 압테키가 24시간 문을 연다.

전화 코드

- **헬싱키 도시 번호**: 09(외국에서 전화를 걸 경우, 맨 앞의 0을 뺀다).
- **핀란드에서 외국으로 걸 때**: 국제식별번호(00 또는 990, 994, 999) + 국가 번호 + 국내 지역 번호 + 가입자 번호
- **외국에서 핀란드로 걸 때**: 전화를 거는 나라의 국제 식별번호 + 핀란드 국가 번호(358), 맨 앞에 붙은 '0'을 뺀 국내 지역 번호 + 가입자 번호
- **전화번호 문의(영어)**: 118 또는 020-202
- **국제 전화번호 문의**: 020-222
- **교환원(영어)**: 118
- **국제 교환원**: 020-222

신문

〈인터내셔널 헤럴드 트리뷴〉과 〈이코노미스트〉 같은 영자 신문과 잡지를 쉽게 구할 수 있다. 다른 외국어 신문은 백화점과 서점, R-키오스크에서 구할 수 있다. 〈헬싱긴 사노마트〉는 가장 큰 핀란드어 신문이다.

텔레비전과 라디오

두 개의 국영 채널 TV1과 TV2 그리고 두 개의 민영 채널 MTV3과 Nelonen에서 영어로 된 영국과 미국 프로그램을 방송한다. 그 외의 프로그램은 핀란드어나 스웨덴어 방송이다. 4개의 국영 라디오 방송국(www.yle.fi/rfinland)이 있다. 헬싱키에서는 캐피털 FM(103.7MHz)에서 〈BBC 월드뉴스〉와 〈보이스 오브 아메리카〉 〈라디오 오스트레일리아〉 같은 영어 프로그램을 방송한다. 방송 주파수는 그때그때 달라지므로 YLE에서 확인한다(www.yle.fi/fbc).

택배 서비스

- **TNT**: 0800-188-800 또는 (09)476-266
- **DHL**: 030-45-345 또는 (09)8700-3300

자동차 대여

대체로 신용카드로 보증금을 지불해야 한다. EU 운전면허증이나 국제운전면허증과 함께 최소 1년간 운전 경험이 있어야 대여해준다. 공항과 기차역, 주요 호텔과 관광 안내소에서 이용할 수 있으며, 헬싱키에 다음과 같은 대여업체들이 있다.

- **Budget**
  주소: Malminkatu 24
  전화: (09)686-6500; 팩스: (09)685-3350
  웹사이트: www.budget.fi/Helsinki
- **Hertz**
  주소: Mannerheimintie 44
  전화: (020)555-2300
  웹사이트: www.hertz.co.uk/rentacar/car-hire/finland/helsinki

대사관 연락처

- **주한 핀란드 대사관**
  주소: 서울 종로구 종로1 교보빌딩 18층
  전화: (02)732-6737
  팩스: (02)723-4969
  이메일: sanomat.seo@formin.fi
  웹사이트: www.finland.or.kr
- **헬싱키 주재 한국대사관**
  주소: Erottajankatu 7 A, 4th 00130 Helsinki

전화 : (09)251 5000
팩스 : (09)251 50055
휴일 또는 긴급 연락처 : 040-903-1013, 040-903-1012
E-mail : korembfi@mofa.go.kr
웹사이트: fin.mofa.go.kr/korean

핀란드의 주요 웹사이트

- www.president.fi 핀란드 공화국 대통령
- www.government.fi 핀란드 정부
- www.parliament.fi 핀란드 의회(Eduskunta)
- hwww.vm.fi 재무부
- www.tem.fi 고용경제부
- finland.fi 'This is Finland'(핀란드 국영매체에서 제공하는 국가 정보)
- www.ek.fi 핀란드산업연맹(EK)
- www.finland.fi 핀란드 공공기관 및 서비스
- www.bof.fi 핀란드은행
- www.keskuskauppakamari.fi 상공회의소
- www.finnfacts.fi 'Finnfacts'(핀란드 경제 및 산업에 관한 정보)
- www.stat.fi 핀란드 통계청
- www.enterprisefinland.fi 'Enterprise Finland'(외국 기업을 위한 비즈니스 서
  비스 포털)
- www.vero.fi 국세청
- www.tulli.fi 국가관세청
- www.prh.fi 핀란드 국가특허등록청
- www.tekes.fi 핀란드 기술청
- www.finnvera.fi 'Finnvera'(금융 서비스)
- english.forestindustries.fi 핀란드 임업 연맹
- www.ficora.fi 핀란드 통신규제청(FICORA)
- www.finlandsources.fi 국가, 비즈니스, 행정 정보
- virtual.finland.fi 외무부가 제공하는 핀란드에 관한 정보
- www.contactfinland.fi 비즈니스 서비스, 협회 등의 목록.
- www.finpro.fi/finnishexporters 핀란드 수출업체 데이터베이스
- www.kaupankl.fi 핀란드상공업연맹
- www.helsinki.fi 헬싱키 시
- www.businessculture.org 'Passport to trade'(비즈니스 문화)

역주

1) 핀란드에 대한 일본인의 각별한 애정은 2006년에 제작된 영화 〈카모메 식당(カモメ食堂)〉을 보면 잘 드러난다.

2) 호로딸기라고도 하며, 핀란드어로는 라카(lakka) 또는 힐라(hilla)라고 부른다.

3) 핀—우그리아 어족의 카렐리야어를 쓰는 민족으로, 오늘날 러시아의 카렐리야 공화국과 핀란드 동부에 약 75만 명이 살고 있다.

4) 스웨덴 중동부에 있는 주(州) 또는 주도의 이름.

5) 유럽연합 가맹국의 도시 중에서 매년 선정해 1년에 걸쳐 집중적으로 문화 행사를 전개하는 사업으로, 핀란드 도시 중에는 2000년에 헬싱키가, 2011년에 투르쿠가 선정되었다.

6) 유엔 세계행복보고서는 미국 컬럼비아대 지구연구소가 맡는다. 2012년부터 2년간 여론조사기관 갤럽이 실시한 기대수명, 자유, 소득 등의 조사 결과와 유엔 인권지수 등을 토대로 순위를 낸다.

7) 유럽연합 국가들 중 쉥겐조약을 통해 국경을 개방하고 있는 나라들을 말한다.

8) 핀란드 최고 시인. 핀란드 국민들의 애국심을 표현하는 작품을 주로 썼으며, 스웨덴 문학에도 영향을 끼쳤다.

9) 어근에 접사를 결합해 말을 만드는 언어 형태를 뜻한다. 잘 알다시피 한국어도 교착어다.

세계를 읽다

핀란드

초판 1쇄 발행 2015년 12월 20일
　　2쇄 발행 2018년 1월 10일

지은이　　데보라 스왈로우
펴낸이　　박희선

옮긴이　　정해영
디자인　　김보형
사진　　Shutterstock

발행처　　도서출판 가지
등록번호　　제25100-2013-000094호
주소　　서울 서대문구 거북골로 154, 103-1001
전화　　070-8959-1513
팩스　　070-4332-1513
전자우편　　kindsbook@naver.com

ISBN　　979-11-86440-04-9 (04900)
　　　　979-11-952016-5-5 (세트)